绿谷双名工程

“绿谷双名工程”丛书

重构与融合

乡村初中英语“教—学—评”一体化教学模式研究

林红慧　兰家诚　著

上海交通大学出版社
SHANGHAI JIAO TONG UNIVERSITY PRESS

内容提要

在"教-学-评"一体化视域下，本研究构建了两种具体的乡村初中英语教学模式：嵌入式和合一式。这两种教学模式能否达到预期的教学目标，取决于具体的课堂教学实践。本研究采用定量和定性相结合的混合研究思路，运用调查研究法，对 L 市 345 位乡村初中英语教师和 300 位乡村初中学生进行抽样调查，形成了对乡村初中英语教学现状和影响因素的整体认识；采用个案研究法，以 S 中学为个案，通过实施这两种教学模式，对其实施效果进行调查和对相关人员进行访谈，试图回答"如何构建有效的初中英语'教-学-评'一体化教学模式来提高乡村英语课堂教学质量"这个核心问题。

图书在版编目(CIP)数据

重构与融合：乡村初中英语"教-学-评"一体化教学模式研究/林红慧，兰家诚著. —上海：上海交通大学出版社，2025. 4. —ISBN 978-7-313-30923-5

Ⅰ. G633. 412

中国国家版本馆 CIP 数据核字第 202459LZ89 号

重构与融合：乡村初中英语"教-学-评"一体化教学模式研究

CHONGGOU YU RONGHE: XIANGCUN CHUZHONG YINGYU "JIAO-XUE-PING" YITIHUA JIAOXUE MOSHI YANJIU

著　　者：林红慧　兰家诚

出版发行：上海交通大学出版社　　地　　址：上海市番禺路 951 号

邮政编码：200030　　电　　话：021-64071208

印　　制：上海万卷印刷股份有限公司　　经　　销：全国新华书店

开　　本：710mm×1000mm　1/16　　印　　张：17

字　　数：251 千字

版　　次：2025 年 4 月第 1 版　　印　　次：2025 年 4 月第 1 次印刷

书　　号：ISBN 978-7-313-30923-5

定　　价：98.00 元

前言

Preface

21世纪呼唤具有全球视野、能熟练运用外语的专业人才。自2001年新课程改革以来，英语课堂教学发生了很大变化，但唯知识取向、课堂低效等教学现象积重难返。灌输式的“存储”教学导致乡村初中英语课堂教学目标混沌、教学无序和评价缺失。在此背景下，乡村初中英语课堂教什么、学什么、怎么教、怎么学以及如何进行有效教学等问题均给乡村初中英语教师带来了挑战，同时也给乡村初中英语课堂教学提出了新的要求。以核心素养为本位的英语课程标准要求教学、学习、评价三个要素融合统一。即“教-学-评”一体化，它指向有效教学，重视评价在整个教学过程中的作用，强调教学、学习、评价三个要素不可割裂。

本研究采用定量与定性相结合的混合研究思路，运用调查研究法，对L市345位乡村初中英语教师和300位乡村初中学生进行抽样调查，形成了对乡村初中英语教学现状和影响因素的整体认识；采用个案研究法，以S中学为个案，通过实施英语“教-学-评”一体化教学模式以及对其实施效果进行调查和对相关人员进行访谈，试图回答一个核心问题：如何构建有效的初中英语“教-学-评”一体化教学模式来提高乡村初中英语课堂教学质量？

本研究首先通过综述国内外相关的“教-学-评”文献，结合生态学理论、教育目标分类学理论、有效教学理论、整体主义理论、二语习得理论以及通过对乡村初中英语教学现状考察，发现乡村初中英语课堂教学存在教学、学习、评价失衡现象。英语教学目标设置不完整、不明确；英语课堂教学活动单一，教学情境缺失；英语课堂教学评价主体单一，缺乏多样化评价方式。乡村初中英语“教-学-评”一体化主要受英语教师理念、评价素养、思维方式等个人因素影响，也受教师培训、教学资源、学习语境、社会评价标准等环境因素影响。

其次，依据义务教育英语课程总目标、英语学科核心素养发展目标和学生语言思维发展水平，在英语“教-学-评”一体化视域下，构建了两种具体的乡村初中英语教学模式：一是嵌入式，另一种是合一式。嵌入式英语“教-学-评”一体化教学模式将英语评价活动视为英语课堂教学活动的组成部分或一个环节。其中的一部分教学目标与评价目标共享。根据评价目标，与之匹配的评价任务和评分标准构成评价活动被嵌入教学过程中，目的是检测教学和学习效果，为师生提供即时评价证据。这些证据被用来改进教学和促进学习，发挥评价功能。这种活动是开放、透明的，师生双方都清楚要完成的任务和评价标准。这便于师生获得任务完成情况的各种信息，并将之用于下一环节的教学与学习中。合一式英语“教-学-评”一体化教学模式就是把英语课堂教学活动转化为评价的实施过程，或者把评价的实施过程转化为教学活动，发挥评价即教学、评价即学习的作用。教学目标和评价目标是同一的，这种模式改变了一个一个知识点、一节课一节课分散处理的教学传统，因此它更能支持大单元、大观点和大任务的整体教学设计。乡村初中英语“教-学-评”一体化教学模式是否能够达到预期教学目标，终究要取决于具体的课堂教学实践。因此本研究探索建立英语“教-学-评”一体化教学模式的实践活动程序，目的是指导乡村初中英语课堂教学实践。

为了检测乡村初中英语“教-学-评”一体化教学模式的教学效果，本研究在S中学实施此模式，发现此模式对学生英语学习成绩、学习兴趣、学习满意度等方面都产生了正向影响，学生课堂表现变化大，英语教师观念、行为也发生了改变。为了更有效地实施初中英语“教-学-评”一体化教学模式，本研究提出了以下四点保障策略：一要确保乡村初中英语“教-学-评”一体化教学模式有效实施的资源配置；二要建立乡村初中英语“教-学-评”一体化教学模式有效实施的动力机制；三要营造乡村初中英语“教-学-评”一体化教学模式有效实施的文化氛围；四要完善乡村初中英语“教-学-评”一体化教学模式有效实施的制度保障。同时，本研究得出了以下四点结论：第一，实施乡村初中英语“教-学-评”一体化教学模式是当今课改的要求和趋势。第二，目前乡村初中英语课堂教学存在失衡现象，目标设置不完整、不明确，课堂活动单一、教学情境缺失，评价主体单一、缺乏多样化评价方式。第三，嵌入式和合一式乡村初中英语教学模式是有效的教学模式。第四，初中英语“教-学-评”一体化教学模式的实施有助于乡村初中学生提高学生学习成绩和满意度，有助于师生改变观念和行为。

由于作者水平有限，本书还存在很多疏漏与不足之处，敬请读者批评指正。

林红慧

2024年3月

目 录
Contents

第一章
绪　论

随着《教育部关于全面深化课程改革落实立德树人根本任务的意见》《中共中央　国务院关于深化教育教学改革全面提高义务教育质量的意见》和《义务教育英语课程标准(2022 年版)》的相继颁布，我国义务教育课程改革进入了深化期，乡村初中英语课程改革也不例外，破解它的“瓶颈”之困在于提高英语课堂教学质量。

第一节　问题的提出

一、义务教育课程改革的现实需要

21 世纪呼唤具有国际视野和通晓国际规则的人才。英语作为国际通用语是国际公民交流的重要工具，因此学好英语可以帮助学生增强人类命运共同体意识和多元文化意识，也可帮助学生树立正确的世界观、人生观和价值观。如何培养学生具备适应未来社会发展和国际需要的关键能力是当今乡村初中英语课程面临的新挑战。

国家多次出台文件要求深化课程改革。2001 年，《基础教育课程改革纲要(试行)》对新课程改革提出了具体要求。2011 年，《义务教育英语课程标准》要求建立促进学生全面、健康、有个性发展的课程评价体系，要求教师处理好评价、教学和学习之间的关系，推动教学、学习、评价一体化实施。2016 年，《中国学生发展核心素养》为深化基础教育课程改革指明了方向，同时也为教学和评价提供了依据。2019年，《中共中央　国务院关于深化教育教学改革全面提高义务教育质量的意见》着眼于教什么、学什么、怎么教和怎么学，推动课堂教学质量的提升。2022年，《义务教育英语课程标准(2022年版)》要求以核心素养统领课程目标、课程内容、教学方式、考试评价等课程设计与实施要素，将评价贯穿英语教与学的全过程，充分发挥评价的促学功能，优化评价方式，建立科学的英语课程评价体系①。在此背景下，系统而深入探讨乡村初中英语教学、学习、评价问题，既是对新时代学校课程改革现实需求的回应，也是对学校现实问题的解读。

二、乡村初中英语学科教学改革的客观要求

近年来，国家对乡村教育提出了新要求。2018年颁布的《中共中央　国务院关于实施乡村振兴战略的意见》强调建好、建强乡村教师队伍；《中共中央　国务院关于全面深化新时代教师队伍建设改革的意见》要求开展乡村中小学骨干校长培训和名校长研修，加快乡村青年教师成长步伐等部署，表达了国家对乡村教育振兴的坚定决心。2018年颁布的《中共中央　国务院关于全面深化新时代教师队伍建设改革的意见》提出实施乡村振兴战略教育行动。因此，乡村初中英语教师的专业发展到了不容忽视的时期，是乡村英语教师们必须正视的现实。2018年，英孚教育(Education First, EF)发布了年度全球英文能力排名，数据来自88个国家和地区的130万非英语母语人士。我国(未包含港澳台地区)英文能力排名第47，英文熟练能力是初级。可我国(未包含港澳台地区)从小学阶段就开始开设英语课程，结果仍是初级。可见从整体来看学生学习英语是费时低效的，因此英语课堂教学改革迫在眉睫。

(一)乡村初中英语课堂缺乏日常应用英语的语言环境

英语不是我国的第一语言，因此学生缺少一个日常应用英语的语言环境。在日常生活中进行英语听、说、读、写训练是成功学习英语的先决条件。

---

① 程晓堂.改什么？如何教？怎样考？义务教育英语课程标准(2022年版)解析[M].北京：外语教学与研究出版社，2022：5.

但目前，乡村学生只能在课堂里学一些英语语言知识和交流技能，不能在实际生活场景进行适时、适切运用，结果导致这些语言知识、技能很快遗忘。除了缺乏语言环境之外，乡村学生还要克服学习英语的另一障碍，那就是中国传统文化与英语国家文化之间的差异。

一般来说，学生的学习模式会受到传统文化影响。在我国，乡村学生主要从英语教材中获取知识。学生上课的学习任务就是一边认真听讲，一边记笔记，课后复习、预习新课文。背单词和课文是学生学习英语的主要方式。西方文化注重个体体验，学生往往通过交流互动、解决真实问题来理解语言知识和提升语言运用能力。这两种不同文化的英语学习模式如图 1-1 和图 1-2 所示：

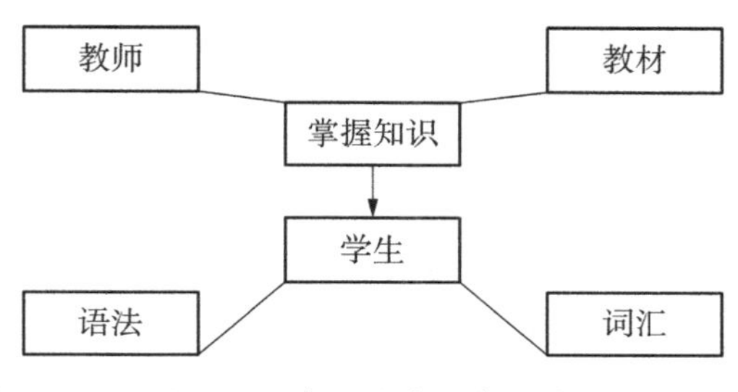

图 1-1 中国的英语学习模式

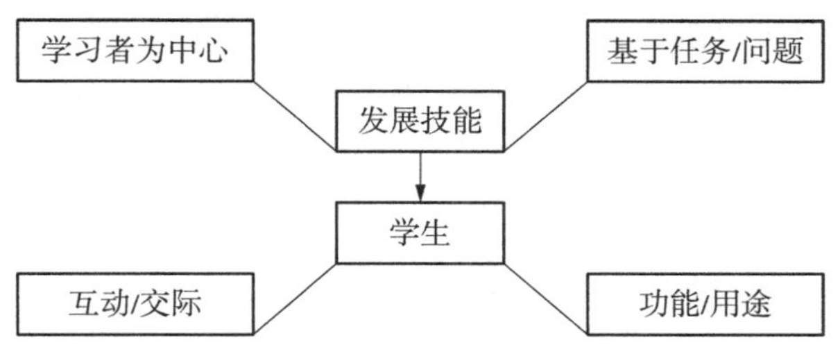

图 1-2 西方国家的英语学习模式

(二) 英语学习受母语语境影响

学者王初明提出“构式语境”。[①] 他认为理解与使用语言是受语境影响

① 王初明. 论外语学习的语境[J]. 外语教学与研究，2007(3)：190-195.

的，而这种影响来自语言系统内部以及其与外部之间的交互。图1-3是英语学习者之间的互动模型，大圆圈代表客观情境，里面有两个虚线倒三角形。L1三角形代表母语系统；L2代表英语系统，该系统中的虚线越长，表明语境之间的渗透力越强。王初明认为英语学习者的语言系统不稳定与英语系统所对应的语境发展不完善有关。在学习和使用英语时，英语学习者很容易受到母语及其语境系统的干扰。因此学生容易出现表达错误。

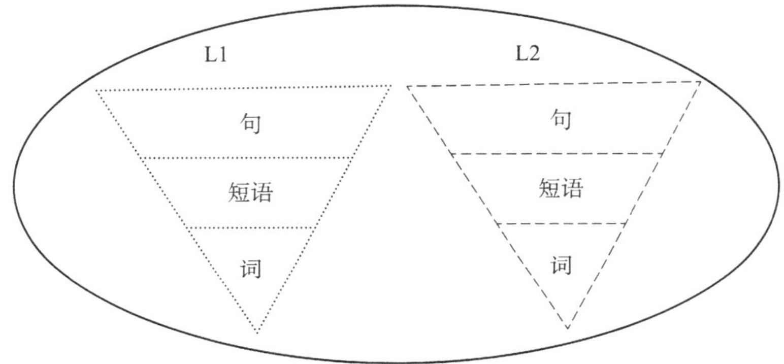

图1-3　英语互动模型

基于此，王初明进一步区分了这两种语境类型：直接语境与间接语境。直接语境指说话人直接参与的情景语境，间接语境是指说话人根据大脑中的背景信息重新构建情景语境。这两种语境可以用来解释外语习得与母语习得之间的差异。母语习得是在直接语境中进行的，儿童则通过与语境自然互动发展语言能力，因此语言形式和语境是一致且密切结合的。但对中国乡村学生来说，英语学习仅发生在课堂中，学生只能通过教材等有限资源来学习，而大脑中又存在一个强大的母语语境，因此他们所学的英语形式难以匹配纯正的英语语境，结果是语言频繁出错。王初明提出了“补缺假说”。在英语学习过程中，如缺少语境信息，而语言形式又要与语境相匹配，这时就会出现母语语境来替代的情形。可见，形式与语境之间不匹配会带来语言使用的不规范和不地道。①

① 王初明．论外语学习的语境[J]．外语教学与研究，2007(3)：190-195.

（三）英语学习受大班授课形式影响

目前，与英语教学资源相对集中而丰富的城市学校相比较，乡村学校英语资源匮乏，班额人数少，但英语教师仍按大班的教学习惯进行授课，再加上学生的学习背景、个性品质以及行为、学习、思维等方式存在差异，造成课堂教学目标很难实现。而新的英语课程标准提倡合作、探究和自主等学习方式都是以“班小、人少、师强”为假定前提预设的。因此大班教学思维模式给乡村初中英语教师带来了挑战。

（四）英语课堂教学异化

随着科学技术的发展，教学也逐渐“祛魅”。“祛魅”就是追求科学知识的客观性、普遍性和有效性，但它割裂了科学与生活、人与世界的价值关系，导致课堂教学出现异化现象。因此，教学过程变成了教师监督学生接受“离身知识”的过程。但人是一种意义性的存在，人所栖息的世界也是一个意义世界。[①] 在生活的世界里，人不仅探寻世界的意义而且追问自身存在的价值。[②] 而探寻自身存在的意义就是建构自我与人的关系，在此过程中，同时也建构着世界的意义。因此课堂教学的意义不仅是获得“事实存在”的客观性知识，而且是探寻世界和自身意义的生活。传统课堂教学远离了人类真实的生活场景以及价值意义的追求，导致教育人文性的缺失。显然，我国教学已陷入危机，而这种危机的根源则是将教学知识视为预设主义、静态主义、固定主义、客观主义以及普遍主义等知识，并将之独立于教师与学生之外。因此教师成了客观、准确传递教学知识的搬运工，学生成了正确抄练、牢固储存教学知识的容器。教学知识也继而成了脱离人的生活世界，代言着未来生活、客观世界的映现与表征；课堂教学成了传递、灌输课程知识的场域与情境。“儿童如此本能地认为书本即获取知识的唯一道路或是主要方法，那么学生思想被置于被动和专一状态，儿童唯有学习，没有探究。”[③]

自 2001 年新课程改革以来，虽说英语课程与教学实践也发生了变化，但知识取向的课堂教学依然没有改变。这种唯升学率和应试取向的课堂教学

---

① 海德格尔. 存在与时间[M]. 北京：生活·读书·新知三联书店 2006：177.

② 陈得军. 课堂教学异化批判及破解的可能路径[J]. 教育理论与实践，2018，38(25)：51－55.

③ 梅休，等. 杜威学校[M]. 王承绪，赵祥麟，赵端瑛，等译. 北京：教育科学出版社，2007：20.

更愿意把时间、精力用在英语知识传授、单词记忆和语法练习上，忽视对学生英语能力的培养，“费时低效”现象进一步恶化。现实教育不过是一种灌输式的“存储行为”，灌输是传统教学低效的根本原因，它造成了以下问题：一是目标混沌。因为是灌输，在教学设计上就没必要考量学习结果的类型性和具体性。因此教学目标要么扩大化，要么模糊不清，结果是目标很难达成。二是教学无序。从形式上看，灌输式是有秩序的。教师讲授，学生接收，递接井然。但学生究竟有无学会，如何学会，这一切仍是未知。显然，教学处于无序状态。三是评价缺失。虽然当下课堂充斥着各式各样的评价，如师生共评、小组互评、个人自评等，但因缺乏与教学目标相匹配的教学评价工具而流于形式。

在此背景下，乡村初中英语课堂教什么、学什么、怎么教、怎么学、如何进行有效英语教学以及如何解决课堂教学异化等问题均给乡村初中英语教学带来了挑战，也给乡村初中英语教学改革提出了新的要求。

三、乡村初中英语教师自身对专业发展的追求

现实的乡村初中英语课堂，教师往往关注教学内容有没有讲过、有没有讲全、有没有讲漏等情况，极少关注学生是否听懂或学会所教的内容。很多英语教师误认为只要英语教学内容覆盖广，学生势必就会获得较多英语知识，英语成绩也会相应提高。因此英语教师常常抱怨是课时少导致学生成绩不理想。其实，是这种教学减少了提升学生英语高阶思维的时间。这种常识背离反映了乡村初中英语教师缺乏“教-学-评”一体化的思考，也缺乏这样的理念：教了，不等于学了；学了，不等于学会了。另外，很多乡村英语教师在备课、上课时非常关注教材和教学处理，但很少关注评的问题。他们认为评是教研员的事，这直接导致英语教师只管教，英语教研员只管评。可见，大部分乡村初中英语教师将自己定位在课程实施者这个角色，很少关注课程改革。因此也就缺乏实施教学改革的意识与能力。此外，很多乡村初中英语教师还存在理论素养低，知识结构陈旧、单一的特征。他们不仅缺乏英语教学理论知识、英语科研知识和现代教育技术知识，而且缺乏英语学科课堂教学反思意识与能力。在教学中，他们更多地凭直

觉、经验行事。这些都不利于乡村初中英语教师专业素养的提高及课程改革的顺利实施。

2019年印发的《教育部关于加强初中学业水平考试命题工作的意见》提出了取消学业水平考试大纲，做到学什么、考什么，而不是考什么、教什么、学什么。种种政策的颁布表明了"教师一朝受教，终身受用"的时代已经过去。那种通过职前一次性教育来实现教师终身职业发展的想法显然是荒谬的。乡村初中英语教师要改变课程意识薄弱的局面，要从课程逻辑中思考"学生期望学会什么""需要什么材料或活动""如何组织这些材料或活动以教导特定学生"和"学生真的学会了吗"四个经典课程问题。即从教的角度，乡村初中英语教师必须思考"为什么教""如何教"以及"教学程度如何"等问题；从学的角度，乡村初中英语教师必须考虑"我要带领学生去哪里""如何去""学生确实到了那里吗"。[①]

当今社会，教师考核问责压力也要求教师从原先"做了什么"到拿出"效果证据"的转变。[②] 教师荣誉或教学比赛已不能充分证明教师的优秀，教师还需拿出学生的表现变化作为自己教学的"效果证据"。教师考核重心的转变意味着教师不应只注重自己的教学能力，而应更多地关注教学给学生学习表现所带来的实质性变化。因此，提升乡村初中英语教师自身专业素养就迫在眉睫了。

四、英语教学系统整体发展的内在规律要求

1990年，学者米勒(Ron Miller)提出整体教育核心原理是关联、包容、和谐。[③] 整体主义认为事物间是相互联结、相互依存的。它强调世界观的理论立场是最终统一和内在意义。[④] 来自整体主义的整体学习理论强调关联、包

---

① 崔允漷，夏雪梅."教-学-评一致性"：意义与含义[J].中小学管理，2013(1)：4-6.

② 董泽华，崔允漷.通过表现评价来培育卓越的教师——2018年国际教师表现评价实施会议述评[J].教育发展研究，2019，39(18)：79-84.

③ Miller R. Caring for new life: essays on holistic education [M]. Brandon: Foundations of Educational Renewal, 2000:56.

④ 钟启泉.整体教育的理论射程[J].全球教育展望，2003，32(1)：34-38.

容、整体和动态平衡，突出探究、操作与合作，并寻求学习内在价值。[①] 总之，整体学习理论强调学习内容之间的联结，关注学习和环境的作用，重视人在学习过程中各方面的和谐发展，目标是培养整体发展的人。

基于整体学习理论，英语教学、学习、评价三个要素之间相互依存和相互约束，它们是三位一体的动态发展系统。教学与学习必须以数据为导向，而数据来自评估，评估自始至终贯穿教学、学习过程，而不是在终结后实施。[②] 它们三者共享教学目标、共享时空环境，同时各要素都在变化和运动，并按一定规律在各要素之间以及其同系统之间进行相互作用，以保持整体发展的功能。任何一因素发生波动，必然会导致整体功能和效果的波动。

总之，教学、学习、评价三者是一体的，评价的过程就是教学的过程，教学与学习的过程亦是开展评价的过程。一体化符合英语教学系统有效性、整体性、多向度背景下的内在规律要求。

第二节 “教-学-评”一体化基本概念界定

20世纪80年代，美国“基于标准的教育改革运动(standard-based reform, SBR)”要求教学、学习、评价与课程标准保持一致。美国学者科恩(S. A. Cohen)最早提出“教学一致性”，用一致性这个概念来替代教学中的某些条件与预期的教学过程和教学结果之间的吻合程度。[③] 美国教育评价专家韦伯(N. L. Webb)认为一致性是指两种或多种事物之间的匹配程度，即事物各要素或部分相互融合成一个和谐的整体，并指向同一概念。[④] 我国学

① 祝刚. 整体学习理论对课程改革的启示[J]. 现代教育论丛，2011(2)：34－39.

② 崔允漷，夏雪梅. “教-学-评一致性”：意义与含义[J]. 中小学管理，2013(1)：4－6.

③ Cohen S A. Instructional alignment: searching for a magic bullet [J]. Educational Researcher, 1987(11):16－19.

④ Webb N L. Alignment of science and mathematics standards and assessments in four states [R]. Washington, DC: National Institute for Science Education (NISE) Publications, 1999:8.

者崔允漷和雷浩建构了"教-学-评一致性三因素理论模型",[①]并将其定义为在课堂教学系统中教师的教、学生的学和对学生学习评价三因素的协调配合程度,以及它们共同指向对课程目标的理解。因此"教-学-评一致性"也可称"目标-教-学-评一致性"。20 世纪 90 年代中后期,英国"为了学习的评价"倡导教师的教要促进学生的学。随后,世界各国掀起了"为了学习的评价"的浪潮,倡导把教学与评价整合,实现"教-学-评"一体化。日本学者水越敏行等人在 20 世纪 90 年代中期最早提出了"教学与评价一体化"思想。2000 年,日本教育课程审议会在报告《关于儿童学生学习与教育课程实施状况的评价的应有状态》中明确提出"教学与评价一体化",有机整合了传统上孤立的教学和评价活动。换句话说,评价活动镶嵌在整个教学活动中,并形成一个动态的"教学-评价循环体"对教学进行反馈与引导,目的是提高课堂教学整体效果。

"教-学-评"一体化符合"教-学-评"一致性要求。"教-学-评"一致性涉及两种类型的理解,一种是针对教师的,另一种是针对教师和命题专家的。前者意味着教师的教学、学生的学习和学习评价要与特定课堂教学目标相匹配;后者意味着教师的教学、学生的学习以及命题专家的命题要与目标相匹配。[②] 本研究涉及课堂教学的"教-学-评"一致性。"教-学-评"一致性中的目标指的是学生的学习目标,教指的是教师帮助学生实现目标的教学活动,评指的是教师和学生对学生学习表现的评价,以检测学生的目标达成。这种一致性包含着三种含义:一是学与教一致性;二是教与评一致性;三是评与学一致性。[③] 学与教一致性,指所学即所教,在目标的导引下学生学习的和教师教学之间的吻合程度。教与评一致性,指所教即所评,教师的教学与对学生的学习评价要一致。评与学一致性,指学生的学习与对学生的学习评价要匹配。由此可见,明确的目标是"教-学-评"一致性的前提。没有明

① 崔允漷,雷浩. 教-学-评一致性三因素理论模型的建构[J]. 华东师范大学学报(教育科学版),2015,33(4):15.

② 崔允漷,夏雪梅. "教-学-评一致性":意义与含义[J]. 中小学管理,2013(1):4-6.

③ 崔允漷,雷浩. 教-学-评一致性三因素理论模型的建构[J]. 华东师范大学学报(教育科学版),2015,33(4):15-21.

确的目标，就没有“教-学-评”的活动。评判“教-学-评”是否一致就是看它们是否都集中在一个共同的目标上。如图 1-4 所示：

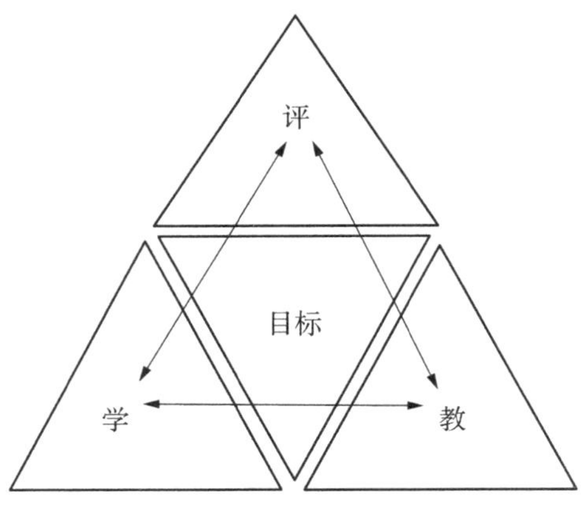

图 1-4 “教-学-评”一致性关系图①

“一体化”指把两种或几种密切相关的事物在特定的程度上作为一个统一的整体来对待，而不是把各个组成部分孤立起来。“教-学-评”一体化指教学、学习、评价三个要素融合统一，即在课堂教学过程中，教师的教学、学生的学习和学习评价三个因素要相互一致并能协调配合。从时间角度看，“教-学-评”一体化指教师的教学活动、学生的学习活动和课堂教学评价活动统一在课堂教学活动之中，即教学、学习、评价三者具有共时性和同步性。从内容角度看，教师的教学、学生的学习和教学评价共享相同的教学目标，在课堂教学中实现相互融合。从评价主体看，“教-学-评”一体化的评价主体包括教师、学生和学生学习共同体。从评价方法看，“教-学-评”一体化可根据教学内容的不同和学生群体的不同，采用多种科学灵活的评价手段。不仅如此，教师还要通过对学案和作业的设计，将评价延伸到课前与课后，监督、引导和促进学生学习。

综上，本研究提出“教-学-评”一体化就是在课堂教学中将教学、学习、评

① 崔允漷，雷浩. 教-学-评一致性三因素理论模型的建构[J]. 华东师范大学学报(教育科学版)，2015，33(4)：15-21.

价三个要素融合一体来实现教学目标。教学目标的确定既是“教-学-评”一体化的核心环节，又是创建高效课堂的先决条件，共享教学目标是“教-学-评”一体化的判断依据。同时要求评价贯穿整个教学过程，随时检测教学目标的达成，目的是发现学生学习的问题并及时反馈和帮助。因此，评价不仅促进教学与学习，而且和教学、学习构成一个三位一体良性互动的有机整体。

第三节 研究问题的表述及研究意义

一、研究问题的表述

在明确研究的缘起和界定概念的基础上，本研究的研究问题逐渐明确，即“如何构建有效的初中英语‘教-学-评’一体化教学模式来提高乡村初中英语课堂教学质量”，并将核心问题分解如下：

乡村初中英语教学现状如何？

制约乡村初中英语教学的影响因素是什么？

如何建构乡村初中英语“教-学-评”一体化教学模式？

如何在乡村初中英语课堂实施“教-学-评”一体化教学模式？

乡村初中英语“教-学-评”一体化教学模式的实施效果如何？

如何保障乡村初中英语“教-学-评”一体化教学模式的有效实施？

通过探索上述问题的答案，本研究将构建乡村初中英语“教-学-评”一体化教学模式，为丰富乡村初中英语课程理论发展和提高乡村初中英语课堂有效教学提供可借鉴的依据。

二、研究的理论意义

虽然有关乡村中学英语课程的研究越来越多，但从整体来看，乡村初中英语课程理论研究严重滞后于实践发展。本研究通过对乡村初中英语教学目的、内容、实施和评价等深入研究，对其中存在的教学、学习、评价等问题提出了具体的、有针对性的解决措施，在一定程度上可以丰富乡村中学英语课程改革理论，为指导乡村中学英语学科改革提供新的视角。同时，探寻初中英语“教-学-评”一体化教学模式，为乡村初中英语学科的发展提供一定的理论参考，也为乡村初中英语教学体系的建构提供新的理论视角。

三、研究的实践意义

本研究对L市乡村中学英语学科进行实地考察，探讨乡村初中英语教学、学习、评价运作中存在的问题并分析其根源和影响因素，提出了“教-学-评”一体化教学模式。这有利于深化L市乡村初中英语课程改革，有利于促进英语学科核心素养目标的达成。初中英语学科具有育人价值，它指向学生英语学科核心素养。在英语课堂教学中，教师只有将核心素养目标转化为教学目标和有效的课堂实践活动，才能确保学生综合运用语言能力的提升。对“教-学-评”一体化教学模式的研究有利于乡村英语教师关注教学、学习与评价三者的关系，帮助乡村初中英语教师更好地关注学生的英语学习过程，从而确保英语教学目标的实现。

第二章 乡村初中英语“教-学-评”一体化教学模式研究概述

在中国知网(CNKI)中文文献系统中检索,发现从2006年6月至2022年1月,以“教-学-评”一体化为题名的相关文献共有92篇,其中CSSCI来源期刊文章25篇,硕士学位论文18篇。以英语“教-学-评”一体化为题名的相关文献为9篇,其中硕士学位论文1篇,未发现以此为题的博士学位论文。以英语教学、评价为题名的CSSCI来源期刊文章为121篇,以英语学习、评价为题名的CSSCI来源期刊文章为50篇,以英语教学、学习为题名的CSSCI来源期刊文章为155篇,根据这些文献,本章将从“教-学-评”一体化和英语“教-学-评”一体化两方面进行综述,思考本研究的空间和起点。

第一节 “教-学-评”一体化的相关研究

一、“教-学-评”一体化的理念形成与发展

(一) 教学、学习、评价三者关系的研究

学者崔允漷和夏雪梅认为教学、学习、评价是三位一体的,这三者是相互制约的,并且共用同一个教学目标。教学评价驱动教学并始终镶嵌在教学中,它不是在教学结束后实施的。[①] 学者钟启泉等强调教学与评价具有同

① 崔允漷,夏雪梅.“教-学-评一致性”:意义与含义[J].中小学管理,2013(1):4-6.

等地位，认为教学评价的作用在于支持教学，而不是完成任务；教学评价是教学过程的组成部分，应贯穿教学的所有环节。[①] 张菊荣提出教学链、学习链和评价链是一体的，它的逻辑起点是学会。评价的任务就是证明学生是否已学会，目标是否已达成。[②] 王云生认为倡导“教、学、评”一体化可扭转传统课堂重视教，而忽视学、评的局面。[③] 伯海英认为制约“教-学-评”一体化的因素主要是课堂教学目标与教学内容不一致，以及教师评价意识缺失。[④] 吴星等提出教学是为了培养学生核心素养，学习是为了发展学生核心素养，评价是为了探查学生核心素养。[⑤] 雷浩认为目标是教学、学习、评价一致性的灵魂，目标是对学生表现的期望，规定了学生通过学习之后能够做什么。[⑥]

综上，我国学者强调教学、学习、评价具有时间上的同步性和地位上的等同性。传统教学的评价与教学分离情况不利于评价促进教学的作用，不利于目标的有效达成，也不利于保持教学的有效性。

（二）“教-学-评”一体化的理论研究

通过对国外“教-学-评”文献进行梳理，发现泰勒（Ralph Tyler）最早研究这个课题。他认为教育目标应成为课程设计的标准与出发点，目标的制定在于能否引起学生行为的变化，依此设计教学活动、选择教学内容、指导学习和评价。[⑦] 1956 年，布卢姆（B. S. Bloom）等人主编的《教育目标分类学：认知领域》将认识领域的教育目标划分为知识、领会、应用、分析、综合和评价。这些目标又可分为知识和理智的能力、技能。[⑧] 20 世纪 70 年代，布卢姆等人创立了“掌握学习”教学理论，认为教学目标是核心，目标的达成是有效

① 钟启泉，崔允漷，张华．为了中华民族的复兴　为了每位学生的发展：《基础教育课程改革纲要（试行）》解读[M]．上海：华东师范大学出版社，2001．

② 张菊荣．“教、学、评一致性”三要素：目标、评价与教学[J]．江苏教育，2019(42)：63－66．

③ 王云生．“教、学、评”一体化的内涵与实施的探索[J]．化学教学，2019(5)：8－10．

④ 伯海英．促进教师课程意识回归的实践与研究[J]．福建基础教育研究，2014(11)：82－84．

⑤ 吴星，吕琳．核心素养培养需要“教、学、评”一体化[J]．江苏教育，2019(19)：22－25．

⑥ 雷浩．指向核心素养的“教、学、评一致性”[J]．江苏教育，2019(42)：78－79．

⑦ 泰勒．课程与教学的基本原理[M]．罗康，张阅，译．北京：中国轻工业出版社，2008：49．

⑧ 布卢姆，等．教育目标分类学：认知领域[M]．罗黎辉，丁证霖，石伟平，等译．上海：华东师范大学出版社，1986：28．

教学的前提，活动应围绕目标开展。20世纪末，美国学者豪恩斯坦明确提出教学系统的四个构成要素是信息输入、过程体验、学习结果输出和评价反馈。[①] 2001年，安德森(J. R. Anderson)在著作《学习、教学和评估的分类学》中提出目标按“知识”“认知过程”两个维度进行分类，强调目标、教学和评价保持一致的重要性。[②] 学者马扎诺(Robert Marzano)提出教育目标四大系统一致分类学，四大系统是指知识系统、认知系统、元认知系统和自我系统。[③]

20世纪末，美国“基于标准的教育改革运动”提出教学、学习、评价要与课程标准保持一致。学者科恩最早提出“教学一致性”。[④] 学者韦伯提出一致性是指两种或多种事物之间的匹配程度。[⑤] 学者威金斯(Grant Wiggins)和麦克泰(Jay McTighe)提出“逆向教学设计”[⑥]要先确定预期学习结果，再明确能证明学生达到预期学习结果的证据，同时设计相关教学活动来实现预期的学习结果。学者水越敏行等人提出“教学与评价一体化”，认为评价最终目的是改善课堂教学、促进学生发展。[⑦] 2000年，日本教育课程审议会在报告《关于儿童学生学习与教育课程实施状况的评价的应有状态》中确定了“教学与评价一体化”原则。[⑧]

二、“教-学-评”一体化的实践研究

德国德累斯顿应用技术大学的弗兰兹·肖特(Franz Schott)提出了有关

① 云玉芹. 豪恩斯坦教育目标新分类与加涅学习结果分类之比较[J]. 科技视界，2018(28)：243-245.

② 安德森. 学习、教学和评估的分类学(布卢姆的教育目标分类学修订版)[M]. 皮连生，主译. 上海：华东师范大学出版社，2008：4-6.

③ 马扎诺，肯德尔. 教育目标的新分类学(第2版)[M]. 高凌飚，吴有昌，苏峻，译. 北京：教育科学出版社，2012：18.

④ Cohen S A. Instructional alignment: searching for a magic bullet [J]. Educational Researcher, 1987(11):16-19.

⑤ Webb N L. Alignment of science and mathematics standards and assessments in four states [R]. Washington, DC: National Institute for Science Education (NISE) Publications, 1999:8.

⑥ 威金斯，麦克泰. 理解力培养与课程设计：一种教学和评价的新实践[M]. 么加利，译. 北京：中国轻工业出版社，2003：19.

⑦ 水越敏行，奥田真丈. 新学校教育全集17. 教育指导的评价[M]. 东京：行政株式会社，1995：63.

⑧ 张德伟. 日本中小学教学与评价一体化原则及其对我国的启示[J]. 外国教育研究，2005，32(2)：29-33.

教学过程的微观模型。该模型通过教学任务确定教学目标,并将其用作学习与评价任务。也就是说,通过教学目标整合教学与评价。此外,从教学设计角度,肖特提出了 12 条有用的教学目标和任务表达标准以帮助教师评价学生,以此推动"教-学-评"标准化教学评价。① 芬兰在"教-学-评"一体化实践研究中突出教学目标的指导地位,强调评价对课程实施起着导向和质量监控作用,并指出要通过课堂教学的过程性评价来帮助学生获得发展。② 瑞典强调教学目标在"教-学-评"一体化中的指导性作用,试图通过实现目标指导和评价学生的学习。③

丁丽云认为"教-学-评"一体化是有效实施教学的途径,但课堂教学出现了为评价而评价、评价滞后等现象,影响了教学效益。④ 岑俐认为"教-学-评"一体化课程实施方式对学生学业成就和非学业成就产生影响。"学-教"一致性能影响学生非学业成就,"评-学"一致性能影响学生自我效能感和学习兴趣,而"教-学-评"一致性能给学生带来高学业成就。⑤ 刘芳芳认为"教-学-评"一体化设计有三个环节:一是通过分析课程标准、教材和学情来确定教学目标;二是要求师生围绕教学目标互动合作来促使目标的达成;三是制定评价量规,目的是对学生进行即时评价来检验教学目标的达成情况。⑥ 郑珊认为"教-学-评"一体化提高了课堂教学的有效性,并尝试使用课堂观察方法了解"教-学-评"一体化的实践情况,同时根据观察结果的分析,探索在教学中如何提升学生核心素养的养成,实现"教、学、评"一致性,提高教育教学效果。⑦ 张菊荣认为以"教-学-评"一体化课堂建构为例,借助课堂观察的评

---

① 裴新宁.学习与评价的一体化设计——PLANA 模型分析[J].全球教育展望,2005,34(5):31-35.

② 贾海菊,朱成科.芬兰普通高中课程评价及对我国课程改革的启示[J].教育测量与评价:理论版,2009(2):78-80.

③ 徐晓红.欧洲教育一体化背景下瑞典高等教育质量评估体系最新变革及启示[J].高教探索,2014(1):100-104.

④ 丁丽云."教-学-评一体化"实施过程中的问题及其解决对策[J].中国教育学刊,2018(3):66-68.

⑤ 岑俐.教-学-评一致性对学习结果的影响研究[J].教育参考,2016(6):81-87.

⑥ 刘芳芳.聚焦学生学习改进和"教-学-评"一体化教学设计[J].中学历史教学参考,2022(15):18-22.

⑦ 郑珊,陈国良.教、学、评一致性的课堂教学观察[J].闽南师范大学学报,2019(3):109-114.

价手段来引领课堂变革。作为评价手段的课堂观察基于方案，能够避免“全后置”；基于结构，能够避免碎片化；基于证据，能够避免概念化。[①] 刘霞根据“教-学-评”三因素理论模型，认为“教-学-评”一体化案例研究框架是由“基于标准设定学习水平评价目标、基于思维结构评价创设靶向情境和‘教-学-评’一体化实施促进学习”三个方面架构起来的。[②]

三、“教-学-评”一体化存在的困境与影响因素

（一）教学目标方面

束定芳认为课堂教学目标模糊，教学具体细节没做充分预测，导致教学效果不理想；[③]还认为语言目标应具体到学生需要学习掌握的词汇、语法、语用知识以及学生需要训练掌握的听、说、读、写等语言技能。主题知识目标也应具体到某一标准或要求。所有这些都应对应长期目标和宏观目标，并且目标之间要有关联，能相互促进。[④] 方燕雁认为教师在设计目标时存在“重前期、轻反思”行为。要使目标有效，她认为教师要反思任务化、内容具体化和矫正及时化。[⑤] 田晓燕认为学习主题与教学行为目标是相辅相成的关系。在学习基础阶段，最好以教学行为目标为主，主题学习为辅；当学生有一定语言能力之后，应该以主题学习为主，辅之以教学行为目标，强调学生的学和自我建构。因此教学行为目标是学习主题的基础，学习主题是综合化的教学行为目标。[⑥] 温耀峰认为教学目标的设置要与学生的学习需求和学习基础相适应，能够有效应对学生间的差异，使学生学有所成。他认为可设定三类有差异的教学目标，首先是核心目标，指学生能够和必须达到的目标；其次是强化目标，指给学生提供实践练习的机会，帮助其改变语言弱项，强化提升某一方面的语言知识技能；最后是拓展目标，目的发挥学生潜

---

① 张菊荣.“教-学-评一致性”：从方案设计到课堂实施[J]. 江苏教育，2017(26)：29－31.

② 刘霞. 基于核心素养的初中地理“教-学-评一体化”案例研究[J]. 中学地理教学参考，2018(23)：42－44.

③ 束定芳. 华东六省一市高校英语教学情况调查：目标与设计[J]. 山东外语教学，2014，35(5)：9－14.

④ 束定芳. 课堂教学目标设定与教学活动设计[J]. 外语界，2014(4)：54－61.

⑤ 方燕雁. 初中英语课堂教学目标设计刍议[J]. 教学月刊(中学版)，2009(10)：10－12.

⑥ 田晓燕. 试论大学英语教学设计的指导思想及教学目标[J]. 外语界，2006(S1)：1－3，8.

能和深化学习内容，使学生能接受更大的挑战。但各个目标之间要相互关联，并且有一定的调适空间，便于在教学活动中灵活调整。① 卜玉华认为教学目标之间存在割裂、层次不清等现象，这将影响教学的有效性。② 兰春寿发现中学教学目标侧重于记忆和理解，明显关注的是低层次思维，忽视培养高层次思维，忽略了评价和创造的认知过程，使教学目标设定与思维品质培养之间存在很大差距。③

综上，教学目标设计存在诸多问题，因此在选择教学目标时，一要考虑教学目标的整体性；二要具体明确陈述教学目标；三要认识到学生差异，要设计具有弹性的教学目标。上述研究涉及更多的是教学目标的实践性问题，较少涉及目标的理论基础。

（二）教学内容方面

吴驰、杨蕴恬认为中学英语教材缺乏生活化、经验化的内容，较少涉及与中华民族相关的内容，同时教材的思想教育性也偏弱。④ 张纹畅认为中学英语教材里词汇量偏大，超前语法知识较多，并且缺少中国传统文化的导入。教材在关注学习过程和重视中华文化传播方面尚有欠缺。⑤ 朱英认为中学英语教材涉及语用元素较少，建议增加课后语用知识输出的活动设计。⑥ 新课程理念下，教材变成学材，从学习目标和学习者的需求出发，尹荣等认为要整体解读文本，确立单元目标；认真研读教材，领会编者意图；合理整合教材，有效利用资源；深度学习和多维审视文本，促进高阶层思维发展，重视文化渗透。⑦ 周金姝认为英语教材整合要遵循教材本身的“逻辑性结构和意思性结构”，依据学情和认知规律，输入可理解的语言知识以激发学生兴趣，目的是培养学生的语言综合运用能力。⑧

---

① 温耀峰. 英语课堂中应对学生差异的教学目标设定策略[J]. 教育理论与实践，2015，35(6)：49－51.
② 卜玉华. 小学英语教学目标设计中的常见问题及对策[J]. 课程. 教材. 教法，2011(9)：67－71.
③ 兰春寿. 英语课堂教学目标设定与思维品质培养[J]. 课程. 教材. 教法，2019，39(9)：107－113.
④ 吴驰，杨蕴恬. 我国中小学英语教材建设 40 年[J]. 课程. 教材. 教法，2018(9)：8－13.
⑤ 张纹畅. 当前中学外语教材的优点与不足[J]. 现代教育科学，2018(S1)：109－110.
⑥ 朱英. 初中英语教材现状及改革建议[J]. 教学与管理，2016(21)：83－85.
⑦ 尹荣，高旭阳. 有效教学视角下的初中英语教材文本解读[J]. 教学与管理，2018(2)：61－63.
⑧ 周金姝. 教材整合在初中英语教学中的运用[J]. 教学与管理，2017(1)：46－48.

综上，初中英语教材研究还没形成一定的研究体系。目前对初中英语教材研究局限于微观探索，缺少对宏观的整体把握，同时缺乏对英语教材内容的多角度研究。

（三）教学评价方面

1967年，学者斯克利文（Michael Scriven）提出形成性评价和总结性评价。形成性评价目的是改进学生学习；总结性评价是指对教学目标实现程度做出的结果评价。① 形成性评价目标之一是培养学生的自我评价能力。但在传统课堂教学中，教师主导着学生的学业评价，这种自上而下的评价不能全面反映学生的发展水平，也无助于学生自评能力的发展。② 其实学生本人对自己进步与否最清楚，学生最清楚教师的教学是否满足了他们的需求，他们明了学习是否解决了自己的疑惑。无论其他人如何评价他们的学习，最终还需他们进行自我评价，从而进一步调整自己的学习行为。③ 学生不仅关注教师对自己的评价，而且在意同伴评价。同伴互评促使学生横向比较，通过观察和评判其他同学来确定自己的优劣势，并基于此做到及时反思与调整。显然，教师过多评价无法提高学生自我评价能力。

在许多情况下，由于没有明确教学目标，教师无法给学生提供有效的反馈信息，学生也无法通过这些信息找出自己与教学目标的实际差距。为了更好地帮助学生学习，教师提供的反馈信息应包括学生的学习表现以及促进其提高的学习策略。哥伦比亚大学韦德（Waid）认为有效课堂反馈需遵循三大原则，第一，教师反馈要从学习者角度出发；第二，教师反馈要聚焦；第三，教师反馈要与既定的学习目标有关，并能引起学生思考，而不是一种情绪性行为。④

综上所述，现有的研究强调了评价的重要地位，但关于“教学、学习、评

① MICHAEL S. The Methodology of evaluation [M]//TYLER R W, GAGNE R M. Perspectives of Curriculum Evaluation: AERA Monograph Series on Curriculum Evaluation, No.1. Chicago: Rand Me Nally, 1967:39-83.

② 杨九民，梁林梅. 教学系统设计理论与实践[M]. 北京：北京大学出版社，2014：183.

③ 王希华. 现代学习理论评析[M]. 北京：开明出本社，2003：172.

④ Waid B E. Pre-service mathematics teacher beliefs and growth mindset assessment practices [D]. New York: Columbia University, 2018:45.

价”关系的研究仍局限于理论层面，大多集中在研究者理论反思层面，多数为价值层面的探讨，较少涉及“教-学-评”一体化的实践层面。而作为实践性很强的教学理念，必然期待学界从规范层面建构其可行性，探讨其运行机制和实现策略，形成可供借鉴的实践案例。另外，目前研究范式也较为单一，很少有实证性资料支撑的研究。

第二节　英语“教-学-评”一体化的相关研究

一、英语“教-学-评”一体化的实践研究

为实现英语“教-学-评”一体化，张朝霞提出了四个步骤：一是确认基于标准的预期学习目标；二是选择达成预期目标的教学活动；三是选择与教学目标相匹配的评估方式；四是达成“教-学-评”一致。① 周学瑞认为在英语教学中应用“教-学-评”一体化理念，有利于优化英语教学环境、提升学生整体英语水平，同时优化英语课堂教学。② 基于项目式教学框架，李亮运用教学案例探讨了英语“教-学-评”一体化的设计与实践，为英语教师落实新课标提供了理论和实践参考。③ 张晓玲深入理解英语核心素养与“教学评一致性”的内涵，再从制定教学目标、设计教学环节、跟进教学评价以及调整教学活动来解读英语“教学评一致性”。④ 曾霞鑫运用“教-学-评”一体化理念，使用目标设计和以评导学，从而有效保障英语教学目标的实现和效率的提高。⑤ 陈莲英提出在教学中，英语教师只有准确定位教学目标、设计有效教

① 张朝霞. 基于移动互联网的航空职业英语微信公众号教学平台建设研究[J]. 重庆工贸职业技术学院学报，2017，13(1)：28－32.

② 周学瑞. “教-学-评一致性”理念在高中英语教学中的应用[J]. 课程教育研究，2019(24)：120.

③ 李亮. 核心素养背景下教-学-评一体化设计与实践——以高中项目式教学为例[J]. 中小学教师培训，2018(10)：62－66.

④ 张晓玲. 核心素养视角下小学英语“教学评一致性”实践——以北师版五年级(下)Days of Week Lesson 1 为例[J]. 福建教育学院学报，2019，20(11)：85－86.

⑤ 曾霞鑫. “教-学-评一致性”理念在英语教学中的运用[J]. 教学月刊小学版(综合)，2017(Z1)：39－42.

学、跟进课堂评价以及及时调整教学活动，教学质量才能提高，学生英语学科核心素养才能发展。[①]

二、英语教学与评价一体化的相关研究

在教学过程中，教学与评价相结合有以下特点：一是依据教学目标和评价目标，设计符合课程标准的多元目标学习评价；二是融合课内作业的教学和评价功能，帮助学生理解基本知识；三是结合教学重点与评价重点，培养学生的高阶思维和创新能力；四是结合评价方法与教学方法，建立定量与定性相结合的学习评价体系。[②] 为了能够在一系列情境或活动过程中引领学生建构知识，杨向东认为教师要及时跟踪评估学生的学习困惑，并根据获得的信息调整课堂教学。因此在课堂中，课堂评价与教学指导处于不断轮换的过程中。也就是说，课堂评价一直贯穿整个课堂教学过程。[③] 语言教学评价理论强调，在外语教学中，补充必要的学习动态评价可以帮助学生发展自主学习能力。动态评价理论认为教学和评价是不可分割的，教学介入有助于综合评估学生的能力，也有助于学生能力的发展。[④] 连益芝认为教师不仅要观察学生课堂表现、检查学生学习笔记和学习档案，而且要运用学生自评、互评和他评相结合等形成性评价方式来激发学生的学习兴趣。[⑤]

张辉认为形成性评价不仅具有测评功能，而且与教学是共同体。要使形成性评价有效，应做好以下几点：心里接受与引导、阶段教学目标设定、评价项目设定、教学环境改善、教学方式改变、终结性评价与形成性评价比重分配、目标任务及时调整、选择合适的评价方式等。[⑥] 教师在教学时，要告知

① 陈莲英. 基于核心素养的小学英语“教-学-评一致性”研究——以 Unit 4 I have a pen pal Part B 教学为例[J]. 英语教师，2018(16)：123 - 125.

② 孔企平. 关于评价与教学过程有机结合的探索[J]. 全球教育展望，2014，43(12)：18 - 24.

③ 杨向东. 核心素养与我国基础教育课程改革的深化[J]. 上海课程教学研究，2016(2)：3 - 7.

④ 张艳红. 大学英语写作教学的动态评价体系建构[J]. 解放军外国语学院学报，2010，33(1)：46 - 50.

⑤ 连益芝. 形成性评价在综合英语教学中的运用[J]. 吉首大学学报(社会学科版)，2017，38(S1)：222 - 223.

⑥ 张辉. 形成性评价在大学英语教学中的实施[J]. 首都师范大学学报(社会科学版)，2018(12)：122 - 125.

学生学习目标，讲解评价方式和评价标准，了解学生已知，制定切合实际到达目标的计划。教师要鼓励学生监控自己学习进程，并鼓励学生进行互评和自评。同时教师反馈要及时、详细，而且要紧密围绕目标。这样可强化学生学习动机，而且会提高课堂教学效率。①

三、英语学习与评价一体化的相关研究

评价与英语学习的关系主要表现在对学习的评价、促进学习的评价以及作为学习的评价这三个方面。② 其中促进学习的评价和作为学习的评价是形成性评价的主要组成部分。形成性评价贯穿整个教学过程，目的为师生提供教学反馈，缩小当前学习者水平和教学目标之间的差距。③ 同时，学习者也可根据评价结果或量表监控自己的学习效果，判断自己现在的水平以及寻找如何达到最终目标。④ 形成性评价的反馈者既可以是教师，也可以是学生本人和同伴，因为教师和同伴的反馈信息是相得益彰的。教师和学生可以从不同观察维度感受学生的不同变化。学生通过自评和反思，看到自己学习存在的问题，并由此激发自己的学习动力。这样有助于学生主动参与评价，提升学生自觉参与评价的意识和能力。

王学锋认为形成性评价反馈包括外部反馈和内部反馈。教师提供的学习任务是反馈起点，学生在完成任务的过程中，先基于自己已达到的知识水平和已获得的信息来理解任务要求，再制定学习目标并监控任务完成情况，以此达到自评和起到内部反馈的作用。外部反馈不是来自学生本人，而是来自教师和同伴。教师和同伴的评价有助于学生进一步明确自己目前的水平与任务活动目标之间的差距。从内部反馈、纵向来看，学生了解到自己与

---

① 杨满珍，刘建达. 基于形成性评价的大学英语教学实践探究[J]. 外语电化教学，2019，187(6)：97－102.

② Hume A, Coll R K. Assessment of learning, for learning, and as learning: New Zealand case studies [J]. Assessment in Education: Principles, Policy&Practice, 2009,16(3):269－190.

③ Heritage M. Formative assessment: making it happen in the classroom [M]. Thousands Oaks, CA: Corwin, 2010:35.

④ Chappuis S, Chappuis J. The best value in formative assessment [J]. Educational Leadership, 2008,65(4):14－19.

预期目标之间的差距和已经取得的进步，便于及时巩固知识并加深对知识的理解来激发学习动机、学习主动性和积极性。从外部反馈、横向层面来看，学生可以了解自己所在班级的学习情况。同时，同学之间可以分享学习经验和方法，教师可以给学生提供支持和帮助。总之，通过内、外部反馈情况，学生可重新调整学习目标、策略进行再学习。学生内部反馈和外部反馈相结合的示意图见图 2-1：①

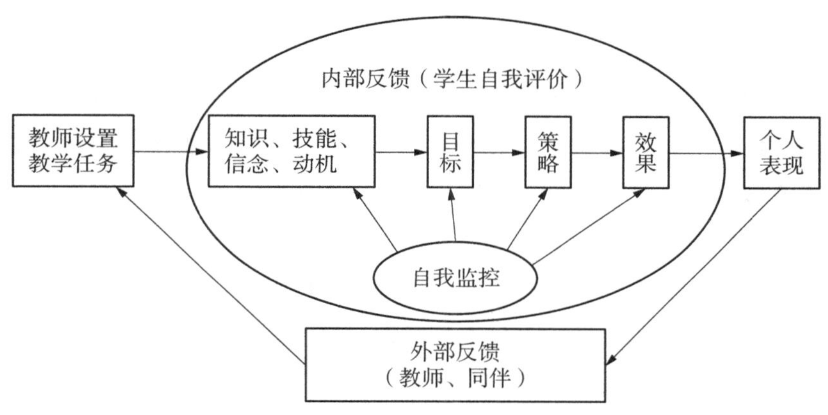

图 2-1 形成性评价反馈循环

学习评价的目的就是让学生学会监控自己的学习。学生要想学会自主学习，首先要了解评价标准、学习目标和目标达成方法如何制定，也就是说，要学会制定学习计划。② 在学生学习评测过程中，教师要帮助学生制定学习目标和评价标准，给学生即时反馈，鼓励学生寻求同伴评价和自我评价。③ 表现性评价评的就是学生核心素养发展目标，学生在完成真实情境任务的过程中也学会了自主学习，从而促进了自身成长。④ 要让评价有效促进

① 王学锋.形成性评价反馈循环模式与英语写作教学评价原则及措施[J].解放军外国语学院学报，2011，34(1)：52-54.

② Hume A, Coll R K. Assessment of learning, for learning, and as learning: New Zealand case studies [J]. Assessment in Education: Principles, Policy&Practice, 2009, 16(3): 269-290.

③ Lee I, Mark P. Assessment as learning in the language classroom [J]. Assessment as Learning, 2014(3): 66-78.

④ 周文叶.促进深度学习的表现性评价研究与实践[J].全球教育展望，2019，48(10)：85-95.

学生学习，教师拥有清晰的教学和评价目标固然重要，但更重要的是让学生明白这些目标，并将之转化成学生自己的目标。毕竟学习的主体是学生，只有学生明了预期学习结果，他们才能有效对学习进行监控，才能根据当下的学习情况来规划学习内容和策略，不至于偏离学习方向。[①]

四、英语教学与学习一体化的相关研究

21 世纪以来，英语教学的重心是实现以人为本的教育理念。以核心素养为本位的英语课堂教学要求进行学习方式的变革，引导学生融合自身经验参与解决问题，并实现与学习内容的充分互动。[②] 其目的是重建教与学关系，要求教向学的转变，教学过程要以学生学习为本位，要从学习活动观角度来考查教学设计的有效性，同时确保整个课堂教学过程是以学生学习活动为中心。[③]

张荣伟认为教与学存在五种关系：一是少教多学，批判多教少学，强调的是教学效率和教学效果。二是先学后教，批判先教后学，强调的是自我导向型学习形式。三是以学定教，反对以教定学。为了实现有效教学，以教为导向转变为以学为导向，强调教师的教指向学生的学，促进学生的学习，教是手段，学就是目的。四是教学合一，反对教学分离。五是教学相长，超越教学互损。强调师生共同成长，反对教师厌教、学生厌学，师生处在紧张、对立的关系中。[④] 张忠华、裴菲认为教和学都是教学活动中不可缺席的一方。否则，有教无学就成了教师自言自语，有学无教就成了学生自学，教和学应该是一个统一体。[⑤]

"以学定教"是当代教学的趋向，即依据学生的学情来确定教学。孙朝仁、孙焱认为"以学定教"是以生为本的价值取向，它关注学生本质潜能最大

---

① 崔允漷. 促进学习：学业评价的新范式[J]. 教育科学研究，2010(3)：11－16.

② 孟庆涛. 核心素养视域下英语教学改革的反思与推进[J]. 课程·教材·教法，2019，39(6)：107－111，143.

③ 田慧生. 落实立德树人根本任务　全面深化课程教学改革[J]. 课程·教材·教法，2015，35(1)：7.

④ 张荣伟. 论"教"与"学"的五种关系范型[J]. 教育发展研究，2012(10)：50－56.

⑤ 张忠华，裴菲. 教、学关系研究范式及其价值取向分析[J]. 高等教育研究，2014，35(6)：80－85.

限度的释放，其实质是把学习的主动权还给学生。教是外因，学是内因，内因决定外因，教师一切教的行为要依据学生的学，并服务和提升学生的学。[①] 刘桂辉从突出学习的本体性价值角度构建学与教的关系，并在教学中通过先学后教、多学少教、会学不教等方式实现以学定教，从而促进学生有效发展。[②] 于龙认为影响以学定教的因素有学程建构和学情研判。从理念层面来看，学程建构应从教的意识转向学的意识；从学程建设来看，应从教的课程转向学的课程；从学程实施看，应从教的设计转向学的设计；从学程评估看，应从教的评估转向学的评估。学情研判主要从学习者的学习目标、学习内容和学习结果等角度来考虑。在学情研判时，教师要注意使用自然观察与探测工具相结合的多样性的方法。[③]

以核心素养为本位的义务教育英语课程标准体现了英语课程人文性和工具性的统一。核心素养形成的机制要求重建教与学关系，要求教向学转变，要求教学过程要以学生学习为本位，要从学习活动观角度来考查教学设计的有效性，同时确保整个过程是以学生学习活动为中心，即“以学来定教”。这就要求教师通过特定教学活动来丰富学生的语言能力、思维能力和生活经历，并促进积极的情感态度和良好品格的形成。教师在教学时，要告知学生学习目标，讲解评价方式和标准，了解学生已知并制定切合实际到达目标的计划。教师要鼓励学生根据实际情况监控学习进程，并鼓励其寻求同伴评价和自我评价。同时，教师反馈要及时、详细，而且紧密围绕目标。通过反馈，学生能更深入理解问题，从而达到提高学习的目的。评价有对学习的评价、促进学习的评价和作为学习的评价。后两种评价方式是形成性评价的主体部分。形成性评价是一个过程，贯穿教学全程，能为教师和学习者提供反馈，目的是缩短学生目前学习状态和最终希望达到目标之间的差距。

总而言之，英语“教-学-评”一体化应指向学校课程目标得以实现。但就

---

① 孙朝仁，孙焱. 基于“以学定教”的“六模块建构式课堂”实践与思考[J]. 上海教育科研，2012(11)：52－56.

② 刘桂辉. 论“以学定教”的教学意蕴及实现[J]. 教育理论与实践，2016，36(11)：52－54.

③ 于龙. 影响“以学定教”效果的因素分析[J]. 中国教育学刊，2012(9)：43－47.

目前研究现状而言，“教-学-评”一体化在乡村初中英语学科中的研究处于基础理论研究层面，并未与初中英语学科特点紧密结合，尚未建立系统的、具体的实施策略。乡村初中英语“教-学-评”一体化存在理实之间互动不够的问题，尽管新课标要求教学、学习、评价一体化，但乡村初中英语教师缺乏相关的理论知识，从而在实践操作中会存在技术和方法上的问题。

第三章

乡村初中英语“教-学-评”一体化教学模式的理论基础

没有理论指导的研究是无效的，没有研究的理论则是空洞的。① 生态学理论、教育目标分类学理论、有效教学理论、整体主义理论和二语习得理论能够为本研究工作提供可靠有力的理论指导。

第一节　生态学理论

1866 年，德国学者海克尔(Haeckel)最早提出生态学是研究有机体与其周围环境之间关系的科学。② 1935 年，英国学者坦斯利(Tansley)提出生态系统概念。基于生态系统，美国学者奥德姆(Odum)认为生态学是研究生态系统结构和功能的科学。③ 从社会学科角度出发，美国学者惠特克(Whittaker)认为生态学是研究生物、社会和历史等因素之间以及它们内部相互关系的科学。④

---

① 布迪厄，华康德. 实践与反思——反思社会学导引[M]. 李猛，李康译. 北京：中央编译出版社，1998：214.

② 李文华，赵景柱. 生态学研究回顾与展望[M]. 北京：气象出版社，2004：15.

③ 奥德姆，巴雷特. 生态学基础[M]. 陆健健，王伟，王天慧，等译. 北京：高等教育出版社，2009：5.

④ 孙芙蓉. 课堂生态研究[M]. 杭州：浙江大学出版社，2013：6.

一、生态学理论的主要特征

（一）关联性

从海克尔开始，生态学便把自己的核心定为有机体与环境的关系。[①] 1962年，美国学者蕾切尔·卡逊（Rachel Carson）出版的著作《寂静的春天》标志着“生态学时代”的到来。现代西方环境伦理大致分为两种：“人类中心论”和“非人类中心论”。前者强调人类的自然价值，后者强调自然具有内在价值。[②] 生态学家基于人与自然之间的两种不同关系，提出了两种生态学理论：浅层生态学和深层生态学。浅层生态学保留人类中心论，追求“技术乐观主义”和“经济效率”。[③] 深层生态学的主要原则有“互相联系的全向思维、生物圈平等、多样性和共生等”。[④] 所以生态学本质上就是一门关系学，是一门研究关联的学说。[⑤] 关联是生态思维方式的核心，被作为生态学的第一法则。

关联是指各部分之间的相互依赖性，以及个人与环境之间的紧密关系，具体来说包括四个方面：[⑥]第一，相互依存，指部分功能之间以及与整体功能之间的关系是不可分割的；第二，相互关系，指整体内各部分以及其与整体之间的复杂关系；第三，参与，指个体与环境相互依存，同时也在依存中创造着环境；第四，非线性，指各要素之间复杂的相互关系模式是常态。

（二）整体性

整体性是指整体功能大于部分之和。整体性包括四个方面的含义[⑦]：第一，整体把握。换句话说，需要从局部到整体、从目标到关系、从结构到流程以及从层次到系统来考虑问题。第二，多种视野。这意味着要对来自不同

① 李文华，赵景柱．生态学研究回顾与展望[M]．北京：气象出版社，2004：64.
② 王正平．深生态学：一种新的环境价值理念[J]．上海师范大学学报（哲学社会科学版），2000（4）：1－14.
③ 安桂清．整体课程研究[D]．上海：华东师范大学，2004：58.
④ 张东海，谢安邦．全人教育的理论与实践[M]．上海：华东师范大学出版社，2011：74.
⑤ 萨克塞．生态哲学[M]．文韬，佩云，译．北京：东方出版社，1991：3.
⑥ 萨克塞．生态哲学[M]．文韬，佩云，译．北京：东方出版社，1991：4.
⑦ 安桂清．整体课程研究[D]．上海：华东师范大学，2004：63.

领域系统的复杂性进行分析，要了解多种答案的可能。第三，独立性。这表明系统本身几乎是独立的，并且完全自动运行的。第四，多个层次。一个大型系统包含着许多子系统，并且每个子系统相互连接形成网络，该网络以复杂的方式进行交互。

二、生态学理论对本研究的启示

生态学旨在关注自然和人类社会所有存在的联结及其原则。它对乡村初中英语“教-学-评”一体化教学模式研究的启示主要涉及以下五点：

（一）整体性

生态学认为世界是整体复杂、多样化的，且事物是相互关联而非孤立存在的。生态系统包罗万象，只有各方面和谐，生态才能正常发展。如果系统中某一部分出问题，都会牵扯到整个生态，即一发不可牵，牵之动全身。乡村初中英语教学是一个包含多种复杂因素的系统，各因素是相互影响和相互作用的。正因为各因素之间的协调，教学才能取得整体的发展。因此在此视角下，乡村初中英语教学目标、实施和评价处在同一系统里，而且各因素是相互关联、相互依赖和相互制约的。

（二）动态性

生态学理论认为整个世界是有机整体，各个组成部分与外部环境以及各部分之间是彼此联系和互动的，并且这种关系是动态的。这是因为系统内部众多相关非线性因素形成的不稳定性和随机性，这种不平衡与不可逆性导致系统内部的不稳定性和不确定性。[①] 生态学理论对认识和分析乡村初中英语“教-学-评”一体化教学模式有着重要意义，在英语教学过程中不能将教学简单化，不能用静态、线性和还原眼光看待乡村初中英语教学。

（三）多样性

生态学理论认为多样性不仅指生态系统组成和功能的多样性，而且指生态过程的多样性。在乡村初中英语教学系统里也存在着这样的多样性，

---

① 佘正荣．生态智慧论[M]．北京：中国社会科学出版社，1996：183．

例如，教学目标、过程、方法、评价、主体的多样性以及学生个性发展的多元需求等。总之，乡村初中英语教学不能局限于固定学科的范畴，而要借助多样化教学资源，采用多种教学的共同“在场”来实现学生的个体发展。

（四）共生性

生态学理论提出互利共生和偏利共生。“互利共生”指共生双方的关系有利于双方的存在和发展。“偏利共生”指共生双方的关系不利于双方的存在和发展，只对其中一方的存在和发展有积极的作用。① 共生理论对指导乡村初中英语教学很有帮助，因为乡村初中英语教学生态系统也有这种共生关系的存在，如师生关系和生生关系。师生关系是一种互利共生的关系，是相互依存的关系。在课堂教学中，教师和学生双方的积极互动关系不仅促进了学生的发展，也促进了教师专业的发展。可见在教学过程中，缺失了教师的参与，学生的生命质量得不到提升；缺失了学生的参与，教师的价值也不能很好实现。生生关系既是互利共生又是偏利共生的关系，因为学生之间既有竞争又有合作。竞争意味着生生关系是偏利共生，一方发展代表了另一方停滞。但有时，偏利共生关系可转变成互利共生，因为竞争促进了双方的共同发展。毫无疑问，合作关系是互利共生的关系，合作促成了双方共赢的局面。

（五）情境性

基于生态学概念，环境对语言研究相当重要，这对指导乡村初中英语教学有着深远意义。环境是指在生活中与人发生关联的，直接影响人生存状态的一切人、事、物等构成的综合体。杜威认为环境包括促成或阻碍、刺激或抑制生物特有活动的各种条件。② 教学环境也是如此，它以隐性课程、课程文化、无形之教的形式参与着学生的教育活动建构，影响学生德行、智慧、情感等素养的生成。从教学环境的构成来看，一是构成要素的复杂性，它指教学环境是一切与教学活动相关的因素、条件、事物、人群等构成的综合体。二是这些因素之间存在交互作用关系，其相互作用的产物又影响着教学活动的质量。③ 其实，教学环境就是一个生态系统，因素之间的关系决定了教学环境与

① 孙芙蓉．课堂生态研究［M］．杭州：浙江大学出版社，2013：10.

② 杜威．民主主义与教育［M］．王承绪，译．北京：人民教育出版社，2001：17.

③ 徐淑娟．大学英语生态教学模式建构研究［M］．北京：科学出版社，2016：27.

师生发展是共生共荣、互利共生的关系。教学环境从总体上影响着主体的存在状态和发展趋势，还影响着主体之间的相互依赖和相互作用。因此构建良好的乡村初中英语教学生态环境可促使学生学习英语和身心健康发展。

第二节　教育目标分类学理论

教育目标分类学有多种理论，本研究主要介绍安德森和马扎诺的教育目标分类学理论。

一、安德森的学习、教学和评估的分类学理论

1986 年，布卢姆在其主编的著作《教育目标分类学：认知领域》中，将教育目标分为知识、领会、应用、分析、综合和评价。这六类目标又可归纳为知识、理智的能力和技能。知识指学生回想起的非常接近曾经遇到的观念或现象。[①] 理智的能力和技能指学生把已获得的经验运用于解决新问题。

2008 年，安德森等人修订出版了《学习、教学和评估的分类学》一书。修订版将认识领域的教育目标分为"知识"与"认知过程"两个维度。知识从具体到抽象依次分为 4 种类型：事实知识、概念知识、程序知识和反省性认知知识。认知过程根据认知复杂程度分为 6 种水平：记忆、理解、运用、分析、评价和创造。它们一共构成 24 个目标单元。目标单元指的是某一类知识的具体掌握水平。这种分类框架通过区分每一类别和其他类别的特征来帮助教师更好地理解类别中的内容，把标准转化为共同的语言。[②]

二、马扎诺教育目标四大系统一致分类学理论

马扎诺的"教育目标四大系统一致分类学"理论具体包括知识、认知、元

---

① 布卢姆，等. 教育目标分类学：认知领域[M]. 罗黎辉，丁证霖，石伟平，等译. 上海：华东师范大学出版社，1986：28.

② 安德森. 学习、教学和评估的分类学（布卢姆的教育目标分类学修订版）[M]. 皮连生，主译. 上海：华东师范大学出版社，2008：4－6.

认知和自我四大系统。自我系统决定是否参与新的学习任务；元认知系统负责为新的学习任务设定目标并监控目标的实现；认知系统处理实现目标所需的相关信息；为了顺利开展整个学习活动，知识系统必须提供必要的信息或技能。[①] 具体学习行为模式如图 3-1 所示：

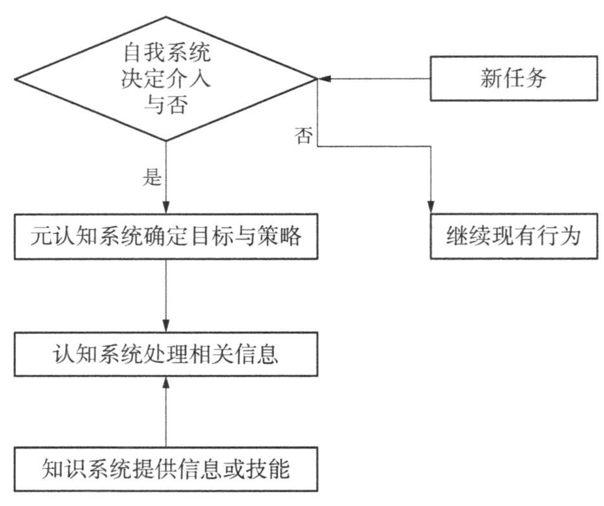

图 3-1　人的学习行为模式

(一) 知识系统：信息、心理程序和心理动作程序

马扎诺认为一门学科中的知识领域可分为三类：信息、心理程序和心理动作程序。信息可以用命题表达，这是一个由不同层次知识组成的领域，主要包含细节和有组织的观念。细节包括术语、事实和时间序列；有组织的观念包括概括和原理。心理程序被视为程序知识，其中包括如何做的问题，其习得方式包含认知、联系和精熟。如图 3-2 所示：

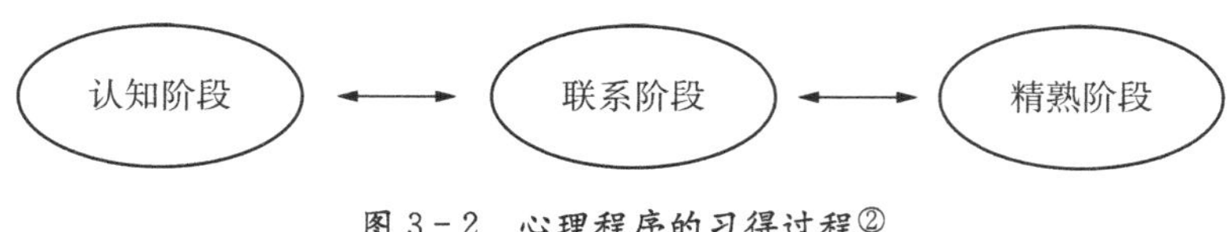

图 3-2　心理程序的习得过程[②]

① 盛群力，等. 教学设计[M]. 北京：高等教育出版社，2005：219.

② 盛群力，等. 教学设计[M]. 北京：高等教育出版社，2005：220.

心理程序分为心理技能和心理过程。心理技能包含单一规则、算法和技巧；心理过程主要指宏观程序。心理技能可通过练习达到自动化程度，而宏观程序必须在有意识的控制下执行。①

马扎诺认为心理动作程序可分为身体基本动作、简单组合程序和复杂组合程序。身体基本动作和简单组合程序属于技能，复杂组合程序属于过程。如表 3－1 所示：

表 3－1　马扎诺对技能和过程的划分②

知识类别	技能	过程
心理程序	单一规则/算法/技巧	宏观程序
心理动作程序	身体基本动作(单一动作)/简单组合程序	复杂组合程序

(二) 认知系统：提取、领会、分析、知识运用

马扎诺从低到高将系统分为四个层次的心理处理：提取、领会、分析和知识运用。③ 依据认知心理学，提取就是指激活长期记忆信息，将其转移到工作记忆里，并有意识处理信息的过程。马扎诺将领会分为两种表示形式：整合和符号。整合是指通过删除、概括突显最重要的信息或知识以此形成一个概括化的知识表示形式。符号是指通过双重编码将理解转化为图表或象形图，并将其表达出来。分析使学习者对已理解的知识进行加工处理，并生成学习者还未拥有的新信息。知识运用是指学习者运用所学知识解决具体任务的应用过程。马扎诺提出了知识运用的四个类别：决策、问题解决、实验探究和调研。

(三) 元认知系统

元认知指学习者个体对自己认知过程的认识和调节，其主要功能在于

① 盛群力，等. 教学设计[M]. 北京：高等教育出版社，2005：221.

② 盛群力，等. 教学设计[M]. 北京：高等教育出版社，2005：221.

③ 盛群力，等. 教学设计[M]. 北京：高等教育出版社，2005：222.

对不同类型的认知过程进行监控、评价和调节。①

(四)自我系统

自我系统主要指确定和分析个人学习新内容的动机。它决定个体是否参与新任务以及参与该任务的注意力分配程度。马扎诺将自我系统分为检查重要性、效能感、情绪反应、总体动机等四个成分。②

三、教育目标分类学理论对本研究的启示

(一)提高乡村初中英语课堂教学的有效性

英语教学从设计英语教学、选取教学活动到设计教学评价都是围绕教学目标进行的。教育目标分类学理论是有关分解课程标准和叙写学习目标的理论,因此,这种理论有助于乡村初中英语教师更好理解和设计学习目标,有助于英语教师在教学中关注学习目标的达成情况来实现课堂有效教学。

(二)促进乡村初中英语教师专业化发展

学习目标既是教学的起点也是教学的方向。只有教师设计了与学习目标相匹配的评价,才能即时检测、了解学生的学习情况。只有根据学情,确定与学生相匹配的英语学习目标、学习评价和学习活动的教学才有灵魂。一体化考虑目标、教学、学习和评价可避免乡村初中教师点状思考,促使其像专家一样思考,也促使其专业化发展。

第三节　有效教学理论

一、有效教学理论的主要特征

在教育科学化运动的推动下,有效教学理论受到关注。20 世纪 20 年代初至 50 年代末,卡特尔和赖安(Cartel & Ryan)等学者主要研究有效教师特

① 盛群力,等.教学设计[M].北京:高等教育出版社,2005:224.

② 盛群力,等.教学设计[M].北京:高等教育出版社,2005:226.

征或品质；20世纪60年代初至80年代末，舒尔曼和鲍里奇（Shulman & Borich）等学者主要研究教师在课堂上的有效教学行为；20世纪90年代初至今，丹尼尔斯和比扎尔（Daniels & Bizar）等学者主要研究学生学习行为以及学习行为变化对学习结果的影响。[①] 纵观这三个时期的研究，有效教学理论有以下四个方面的特征：

（一）教学目标

教学目标是教学活动所要达成的预期效果与质量标准，设定教学目标是教学活动的核心环节，设计出有效可行的教学目标是有效教学的先决条件。教学目标是课堂教学活动的方向，一切从教学目标出发，依照教学目标的要求展开教学是教师实施教学活动的常规。[②] 教学目标一经确定，教学活动中各种教学资源的取舍、教学行为的选择、教学方法的过滤就有了明确的标准和依据，教学活动的合力就能够实现最大化。教学活动是由多因素、多环节、多方面构成的一个复杂过程，如果没有教学目标的监控，教学活动各因素可能走向分崩离析，整个教学系统会因此走向无序状态。教学目标既是教学活动的出发点，也是教学活动的归结点。整个教学过程可以理解为在教学目标控制下的封闭循环，教学目标是教学活动得以运转的内部动力。

（二）教学行为

鲍里奇认为有效教学就是教师在课堂教学中运用主要和辅助教学行为，组合这些教学行为来实现教学目标。[③] 主要教学行为指教师根据教学目标和内容直接在课堂上采取的专业行为，这是一种可预设和分解的专业技能，旨在确保教学有序进行。要使教学有效，除了主要教学行为，还需辅助教学行为来支持。辅助教学行为指教师在课堂上处理学生心理或教学情景中问题的行为。主要教学行为往往是外显的，辅助教学行为是内隐的，多数是生成性的。

（三）学生发展

古德和布罗菲（Good & Brophy）认为有效教学既要关注学生课堂学习，

---

① 陈晓端，Keith S. 当代西方有效教学研究的系统考察与启示[J]. 比较教育研究，2005(8)：57－58.

② 崔允漷. 有效教学[M]. 上海：华东师范大学出版社，2009：110.

③ Borich G D. Effective teaching methods [M]. New York: Prentice-Hall, Inc, 2000:8－26.

也要关注学生自主学习以及与他人的合作。目的是使学生能深刻认识自我，能很好理解和探索文化。[①] 多伊尔(Doyle)认为只有更好地理解学生、尊重学生差异、使学生保持兴趣和好奇心，才能实现有效教学。[②] 有效教学能够使学生在课堂教学中发挥自身的双重作用：一是个人自身，指感悟、思考和表达自己；另一是场的自我，指在教学场中，对场做出反应的自己。即在教学场中，一方面凭借自己的意志行动，另一方面在这个场中观察自己。[③]

（四）有效教学标准

波尔克(Polker)认为衡量教学有效性有以下标准：出色的学术表现、沟通能力、创造力、专业性、教学知识、学生评价、自我发展、人格、天赋，以及在学科领域建构观念的能力。[④] 古德和布罗菲(Good & Brophy)认为学生有无进步和发展是衡量教学有无效果的标准。[⑤] 芝加哥大学教育、多样性和卓越化研究中心(Center for Research on Education, Diversity & Excellence, CREDE)提出 5 条中小学课堂教学有效标准：一是师生共同参与活动以促进学生学习；二是通过课程发展学生语言，提高学生素质；三是教学要与学生生活相关联；四是培养学生复杂思维技能，发展学生认知技能；五是通过对话进行教学。[⑥] 夏洛特・丹尼尔森(Charlotte Danielson)在《提升专业实践力：教学框架》一书中提出更具体、更富有操作性的标准框架。该框架描述了教师需要承担的各种职责，并且通过实证和理论研究证明教师承担的职责可促进学生学习。教学活动分为 4 个主要部分和 22 个相关部分，这 4 个主要部分包括计划与准备、课堂环境、课堂教学和专业职责。[⑦]

二、有效教学理论对本研究的启示

就本研究而言，有效教学理论给乡村初中英语“教-学-评”一体化教学模

---

① Good T L, Brophy J E. 透视课堂[M]. 陶志琼，译. 北京：中国轻工业出版社，2009：20.

② Doyle K O. Evaluating teaching [M]. Lexington, MA/Toronto: D. C. Health and Company, 1983：37－56.

③ 钟启泉. 课堂革命[M]. 南京：江苏人民出版社，2017：30.

④ Polker J. Traits of effective teachers [J]. Arts Education Policy Review, 2006, 107(4)：23－29.

⑤ Good T L, Brophy J E. 透视课堂[M]. 陶志琼，译. 北京：中国轻工业出版社，2009：27.

⑥ 陶涛. 大学英语教学有效性问题研究[D]. 武汉：华中师范大学，2015：37－38.

⑦ 丹尼尔森. 提升专业实践力：教学的框架[M]. 杨晓琼，译. 北京：教育科学出版社，2010：29.

式带来以下启示：

（一）有助于乡村初中学生发展英语学科核心素养

有效教学理论有利于培养学生发展认知能力，有利于学生了解文化差异，也有利于学生良好品格和合作精神的形成。总之，有效教学理论关注人的发展。这有助于提高乡村初中英语课堂教学质量，也有助于培养学生的学习能力。这与乡村初中英语"教-学-评"一体化教学模式的最终目标相吻合，有助于发展学生英语学科核心素养。

（二）有助于提高乡村初中英语教师的教学能力

有效教学理论强调教学的有效性，这意味着教学活动必须取得一定的学习成果。这一切需要教师来实现，而教师能否实现与其教学能力有关。有效教学标准可以帮助英语教师提高教学能力，也有助于提高英语课堂的教学质量。这与乡村初中英语"教-学-评"一体化教学理念相符合，指向提升英语课堂教学质量。

第四节　整体主义理论

一、整体主义理论的主要特征

20 世纪 20 年代，美国哲学家怀特海（Whitehead）提出过程哲学，他用整体性和过程性思维替代主客二分的实体思维。针对机械论思想，学者贝塔朗菲（Bertalanffy）提出整体性概念和一般系统论。1969 年普里高津（Prigogine）创立了耗散结构理论。1963 年，洛仑兹（Lorenz）提出混沌理论。以学者怀特海、普里高津、洛仑兹等为代表的当代整体主义理论家认为整体主义理论有以下四个基本特征：

（一）整体性

整体主义理论家反对机械决定论和还原论，他们认为世界是一个有机整体。怀特海认为世界是一个相互依存、不断生成而形成有秩序的过程。人类是自然系统中的一部分，人与人、人与社会、社会与自然是相互联系的，并在自然社会发展中不断流动形成的一个有机体。① 普里高津批判经典科学，认为世界的各个部分在相互关联的演化下重新组合成一幅复杂的整体图像。② 洛仑兹认为世界是由确定性与不确定性、简单与复杂、有序与无序构成的。③ 拉兹洛认为要用整体和联系的观点看问题，不能孤立去分析问题。④

（二）过程性

整体主义反对“实体”和主客二分的二元论思想，为了打破近代哲学的困境，整体主义提出了过程性原则。过程是指一段时间内不断生成的序列结构。怀特海认为自然世界是一个川流不息的整体创化过程。普里高津认为近代哲学将时间描述为没方向、可量化的测量单位，将物质变成了没有联系、静态的单元，而时间是流动的、可变的。⑤ 因此整体主义认为世界是动态发展的。

（三）有机性

整体主义反对实体概念，采用有机体概念。整体主义认为有机体具有创造性和能动性，不是僵化、被动的。有机体各单元之间有一定内在关系，部分会影响整体。怀特海主张以机体论代替机械论，强调有机体之间的动态发展关系，强调整体和部分或环境与机体之间的和谐关系。⑥ 普里高津提出世界的各组成部分是相互联系，也是相互制约的关系，世界是个有机、开放的系统。

（四）系统性

贝塔朗菲认为自然界是由各个层次的系统组合起来的复杂庞大系统。⑦ 普里高津认为世界是个开放系统，其构成的各部分相互作用和相互制

---

① 卢琛琛．怀特海过程哲学思想研究[D]．石家庄：河北师范大学，2010：13.
② 管晓刚．系统演化的辩证法——耗散结构论的整体观[J]．系统辩证学学报，1999(2)：13.
③ 格莱克．混沌：开创新科学[M]．张淑誉，译．上海：上海译文出版社，1990：30.
④ 拉兹洛．用系统论的观点看世界[M]．闵家胤，译．北京：中国社会科学出版社，1985：15.
⑤ 管晓刚．系统演化的辩证法——耗散结构论的整体观[J]．系统辩证学学报，1999(2)：14.
⑥ 王志德．怀特海过程哲学的整体论视域[J]．长春工业大学学报(社会科学版)，2012，24(3)：2.
⑦ 高剑平．论贝塔朗菲“机体论”的系统思想[J]．广西民族大学学报(哲学社会科学版)，2007(5)：84.

约。拉兹洛认为社会是一个动态的、有完整等级结构的系统。[①]

二、整体主义理论对本研究的启示

整体主义理论认为事物之间是相互关联的，并在整体背景下获得各自意义。即每一种事物都是在与其他事物的互动中确立自己的地位，并在同一系统内有机、动态地发展和共同存在。整体主义理论对乡村初中英语“教-学-评”一体化教学模式研究的启示主要有以下两点：第一，教学、学习、评价要整体把握，这样才能促进学校课程目标的达成。这意味着思考问题时，应该遵循从部分到整体、从结构到过程、从目标到关系、从层级到网络的思维路径来考虑问题。第二，教学、学习、评价是有机、互动的一体存在。它们相互依赖，部分功能依赖其他部分的功能，同时也依赖整体的功能。

第五节　二语习得理论

一、行为主义的语言学习理论

20 世纪五六十年代，行为主义的语言学习理论在美国产生了巨大影响。语言学家斯金纳（Skinner）提出学习语言是模仿、实践、反馈形成习惯的过程。当儿童模仿成人发音时获得了成功反馈，他们就会继续模仿直至形成习惯。据此，语言学家认为只要学生模仿正确的语言结构，就能学好英语。因此，只要在学生学习语言时，不断给予其大量的刺激，一旦学生的反应获得反馈就会得到强化，通过这种刺激、反应和强化的模式，学生就能学会语言。由此语言学习观衍生了听说法，埃利斯（R. Ellis）认为学习是体验的结果，学习需要掌控所需的环境，提供所需的经验，学习的过程也是行为变化的过程。听说法流派强调要把正确的行为放在首位，不必过多在意语言的意义，他们看重模仿、重复和简单替换练习，通过这种操练，学生的语言习惯

① 拉兹洛. 用系统论的观点看世界[M]. 闵家胤，译. 北京：中国社会科学出版社，1985：16.

也就形成了。即形成习惯的过程是类推,发现不同语言结构形式之间的异同。学习者在相同的情景中使用这些语言结构,用不同的词汇进行替换,这种替换主要帮助学习者体验语言结构的异同。但有些英语结构和汉语结构是相同的,相同的有利于学习者学习,不同的则干扰学习者学习。因此,这种流派禁止师生在课堂内使用母语。

二、自然主义的语言学习理论

乔姆斯基(Chomsky)认为人的头脑中有个语言系的机制,人具有与生俱来的语言能力。只要有合适的条件,任何人都可以学会语言[①]。因为几乎所有儿童都会在人生中的某个阶段学会母语。尽管认知能力非常有限,儿童也能学会相当复杂的语言系统,但前提是他们生活在这种语境中,并能与人交流沟通。自然主义语言学习理论认为英语学习与儿童母语学习一样,不是累加的学习过程而是整体的学习。每天孤立地分解、添加内容是掌握不了语言的,而应该提供自然的环境,不必考虑按难度分级和选择输入语言材料。儿童在学习语言时,虽然听到的是正确句子,但可能说出的是错误的用法。这使得人们重新思考第二语言学习中随时纠正语言学习者错误的做法,主张让学习者自己发现语言错误。

综上,行为主义的语言学习理论认同模仿和记忆,认为儿童模仿成人是学习语言的主要方式。自然主义的语言学习理论认为人的头脑里有一定内在的语言习得机制,它与语言生成系统有关。这一观点被斯蒂芬·克拉申(Stephen Krashen)所采纳。

三、克拉申的语言习得理论

美国著名语言学家斯蒂芬·克拉申认为语言学习有两种途径:学习和习得。学习是指有意识学习有关语言知识的过程,如学习语法和习惯用语,它关注的是语言形式。克拉申认为单靠学习是掌握不了语言的,习得比学习更有作用。习得是通过使用语言获得语言能力,习得关注的是语言意义、

---

① Chomsky N. Review of B.F. Skinner's verbal behavior [J]. Language, 1959(35):26-58.

语言内容，它属于无意识的学习过程。习得主要靠可理解的输入，主张学校提供大量的听和说以促进学生掌握语言。对学生而言，可理解的输入非常重要。可理解输入是指学生可理解的内容，这要求教师在选取教学内容的时候要选取高于学生目前水平的语言材料，利用学生已有的语言知识帮助学生理解。人们在掌握语言过程中有一个沉默期，其间虽然学生不会说，但在内化语言，因此，教师没必要强迫学生说，教师尽可能增加输入量，用有趣的读物吸引学生。只要达到足够的输入量，学生获得完整的语言结构，就会自然而然地开口说话。语法学习是有作用的，但只能起到监察的作用，用已掌握的语法规则对所说的话或所写的文章进行纠正。语法规则的使用需具备三个条件：时间、形式和熟悉规则。克拉申认为语法学习有助于学生习得，如在口头交际时，在不影响交际的情况下，语法可帮助人们把语言用得更准确。在写作时，语法知识可帮助学习者修正错误。但他认为仅靠输入大量可理解的内容还是不够的，如果学生感到焦虑、缺乏自尊感等，输入的语言也无法进入学习者的语言习得机制，因为学生处于防备状态，学生会产生很高的情感过滤。因此，他在20世纪80年代提出了二语习得理论的五个假说：习得-学习假说、自然顺序假说、监控假说、输入假说和情感过滤假说。①

（一）习得-学习假说

克拉申强调习得是在自然状态下交流、掌握语言使用技能，而学习是在有意识状态下系统学习语言知识。② 即学习是有意识、有目的，学习的是语言形式，而在自然状态下习得的是语言意义。

（二）自然顺序假说

克拉申提出语言知识获得与语言本身的难易程度以及语言课程安排的关联度不强，但与习得机制有关，与语言固有的顺序有关。③

（三）监控假说

克拉申阐明学习和习得掌握的语言知识在运用时存在不同作用。学习

① 都建颖.第二语言习得理论入门[M].武汉：华中科技大学出版社，2013：77.
② 都建颖.第二语言习得理论入门[M].武汉：华中科技大学出版社，2013：78.
③ 都建颖.第二语言习得理论入门[M].武汉：华中科技大学出版社，2013：79.

掌握的语法知识具有监控作用，即检查和修正语言的使用。但行使监控作用时，需要三个前提条件：知识储备、形式意识和时间准备。①

（四）输入假说

输入假说是克拉申二语习得理论的重要思想。克拉申认为用目的语说话能够有效帮助学习者学习语言，因为语言不是教会的，而是通过大量可理解语言输入形成的。即 i+1 理论，i 指学习者当下的语言水平，1 指略高于学习者当下语言水平的那部分。② 由此可见，可理解的语言输入材料是语言习得的关键，但要使学习者有兴趣学习语言，还需考虑语言输入的趣味性和语言输入的关联性。

（五）情感过滤假说

情感过滤假说阐明语言学习开始于可理解的输入语言信息，而学习者能否接受这些信息与输入信息是否吸引学习者的注意力、是否改变学习者的学习抑制状态以及与学习者是否有良好的学习情绪有关。

四、麦克劳克林的信息转换理论

麦克劳克林（McLaughlin）等语言学家质疑克拉申的语言习得理论，并提出了信息转换理论以更好地解释学习者学习过程。信息转换理论有两个概念，一是控制的过程，二是自动化的过程。控制的过程就是关注语法知识与语言的准确性，它实际是教学过程的一部分。自动化的过程需要一定的时间来完成，在这个过程中学习者往往是无意识的。根据信息转换理论，在学生学习起始阶段，教师会运用控制的过程以确保学生学习语言的准确性。例如，在课堂教学过程中对语法结构进行反复操作以达到自动化程度。麦克劳克林认为学习是个从控制到自动化的认知过程，在这个过程中，学习者在使用语言过程中不断重构语言体系，目的是控制内在的系统而达到自动化。自动化的过程是学习者将陈述性知识转化为程序性知识的过程，就是

---

① 曾智飞．基于克拉申二语习得理论的应用型高校双语教学模式改革与实践[J]．吉首大学学报（社会科学版），2017，38(S2)：162-164.

② 曾智飞．基于克拉申二语习得理论的应用型高校双语教学模式改革与实践[J]．吉首大学学报（社会科学版），2017，38(S2)：162-164.

把知道如何做转变为会做。起初的知识与能力是分散的、静态的、独立的，但在交际时，学习者会调动各个方面的知识和能力去理解与表达，去处理所获取的信息。也就是说，在交际活动中，用于解决问题、完成任务的能力才有可能转变为运用能力。

五、二语习得理论对本研究的启示

（一）有助于乡村初中英语教师有效教学

根据二语习得理论，乡村初中英语教师在选取输入材料时，首先要考虑真实材料的可理解性和情境性。但是培养学生英语能力和语感仅靠课内语言输入材料是不够的，还需课外大量、高质量的语言材料输入。因此选取的材料不仅要提供大量日常生活中典型的语言用法，而且要能够应对各种语篇类型中的不同话题、主题和事件，除此之外，还要满足不同类型学习者的需求。根据二语习得理论，学习者在语言交流过程中更容易获得语言知识。因此乡村初中英语教师要多组织英语课外活动，建立用英语交流的 QQ 群或微信群，还要多为学生提供在真实生活场景中使用英语的机会。

（二）有助于乡村初中学生有效学习英语

从克拉申的情感过滤假说可知，当英语学习者情绪高涨、自信心强、心情愉悦时，他们更容易注意、学会并记住那些引起情绪反应或与个体兴趣有关的事件、图像和文章，这时语言信息的获取就会增多。相反，当英语学习者情绪低落、焦虑、不自信时，大脑就会收缩停止工作来保护自己，这时的学习是无效的。焦虑既是学业失败的原因，也是学业失败的结果，它会妨碍学习者对英语信息的注意、学习和检索。因此输入的英语材料要与乡村初中学生现实生活情境相关，并能激发学生的好奇心和促使学生实现内在价值。在教学中，乡村初中英语教师还需多采用形成性评价方式和小组活动合作形式来缓解学生的焦虑情绪。

第四章
研究设计

研究设计是保证研究可靠性的重要环节。它基于研究问题的解决思路和解决方法，整合研究中的各要素，通常把研究内容、研究方法、研究结论、研究者和被研究者结合起来，形成一个规范有效的整体方案。

第一节　研究思路与方法

一、研究思路

本研究采用混合研究，指研究者在一项单一研究或一系列相关研究中，混合或结合使用定量和定性的方法、手段和概念。① 本研究按照"提出问题-分析问题-解决问题"思路展开，具体见图 4－1：

第一部分为提出问题。通过问卷调查、访谈等研究方法，发现乡村初中英语教学、学习、评价存在诸多问题，提出构建乡村初中英语"教-学-评"一体化教学模式来提高课堂教学质量，并结合研究背景与研究意义，提出研究该问题的重要性。通过文献综述，阐述该问题研究的已有基础和不足，进一步说明研究该问题的必要性。

第二部分为分析问题。在深入探讨乡村初中英语教学、学习、评价存在的问题及作归因分析之后，提出了乡村初中英语"教-学-评"一体化教学模式

① 约翰逊，克里斯滕森. 教育研究定量、定性和混合方法[M]. 马健生，等译. 重庆：重庆大学出版社，2015:49.

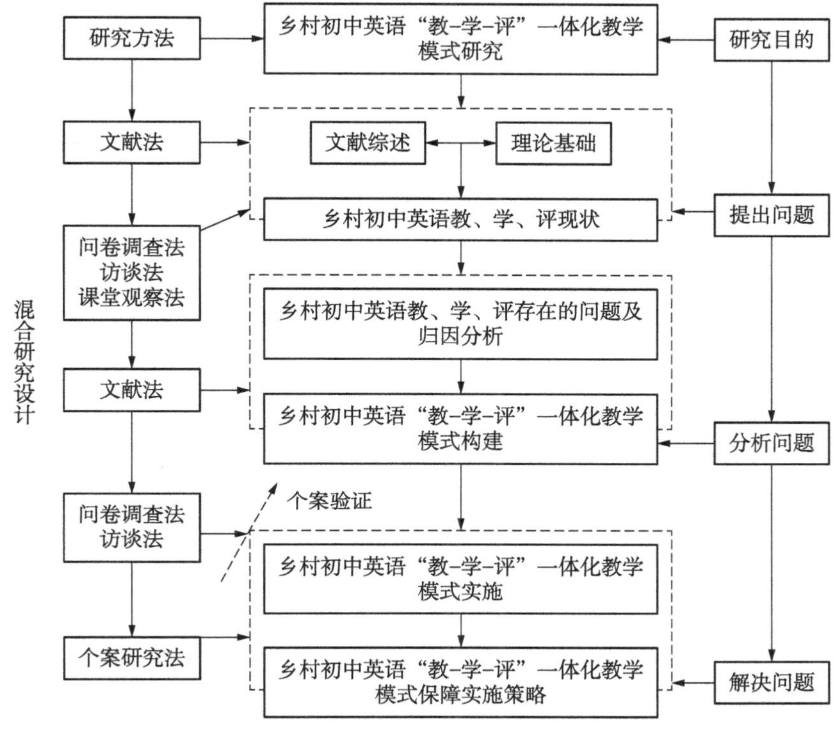

图 4-1　研究思路图

的构建依据、构成要素、结构特征和实施活动程序。

第三部分为解决问题。通过英语教学案例研究来验证乡村初中英语"教-学-评"一体化教学模式的有效性，并提出有效实施此模式的保障策略。

上述研究问题与研究工具的关系描述如表 4-1 所示：

表 4-1　研究问题与证据来源

研究问题	子问题	证据与研究方法
如何构建"教-学-评"一体化教学模式来提高乡村初中英语课堂教学质量?	乡村初中英语教、学、评现状如何及影响因素是什么?	文献资料 教学实物 问卷调查 访谈 课堂观察
	如何构建乡村初中英语"教-学-评"一体化教学模式?	文献资料

续表

研究问题	子问题	证据与研究方法
	如何在乡村初中英语课堂实施“教-学-评”一体化教学模式？	文献资料
	乡村初中英语“教-学-评”一体化教学模式的实施效果如何以及保障措施是什么？	教学案例 课堂观察 问卷调查 访谈

二、研究方法

（一）文献法

文献综述有利于进一步厘清研究主题，同时把握前人研究成果，目的是明确研究工作的基础和方向，进而推动研究的深入。[①] 本研究通过使用文献法，实现以下目标：一是对乡村初中英语教学、学习、评价的相关理论研究成果进行搜集、归纳和分析，把握乡村初中英语教学、学习、评价理论研究的走势以及有待进一步研究的领域。二是依据本研究的理论基础，建构乡村初中英语“教-学-评”一体化教学模式的理论框架。

（二）问卷调查法

本研究第一个子问题旨在探讨乡村初中英语教学、学习、评价现状，因此运用问卷调查法，调查对象主要是L市乡村中学的英语教师和学生，调查内容是有关乡村初中英语教学现状。这些为本研究提供了现实依据。

（三）访谈法

在进行问卷调查的同时，为了能够更深入了解现状和分析归因，本研究通过个别师生深度访谈、学生代表座谈等方法，就乡村初中英语教学、学习、评价等若干问题进行深度研讨以了解他们的看法，同时走访课程和教学论专家并听取他们意见以明晰研究思路。

（四）课堂观察法

美国学者阿瑟·J. S. 里德（Arthea J. S. Reed）和韦尔娜·E. 贝格曼

---

① 张斌贤. 文献综述与教育学博士学位论文撰写[J]. 学位与研究生教育，2017(1)：59－63.

(Verna E. Bergemann)认为课堂观察要有明确的目标和程序,这是具有选择性的观察。[①] 国内学者沈毅和崔允漷认为进行课堂观察时,观察者要带着确定目标和相关辅助工具,通过感官知觉直接或间接收集课堂资料,并依据这些信息做相应的分析。[②] 伯海英认为课堂观察有明确的目的,才能使观察者深入要观察的事物。[③] 本研究带着明确目的,在D中学和S中学进行英语课堂观察,观察英语教学目标的达成度,同时借助自身感官和相关辅助工具,从英语课堂中收集信息,并根据数据来分析这节课的有效性,即教学目标、教学、学习、评价是否一致。

(五) 个案研究法

个案是一个具有时空范围的界限系统,可能是一个场域、事件、个体或问题。其研究意义在于运用各种研究方法来收集完整数据,以便对有界限系统(个体、一个团体、一个方案、一个地区等)作深入翔实的描述、诠释与分析。[④] 马云鹏、林智中认为个案研究是指连续长时间调查某一个体、某一群体或某一组织,研究其行为发展变化的整个过程。它包括收集、记录一个或多个个案材料,并写出个案报告。[⑤] 因此为了深入研究乡村初中英语教学、学习、评价的现实状况,本研究决定以L市S中学为研究对象,希望通过对这个个案深入了解来认识研究问题,并达成研究目的。

第二节　量化研究设计与实施

一、问卷设计与编制

根据李秉德的教学七要素,即教学目的、教学内容、教学环境、教学方

---

① 里德,贝格曼.课堂观察、参与和反思[M].伍新春,夏令,管琳,译.北京:教育科学出版社,2009:21.

② 沈毅,崔允漷.课堂观察:走向专业的听评课[M].上海:华东师范大学出版社,2008:74.

③ 伯海英.促进教师课程意识回归的实践与研究[J].福建基础教育研究,2014(11):82-84.

④ 潘慧玲.教育研究的取经:概念与应用[M].上海:华东师范大学出版社,2005:182-183.

⑤ 马云鹏,林智中.质的研究方法及其在教育研究中的应用[J].中国教育学刊,1999(2):59-62.

法、教学反馈、学生和教师，本研究设计了乡村初中英语教师教学现状调查问卷和乡村初中学生英语学习情况调查问卷。乡村初中英语教师教学现状调查问卷设计了八个维度，包括初中英语课程标准、教学目标、教学内容、教学评价、教学方法、教学环境、教学改革态度和教师专业发展，如表 4-2 所示：

表 4-2　乡村初中英语教师教学现状调查问卷维度及其问卷对应题号

<table>
<tr><th colspan="2">维度</th><th>对应题号</th></tr>
<tr><td rowspan="2">教学环境</td><td>内环境[人文环境(工作量、师生、生生交流等)]</td><td>5,6,7,15—16,33—35</td></tr>
<tr><td>外环境</td><td>36</td></tr>
<tr><td colspan="2">核心素养为本位的课程标准</td><td>8[(1)—(4)]</td></tr>
<tr><td colspan="2">教学目标</td><td>9—12</td></tr>
<tr><td colspan="2">教学内容</td><td>14[(7),(8)],17</td></tr>
<tr><td colspan="2">教学方法</td><td>13,14[(1)—(6),(9)]</td></tr>
<tr><td colspan="2">教学评价</td><td>18—26</td></tr>
<tr><td colspan="2">教学改革态度</td><td>37</td></tr>
<tr><td colspan="2">英语教师专业发展</td><td>27—32</td></tr>
</table>

乡村初中学生英语学习情况调查问卷设计了六个维度，包括英语学习环境、学习目标、学习内容、学习方法、教学评价和学生素养，如表 4-3 所示：

表 4-3　乡村初中学生英语学习情况调查问卷维度及其问卷对应题号

维度	对应题号
学习环境(校内)	36—38
学习环境(校外)	1,2,3,4,5,6,7,8,9
学习目标	49,53—55
学习内容	10,11,12,13,27,28,30—33,
学习方法	21—26,29,34—35
教学评价	50,51,52,39—48
学生素养	14,15,16,17,18,19,20

征询调查问卷的目的是了解从文献梳理出来的乡村初中英语教师教学现状调查问卷维度及其具体表征和乡村初中学生英语学习情况调查问卷维度及其具体表征是否符合乡村初中英语教学和学生学习的实际情况，是否需要对维度和内容作适当修改。因此本研究征询了一线教师、市英语教研员和相关专家。咨询的一线教师有一线的英语教师、一线其他学科的任教教师、班主任和相关管理工作人员，共 10 人。征询问卷是否存在难以理解的问题，目的是完善问卷，结果为不存在理解上的问题。市英语教研员马老师建议增加英语教师对教学改革态度这一选项。学术专家是高校一位从事教师专业发展研究的教授。他从学术角度对乡村初中英语教学调查问卷提出了修改意见，认为应该在第二部分（英语教学设计部分）增加有关英语学科核心素养的相关内容。同时，他建议在乡村初中学生英语学习调查问卷上增加影响学生英语学习的相关内容。

乡村初中英语教师教学现状调查问卷共五部分。第一部分是个人基本信息，共 7 道题，涉及调查对象的性别、学历、职称、教龄等方面。第二部分是初中英语教学设计，共 5 道题，有关英语教学目标、教学内容和评价标准设计。第三部分涉及乡村初中英语课堂教学实施方面，共有 5 道题。第四部分涉及乡村初中英语教学评价方面，共有 9 道题。第五部分涉及乡村初中英语教师专业发展方面，共有 11 道题。具体如表 4－4 所示：

表 4－4　乡村初中英语教师教学现状调查问卷题项及其具体表征

乡村初中英语教师教学现状调查问卷题项	乡村初中英语教师教学现状调查问卷具体表征
个人基本信息	性别、学历、职称、教龄、周课时，以及因担任班主任及教学工作感到的压力、职业痛点
初中英语教学设计	了解初中英语课程标准 根据英语课程标准制定教学目标 参照英语教辅用书制定教学目标 根据学生实际英语水平和教材内容制定教学目标 设计指向英语学科素养的教学目标 根据教学目标来设计教学活动 根据教学目标来设计评价标准 根据教学目标来设计学生英语作业

续表

乡村初中英语教师教学现状调查问卷题项	乡村初中英语教师教学现状调查问卷具体表征
初中英语课堂教学实施	朗读、重复和句型操练，对话、小组活动，表演、辩论和讨论，对话日记、自由写作和反思性写作，现场体验和项目合作，补充教材内容的文化背景，删减、调整教学内容，会针对不同层次学生选择不同教学内容，会针对不同层次学生选择不同教学方法 师生情感影响教学 运用多媒体设备辅助教学 提醒学生注意"升学考试重点"
初中英语教学评价	对英语教学评价看法 评价内容 根据学生评价结果来改变计划 从学生作业来反思教学改进 在教学实际中选择与评价目标相匹配的方法 喜欢用多种方法评价学生的学习情况 注重对学生课堂学习表现的点评，并有预设的评价标准
初中英语教师专业发展	参加的教师培训（级别、类型、次数、内容和培训效果） 专业方面最想提升的能力 在哪些方面进行课后反思 平时阅读英文报刊杂志书籍或观赏美剧 学校开展英语教研活动和公开课 与其他学校建立英语交流机制 对英语教改的态度、对家校联系的态度

乡村初中学生英语学习情况调查问卷共五部分。第一部分是个人基本资料，共 9 道题，涉及调查对象的性别、年级等方面。第二部分涉及乡村初中学生英语学习兴趣方面，共 11 道题。第三部分涉及英语学习态度和方式，共 15 道题，主要包括英语学习存在的主要困难和最大障碍等方面的问题。第四部分是有关学校英语学习环境方面，共 3 道题，主要涉及学校课外英语活动、校本英语课程等。第五部分是有关英语教学满意度方面，共 17 道题。如表 4－5 所示：

表 4-5　乡村初中学生英语学习情况调查问卷题项及具体表征

乡村初中学生英语学习 情况调查问卷题项	乡村初中学生英语学习 情况调查问卷具体表征
个人基本资料	性别、年级、家庭住址、是否独生子女、父母受教育程度、父母职业、父母对孩子的关注点
英语学习兴趣	上课注意力集中时间 上英语课的心情 学习英语的兴趣 感兴趣的英语相关内容
英语学习态度和学习方式	每天课余花在英语学习上的时间 每天课余学习的英语相关内容 认为目前学英语的主要困难 认为英语学习最大的障碍 认为有效帮助学习英语的方法
学校的英语学习环境	英语课堂使用多媒体情况 希望学校开设英语校本课程 喜欢的学校课外英语活动
对英语教学满意度	教师教学 具有丰富的英语专业知识技能 能较好组织课堂教学 在教学中能考虑学生的兴趣 课堂活动设计多样化，能充分调动学生积极性 关心每一个学生的成长 对其他专业比较了解 英语教师会根据学生实际水平有针对性地给学生辅导 英语教师对学生学习效果的评价方式 教师根据学生实际情况设计教学目标、教学评价 教师根据学生实际情况选取教材内容

本研究量表大部分采用李克特(Likert)尺度法测量。采用李克特尺度法测量的所有题项均为正向计分题。由师生根据自己对每道题项陈述的真实想法，在“完全不赞同”“基本不赞同”“不确定”“基本赞同”“完全赞同”等五个选项中进行勾选，“完全赞同”计 5 分，“基本赞同”计 4 分，“不确定”计 3 分，“基本不赞同”计 2 分，“完全不赞同”计 1 分。本研究事先进行了预调查，剔除了因子负荷值较低的题项，最终形成了正式问卷。

二、调查实施

本次调查采用问卷星形式，即在线问卷调查。先与L市初中英语教研员马老师取得联系，通过微信将问卷链接发到L市乡村初中英语教师微信群，群里有345位乡村初中英语教师，回收问卷286份，回收率为82.90%。乡村初中学生英语学习调查问卷调查了L市初一、初二年级6个班的乡村学生。研究者事先与这些班级的班主任取得联系，在征得他们同意后，通过微信将问卷链接发给班主任，再由班主任把问卷链接发到各自的班微信群。学生共有300人，有效回收问卷270份，回收率为90%。

三、信度和效度检验

本问卷采用SPSS 24.0分析软件，对调查数据进行了信度和效度分析。

克隆巴赫α系数：衡量样本回答的可靠性，分析时主要关注此值。α系数值高于0.8，则说明信度高；α系数介于0.7～0.8之间，则说明信度较好；α系数介于0.6～0.7，则说明信度可接受；α系数小于0.6，说明信度不佳。

（一）信度检验

1. 乡村初中英语教师教学现状调查问卷信度检验

本研究乡村初中英语教师教学现状调查问卷信度检验如表4-6所示：

表4-6　信度检验

信度分析	
克隆巴赫α系数	条目个数
0.855	26

对教师教学调查问卷进行信度分析，结果如表4-6所示，问卷的克隆巴赫α系数为0.855，高于0.8。这说明条目之间内在一致性很高，问卷分析结果具有一定的可信性。

2. 乡村初中学生英语学习情况调查问卷信度检验

乡村初中学生英语学习情况调查问卷信度检验如表 4-7 所示：

表 4-7　信度检验

信度分析	
克隆巴赫 α 系数	条目个数
0.783	23

对学生学习调查问卷进行信度分析，结果如表 4-7 所示，问卷的克隆巴赫 α 系数为 0.783。这说明条目之间内在一致性较高，问卷分析结果具有一定的可信性。

(二) 效度检验

效度(validity)，又称为有效性，用于证明所设的题项能否切实展现出本研究所关注的内容变量的真实程度。在本效度检验中，使用验证性因素分析法(confirmatory factor analysis, CFA)。这种方法对于已有理论模型以及现实调查数据拟合程度有着较好的验证性，在量表结构效度的考察过程中是较为可信的。本研究采用 Mplus7.0 进行数据分析，通过对"乡村初中英语教师教学现状调查问卷"进行验证性因素分析，得到模型拟合度与拟合值，CMIN/DF=2.118，RMSEA=0.089，TLI=0.722，CFI=0.751，表明各项拟合度指标良好。从表 4-8 中可以看出，问卷所有的因子负荷 Est./S.E. 值均大于 2.44，所有指标在各自计量概念上的因子载荷都达到了 $P<0.05$ 的显著水平，说明量表收敛效度较高。上述结果表明，"乡村初中英语教师教学现状调查问卷"的验证性因子分析结果可以接受。对"乡村初中学生英语学习情况调查问卷"进行验证性因素分析，得到 CMIN/DF=3.298，RMSEA=0.135，TLI=0.544，CFI=0.591，表明各项拟合度指标良好。从表 4-9 中可以看出，问卷所有的因子负荷 Est./S.E. 值均大于 3.108，所有指标在各自计量概念上的因子载荷都达到了 $P<0.001$ 的显著水平，说明问卷收敛效度可以接受。具体的验证性因子分析结果如表 4-8、表 4-9 所示：

表 4-8　乡村初中教师英语教学现状验证性因子分析表

构面	题项	标准因子负荷值	S. E.	Est. /S. E.
英语课程标准	A1	0.835	0.032	26.349***
	A2	0.924	0.024	39.203***
	A3	0.842	0.03	27.658***
	A4	0.22	0.084	2.626**
教学目标	A5	0.689	0.106	6.508***
	A6	0.351	0.088	3.975***
教学	A14	0.312	0.082	3.784***
	A15	0.458	0.073	6.24***
	A16	0.559	0.066	8.427***
	A17	0.664	0.055	12.164***
	A18	0.57	0.065	8.801***
	A19	0.539	0.066	8.175***
	A20	0.542	0.065	8.371***
	A21	0.809	0.045	18.105***
	A22	0.839	0.041	20.634***
	A24	0.384	0.08	4.818***
	A25	0.382	0.08	4.764***
	A26	0.24	0.085	2.822**
教学评价	A27	0.784	0.044	17.973***
	A28	0.793	0.043	18.34***
	A29	0.709	0.051	13.837***
	A30	0.213	0.087	2.44**
教师专业发展	A34	0.57	0.079	7.245***
	A35	0.541	0.08	6.785***
	A36	0.235	0.094	2.517**
	A37	0.689	0.066	10.437***

表 4-9　乡村初中学生英语学习情况验证性因子分析表

构面	题项	非标准化因子负荷值	S. E.	Est. /S. E.
学习	B1	0.569	0.075	7.559***
	B2	0.514	0.079	6.468***
	B3	0.65	0.07	9.27***
	B4	0.438	0.087	5.023***
	B15	−0.441	0.085	−5.155***
	B16	−0.356	0.091	−3.911***
	B17	−0.364	0.09	−4.03***
学生理解的教学	B5	0.761	0.043	17.719***
	B6	0.795	0.039	20.561***
	B7	0.791	0.041	19.079***
	B8	0.828	0.036	23.234***
	B9	0.637	0.057	11.265***
	B10	0.455	0.075	6.059***
	B11	0.495	0.072	6.906***
	B20	0.491	0.072	6.818***
	B21	0.448	0.079	5.685***
	B22	0.298	0.089	3.349***
	B23	0.411	0.081	5.058***
	B24	0.27	0.087	3.108***
	B25	0.291	0.084	3.445***
学生理解的教学评价	B26	0.834	0.039	21.537***
	B27	0.909	0.035	26.021***
	B28	0.694	0.051	13.491***

第三节　质性研究设计与实施

一、访谈提纲设计

（一）学生访谈提纲设计

量化研究基本上回答了“是什么”的问题，但“为什么”“怎么样”，还需借助访谈才能深入了解。访谈的主要目的是通过与被访师生友好交流，获取真实信息来弥补问卷调查的不足。本研究事先征得被访者同意，使用录音笔全程记录访谈所有内容，并在访谈结束后整理访谈内容。访谈提纲的编制紧扣本研究的目的，由于访谈情境及访谈对象不同，访谈提纲也不是一成不变的，在访谈过程中有所调整，但总体方向没有大变。学生访谈提纲一共设置了 6 个问题，具体如下：

（1）你对我们学校英语教学总体印象如何？为什么？

（2）你喜欢什么样子的英语课堂教学？为什么？你喜欢计算机、多媒体等结合的英语课堂教学模式吗？若否，为何？

（3）英语老师上课前会告诉你这堂课的学习目标吗？

（4）你怎么知道你已掌握了这堂课的英语学习目标？

（5）你课余会主动学习英语吗？以何种方式？

（6）你对英语学习有期望吗？为何学英语？

（二）教师访谈提纲设计

英语教师访谈主要围绕着以下问题展开：

（1）您是如何设计英语教学目标的？您是如何知道教学目标是否适切学生的？您是如何知道教学目标达成及实现程度的？

（2）您是如何设计英语教学活动的？您会增加或删减英语教学内容吗？增加了哪些？又删减了哪些？

（3）您是如何组织英语课堂教学的？

（4）您是如何评判学生达成了英语教学目标的？

(5) 您在课堂教学中会对学生学习活动进行评价吗？若是，您是如何设计评价标准的？

(6) 您是如何设计学生英语作业的？

(7) 您的学生会不会参与到英语教学设计中来？若是，怎么做的？

(8) 您了解英语“教-学-评”一体化教学模式吗？您对这个教学模式有何看法？

(9) 您喜欢英语教师这个职业吗？为什么？

二、个案选择

本研究的个案选择采用代表性个案抽样法，选取能够为研究问题提供最大信息量的、比较完整的、相对准确回答研究问题的研究对象。根据研究问题，本研究选择了 L 市 S 乡村中学作为个案。首先，这所学校管理体制、课程与教学、师资队伍建设以及在科研等各方面都具有相对的规范性和稳定性。这比较有利于本研究获取完整的信息资料。其次，校领导有革故鼎新的勇气带领团队在学校改革中谋划新发展，全面推进学校内涵式发展，因而对本研究也是相当支持的。再次，研究者是此校英语教师，工作认真、踏实，被学校师生认可和信赖，这为本研究提供了便利，也利于获得师生的支持和配合。以上这些原因促使本研究选择 S 中学作为研究对象。

教师访谈以英语教师为主，具体情况如表 4 - 10 所示：

表 4 - 10　访谈教师情况统计表

序号	编码	性别	年龄	学历	教龄	职称
1	JFTGXJ	女	53 岁	大学本科	31 年	中学一级
2	JFTCCH	女	44 岁	大学本科	26 年	中学二级
3	JFTCJ	男	43 岁	大学本科	20 年	中学高级
4	JFTZYX	男	28 岁	硕士研究生	2 年	中学二级
5	JFTWL	女	48 岁	大学本科	28 年	中学一级
6	JFTZHY	女	27 岁	大学本科	2 年	中学二级

续表

序号	编码	性别	年龄	学历	教龄	职称
7	JFTCJL	女	29 岁	硕士研究生	2 年	中学二级
8	JFTZXD	女	45 岁	大学本科	22 年	中学二级
9	JFTCHL	女	40 岁	大学本科	17 年	中学二级
10 岁	JFTBSM	女	37 岁	大学本科	14 年	中学一级
11	JFTLYX	女	45 岁	大学本科	26 年	中学二级
12	JFTJML	女	44 岁	大学本科	28 年	中学二级
13	JFTBZX	女	43 岁	大学本科	25 年	中学高级
14	JFTLJH	女	45 岁	大学本科	20 年	中学一级
15	JFTDXW	男	43 岁	大学本科	25 年	中学一级

学生访谈对象主要来自 S 学校的初二(1)班、初二(2)班学生，具体情况如表 4-11 所示：

表 4-11 访谈学生情况统计表

序号	编号	性别	班级
1	SFT23	男	初二(1)班
2	SFT16	女	初二(1)班
3	SFT7	女	初二(1)班
4	SFT35	女	初二(1)班
5	SFT2	男	初二(2)班
6	SFT1	男	初二(2)班
7	SFT3	男	初二(2)班
8	SFT13	男	初二(2)班
9	SFT32	男	初二(2)班
10	SFT30	女	初二(1)班

续表

序号	编号	性别	班级
11	SFT5	女	初二(1)班
12	SFT10	男	初二(1)班
13	SFT15	女	初二(1)班
14	SFT20	女	初二(1)班
15	SFT2	男	初二(1)班

三、访谈实施

(一)选择访谈场所

本研究选择的访谈场所,基本上是学校空闲的办公室或教室,个别教师在学校操场或校园小道上边散步边完成访谈。场所选择原则要保持访谈的保密性和隐私性,以防外来者破坏气氛。

(二)进入现场与维持关系

访谈前,研究者会对访谈对象表明访谈目的、意义,并向每个访谈对象保证访谈保密性。在访谈录音前向访谈对象说明原因,如果访谈对象有抵触情绪,就放弃录音。

(三)访谈形式

访谈对象有学生和教师。学生访谈形式分为个别访谈和小组访谈。教师采用个别访谈。

(四)访谈时间

学生访谈时间一般安排在午休或放学后至夜自修前这段时间进行。教师访谈时间一般由教师决定。学生单独访谈时间为 20～40 分钟,小组访谈时间为 40～60 分钟;教师访谈时间为 60～90 分钟。

(五)访谈编码

本研究所有访谈均征得受访教师、学生同意后进行,访谈开始阶段是采用录音形式,但后来发现受访者答应有些勉强,后决定采用纸质记录,不再录音。在访谈结束后第一时间将内容整理为电子稿，并结合所记录下来的要点进行信息处理和加工。大部分教师访谈对象是随机抽取的。学生访谈对象随机或者按号次“等距”抽取，例如，8 号、18 号……

教师访谈编码方式为教师代码＋访谈资料代码＋访谈对象姓氏首字母。例如，ZXD 老师的访谈编码为 JFTZXD。如果在访谈过程中发现教师写教学反思或日志，在征求允许提供资料之后，这部分资料的编码方式为教学反思代码＋访谈对象姓氏首字母。例如，ZXD 老师提供了教学日志，编码为 JRZZXD。

学生访谈编码方式为学生代码＋访谈资料代码＋访谈对象班级号次。例如，S 中学初二(2)班 30 号同学的访谈编码为 SFT230。

四、文件资料收集及分析

一般来说，文件资料主要包括公共、个人和物质资料。公共文件指对社团和社会的持续记录。个人文件指对个人行为、经验和信念以第一人称描述。物质资料指在研究地点所发现的物理实体。[①] 本研究的文件资料主要指个人文件，包括教师学期教学计划、课时教学设计等。本研究主要采用情境分析，指将资料放置于研究现象所处的自然情境之中，按照故事发生的时序对有关事件和人物进行描述性的分析。[②] 分析学期教学计划，目的是判断学期教学目标、教学内容是否与英语课标一致，是否反映了课标基本要求。分析英语教案，目的是判断教师能否将教学理念有意识渗透到课堂教学中，教学内容能否反映课程目标的逐步实现。

五、研究的效度

个案研究的效度指研究结果的有效性以及研究能够实现其目的的程度。[③] 本研究主要采用了反馈法和成员检验法。反馈法指研究者得出初步

---

① 麦瑞尔姆. 质化方法在教育研究中的应用：个案研究的扩展[M]. 于泽元，译. 重庆：重庆大学出版社，2008：80 - 83.

② 陈向明. 质的研究方法与社会科学研究[M]. 北京：教育科学出版社，2000：290.

③ 董奇. 心理与教育研究方法[M]. 北京：北京师范大学出版社，2004：110.

结论后与自己的同行、同事等交换意见，听取他们的反馈。因此研究者定期将自己的研究进展向导师和同学们汇报，他们会提供不同的思维角度，从不同层面来检验研究的效度，使得研究更具有真实性和可靠性。成员检验法指的是研究者将研究结果反馈给被研究者，看他们有什么反应。本研究定期将研究结果反馈给 Z 教师，并一起探讨分析解决存在的问题，以此表明研究结果不是主观臆断的，而是基于事实的。基于以上的检验方法，本研究具有一定的可靠性，是符合质的研究的效度评判标准。

第五章

乡村初中英语教、学、评现状及影响因素

英语课堂是乡村初中英语教师达成教学目标以及实施教学、学习、评价的实践场所，是师生共同成长的地方。本章通过对L市乡村初中学校师生进行抽样调查，根据获得数据分析乡村初中英语课堂教学现状、存在的问题以及影响因素。

第一节　调查对象基本情况

一、样本人口学情况

人口学指研究人口发展，人口与社会、经济、生态环境等相互关系的规律性、数量关系及其应用的科学总称。人口学特征主要包括空间、年龄、性别、文化、职业、收入、生育率等指标。[①] 本研究主要关注的人口学特征包括性别、学历、职称、教龄和周课时数，如表5-1所示：

表5-1　乡村初中英语教师人口学特征统计表

特征	样本总数	范围	最小值	最大值	均值		标准差	方差
	统计量	统计量	统计量	统计量	统计量	标准误	统计量	统计量
性别	286	1	1	2	1.89	0.019	0.316	0.100

① 郑晓瑛.交叉学科的重要性及其发展[J].北京大学学报(哲学社会科学版)，2007，44(3)：141-147.

续表

特征	样本总数	范围	最小值	最大值	均值		标准差	方差
	统计量	统计量	统计量	统计量	统计量	标准误	统计量	统计量
学历	286	4	1	5	2.19	0.035	0.588	0.345
职称	286	4	1	5	2.23	0.074	1.250	1.562
教龄	286	4	1	5	3.19	0.089	1.512	2.285
周课时数	286	4	1	5	2.14	0.046	0.772	0.595
Valid N (listwise)	286							

二、学校区域分布

调查结果显示，有 40.56%的英语教师所在的学校是远离市区的乡镇中学，有 59.44%的英语教师所在的学校是靠近市区的乡镇中学。具体情况如表 5－2 所示：

表 5－2　调查对象学校区域统计表

所在区域	频率	百分比
靠近市区	170 次	59.44%
远离市区	116 次	40.56%
合计	286 次	100%

第二节　乡村初中英语教、学、评现状

一、量化调查研究的发现

本节主要从英语课程标准、教学目标、教学、学习和教学评价等维度来考察乡村初中英语教师教学和学生学习的相关情况，具体分析如表 5－3 和

表 5－4 所示：

表 5－3　教、学、评相关性分析

	英语课程标准	教学目标	教学	教学评价
英语课程标准	1			
教学目标	0.160**	1		
教学	0.349**	0.292**	1	
教学评价	0.198**	0.275**	0.413**	1

表 5－4　学生所理解的教、学、评相关性分析

	学习	教学	教学评价
学习	1		
学生理解的教学	0.323**	1	
学生理解的教学评价	0.102	0.346**	1

从表 5－3 中得知，乡村初中英语教师认为英语课程标准、教学目标、教学与教学评价之间存在着相关性，它们之间不能相互割裂。从表 5－4 中得知，学生认为他们的英语学习要与教学、教学要与评价保持一致。但在现实英语课堂教学实践层面，英语教师会不会结合教学目标进行有效教学和评价，还需研究者进一步展开质性研究来验证，目的与量化研究结果形成汇聚性证据。

二、英语课堂观察的发现

在进行问卷调查和访谈时，有时人的语言表达未必与内心想法一致。为了弥补此类方法的不足，可采用课堂观察法，主要观察英语课堂教学目标是否达成，以此审视乡村初中英语教学、学习、评价存在的问题。

（一）课堂观察主题说明

1. 英语教学目标达成的判断标准

目标在课堂观察中类似于“脚手架”。通过它，研究者能快速明了一堂

课的条理。因此判断教学目标达成的标准如下：

（1）预设目标的合理性。

一堂课的目标设计不合理，即使教师用于达成目标的方法再好，课堂也无质量可言。目标的合理性主要看：第一，目标是否符合当前学生的认知水平和学习要求，目标是否能经学生努力后达成。第二，目标是否体现了英语学科的内容特点。

（2）目标达成过程的意义性。

达成目标的认知活动富有独立性和创造性，那么目标实现的过程才有意义。在课堂上，学生似乎学会了，看似达成了目标，但把题目稍加变化，增加或删减一些条件，或转换表达方式，学生就不会做题了。这样的学习目标“达成”是毫无意义的。

（3）学生学习的进步度。

学生学习是否进步、学习目标是否达成，除了看学生学习前后的变化，教师还要明了学生学习前后的知识起点和终点。一是教师要清楚知道学生的起点，即学生已有的学习基础是什么；二是教师要清楚学生学习后的终点，即经过课堂学习后，学生学到了什么，是否达到了预期学习效果。

2. 观察英语课堂目标达成的量表

观察是对课堂意义结构的整体观察，课堂中的各个部分只有在总体目标的指导下才有意义。换句话说，目标和教学环节之间要一一对应，即每个目标都必须有对应的教学环节，每个教学环节都有对应的目标。具体见表 5－5：[①]

表 5－5　课堂观察量表

预设			达成	
教学目标	环节	评价标准	教学方法及策略	达成

① 崔允漷，沈毅，吴江林，等．课堂观察Ⅱ走向专业的听评课[M]．上海：华东师范大学出版社，2013：32．

(二)课堂观察过程

本研究以D中学为研究对象,它是L市的一所公办乡村中学。语法课是英语课堂教学中既简单又较难把握的课程类型,在此学校共观摩了5节语法课,以下是其中一节观摩课的情况。

时间:2018年5月29日,下午13:55—14:35

地点:D中学初二(2)班

班级人数:45人

英语教师:LJH老师(女,45岁,本科,教龄20年,中学一级)

教学内容:语法课(简单句的5种基本句型)

I. 教学目标

1. 了解英语简单句的5种类型。

2. 能够准确判断出简单句的句型。

3. 能够灵活运用5种句型写作。

II. 教学过程

Step 1　Warming-up

T: Good afternoon, class!

Ss: Good afternoon, teacher!

T: How are you today?

Ss: I'm fine, thanks. And you?

T: I'm OK, too.

Step 2　Lead-in

T: Today I am happy to give you a lesson here. And today I will talk about 简单句的五种句型。

(Write 简单句的五种句型 on the blackboard.)

T: Do you know what they are?

Ss: ...

T: S+V

S+V+O

S+V+P

S+V+InO+DO

S+V+O+OC

(Write them on the blackboard.)

T: Do you know the meaning of them? S=Subject, it means 主语. V=Verb, it means 谓语. O=Object, it means 宾语. P=Predicative, it means 表语. InO=Indirect Object, it means 间接宾语. DO=Direct Object, it means 直接宾语. OC=Object Complement, it means 宾语补足语.

T: Do you understand?

Ss: Yes.

T: Let's check it.

Step 3　Practice

1. T: Look at the following sentences.

He died.

The school bus is coming.

They have already left.

T:同学们,这些是简单句的哪种类型?

Ss:第一种,主+谓。

T: How do you know? 你们是怎么知道的,说说理由?

S1:这个句型后面不带宾语。

T: Great! 这个同学答得好。这种句型的特点是谓语动词是不及物动词,本身能表达完整的意思,后面不需跟宾语,但有时可跟副词、介词短语等作状语。

T: How about these sentences?

I love you.

People kill elephants.

They are watching boat races.

T:同学们,这跟第一种类型一样吗?

Ss：不一样。

T：对的，这是哪一种类型？

Ss：第二种，主＋谓＋宾。

T：谁来说说这种句型的特点？

S1：这些句子后面带宾语了。

T：Good. 这种句型谓语动词是及物动词，不能表达完整的意思，必须跟有一个宾语。

T：Let's look at another three sentences. 这是哪一种类型？

I am a teacher.

It tastes delicious.

She looks happy.

Ss：第三种，主＋系＋表。

T：谓语动词是系动词，不能表达完整的意思，必须加上一个表语，表明主语的身份、特征和状态。这种系动词分四类，一是 be 动词，二是感官动词，三是变得动词，四是保持动词。

2. Ask and answer about what the sentence structure of the following sentence is, S＋V, S＋V＋O or S＋V＋P?

T：First I give you several minutes to write down what type of simple sentence before these sentences. If you don't know, you can discuss, then I will ask you to answer. 下面我给大家三分钟时间做这些题目，在句首写出是哪种类型的简单句。如果没有把握，可以相互讨论，然后我再叫同学回答。（同学们开始在练习纸上答题。）

(1) ____________ I took a lot of great photos.

(2) ____________ I'll write again soon.

(3) ____________ It looks nice.

(4) ____________ We value the time.

(5) ____________ He doesn't get much writing practice.

T：Time is up. Who can tell me the answer?

S1：第二种，主语＋谓语＋宾语。

S2：第一种，主语＋谓语。

S3：第三种，主语＋系动词＋表语。

S4：第二种，主语＋谓语＋宾语。

S5：第二种，主语＋谓语＋宾语。

T：All of you did wonderful job. Let's continue to learn. 这些句子都有主语、谓语和宾语。那什么是主语、谓语和宾语呢？先看以下这些句子，说出主语成分。

People kill elephants for their ivory.（n. 名词）

I love you.（pron. 代词）

Winning or losing is only half the game.

To see is to believe.

It is normal to want successful children.

Ss：people，I，winning，to see，it.

T：Great. Subject means the person or thing doing the action or being described. 主语是句子陈述的对象，说明是谁或什么。主语是执行句子的行为或动作的主体。主语可以用名词、代词、动名词或现在分词、数词、动词不定式来担任。下面来考考大家掌握了没有。

T：First，find the subject in each sentence and underline it with "_____________", then I will ask you to say it. OK?

Ss：OK.

Foreign travelers are often confused in a Japanese city because people there use landmarks instead of street names.

The weather forecast says the rainy season is coming soon.

She's driving me mad but I don't want to end the friendship between us.

It's interesting to ask local people for directions.

Reading，drinking，eating，smoking，or talking on the phone while driving can be very dangerous.

同学们在练习纸上做题。

T: Time is up. Tell me the answer. Who is the first one?

S1: Foreign travelers

S2: The weather forecast

S3: She

S4: It

S5: Reading, drinking, eating, smoking, or talking on the phone

T: Good job. 什么是宾语? 先看下面这些句子,说出宾语成分。

People kill elephants for their ivory. (n. 名词)

I love you. (pron. 代词)

How many do you need? We need two.

I enjoy working with you.

I hope to see you again.

I find it hard to learn English well.

I think that friends are like mirrors.

Ss: elephants, you, how many, two, working, you, it, mirrors.

T: You are right. Object means a person, thing, etc. Affected by the action of a verb. 宾语是动作、行为的对象,是动作的承受者。宾语由名词、代词、不定式或相当于名词的词、短语来充当。宾语一般放在及物动词之后,除此,还可以放在介词后面做宾语。下面我们来做几道题。

巩固练习一:

(1) There are 20 teachers in the office and most of ____________ are interested in football. (2017/03)

A. them　　B. their　　C. they

(2) Habits, whether good or bad, make you who you are. The key is controlling ____________. (2017/03)

A. them　　B. it　　C. that

(3) He spends an hour going to school every day. (2017/09)(改写句子)

____________ takes him an hour to go to school every day.

(4) ____________ would be easy to sit in a car and tour the city.

(5) This method can make ________ easy to finish the homework.

T: Time is up. Please tell me the answers.

Ss: A, A, It, It, it.

T:大家都做得很好,下面来学习谓语。看下面句子,说出谓语成分。

It tastes delicious.

I am a teacher.

Five and five is ten.

The picture is on the wall.

My biggest challenge is learning how to behave at the dinner table.

Ss: tastes, am, is, is, is, is.

T: Good. 谓语是对主语动作或状态的陈述或说明。谓语动词一般在主语之后。这些谓语动词又称系动词,系动词有 be, become, taste, smell, look, seem 等。Let's do some exercises.

巩固练习二:

(1) It's time for class. Please keep ________.

A. quit　　B. quite　　C. quiet

(2) Lily and Lucy look the same.(改写句子)

Lily looks ________ Lucy.

(3) Jim thinks we can see clearly that Beijingers can have more clear days.(改写句子)

Jim thinks it is ________ that Beijingers can have more clear days.

(同学们开始在练习纸上答题)

T: Who can tell me the answer?

S1: C.

S2: like.

S3: clear.

T:下面来学习今天的最后一个简单句类型。还是老规矩,先看下面的句子。

Would you please give Li Hua the book?/Would you please give the book to Li Hua?

I heard him singing in the next room.

S3：第四、五种类型。

T：You are right. 第一个句子是 S+V+InO+DO 类型。因为谓语动词跟有两个宾语，这两个宾语都是动作的对象或承受者，其中指人的是间接宾语，指物的是直接宾语。当间接宾语放在直接宾语后面时，通常需要加介词 to 或 for。第二句子属于 S+V+O+OC，因为谓语动词虽然跟有一个宾语，但意思不够完整，必须加上一个成分补充说明宾语。

T：下面考考大家懂了没有。

巩固练习三：

(1) I'll call you this evening and let you ________ how she is. (2016/03)

A. know　　B. knowing　　C. to know

(2) He raised his voice in order to make himself ________ by more people. (2015/03)

A. heard　　B. hearing　　C. hear

(3) Jason watched his two brothers ________ outside in the garden. (2017/03)

A. playing　　B. to play　　C. played

(4) I'd like you ________ my mother. She's just come to see me. (2017/09)

A. meet　　B. meeting　　C. to meet

T: Who can tell me the answer? The first one?

Ss: A

T: The second one?

Ss: A

T: The third one?

Ss: C.

T: The fourth one?

Ss: C.

T: Today you are really wonderful. 下面是一位同学的习作，大家找找错在哪里，可以相互讨论一起找出错处，给大家 5 分钟时间完成。

Step 4　Consolidation：学生习作改错

T: Here is an article from one of the students, but sadly there are 11 mistakes in these simple sentences. Can you find out and correct them?

In our English class, we had a discussion about what we can do to make home a happier place. Different people different opinions.

Some say better to spend more time with family. If everyone could at home, we can communicate more with each other. As a result, understand each other better. Happiness and worries common in every family, so we should share them. For example, when your father he meets problems, we should try cheer him up. It's also important give family members small presents on their birthdays, because that will make them happy.

In my opinion, to make a happier home, each member in a family should take part in exercises so that everyone could keep health. Do sports is really important to a happy home.

T:5 分钟了，我们一起做一下吧。

Ss: had→have

Ss: better→it's better

S1: could→can be

S2: understand→we can understand

S3: common→are common

S4: he→/

S5: try→try to

S6: important→important to

S7: exercises→exercising

S8: health→healthy

S9：do→doing，to→for

Step5 Homework

T：OK. Today's homework is as follows. You can choose one. Now class is over. Bye!

（三）课后交流

1. LJH 老师的课后反思

LJH 教师认为她这节课主要运用了演绎教学法。首先她直接讲解语法规则并举例说明，然后让学生进行操练。这种教学方式讲解清楚，易于学生理解。课间对这位老师进行了访谈。问她为何上课夹杂了一些中文，她的理由是学生来自农村，英语成绩总体较差，怕他们听不懂，所以在重要知识点讲解时都会利用母语教学。她认为如果语法掌握了，学生阅读英文短文就轻松了，他们就有信心学习英语了。

2. 课堂观察分析

课堂的有效性主要看教学目标是否达成，具体情况见课堂观察量表（见表 5－6）：

表 5－6　课堂观察量表

预设			达成	
教学目标	环节	评价标准	教学方法及策略	达成
	热身准备		师问生答	参与度高
1. 了解英语简单句的5种类型 2. 能够准确判断出简单句的句型 3. 能够灵活运用5种句型写作	导入	/	教师讲解	学生兴趣高，达成效度高
	操练 1		教师问，全班答、个别答	学生回答正确，达成度高
	操练 2		学生做纸笔练习，教师检查	学生回答正确，达成度高

续表

预设			达成	
教学目标	环节	评价标准	教学方法及策略	达成
	操练 3	/	教师问，全班答、个别答	学生回答正确，达成度高
	操练 4		学生做纸笔练习，生生相互校对答案	开始有学生交头接耳，心不在焉
	操练 5		教师问，全班答、个别答	一部分学生注意力不集中
	操练 6		小组问答	一部分学生头低着，一部分学生交头接耳
	巩固		纸笔练习改错	一部分学生不认真
	家庭作业			

这堂课注重语法教学，忽视听说训练，重视应试技能，忽视实际使用。这节课的教学目标是了解英语简单句的 5 种类型、能够准确判断出简单句的句型和能够灵活运用 5 种句型进行写作。从上述教学目标得知，“了解”“灵活运用”等目标描述不够具体，不具备可操作性，目标设置没有体现情感、态度和价值观，并且目标设置也没有梯度化。另外，教师没有事先预设评价标准，因而无法评价教学是否有效。

演绎法教学注重形式而非应用，学生往往处于无意义学习状态，学生对教师的依赖较强，学到的语言知识也容易遗忘。这堂课的语法练习属于机械型练习，采用的是以教师为中心的传统教学法。虽然通过多次、反复机械操练让学生准确无误记住了语法规则，但形式比较枯燥乏味。因为词法、句法没在具体语境中进行讲解，脱离了学生生活情境。即使学生在课堂上似乎听懂了，但在实际语言场景中，学生还是无法流畅表达。这节课英语教师主要通过课堂提问回答、独立练习或小组练习等方式来检验英语教学效果。大部分课堂活动都是师生间的一问一答，学生总体参与积极性不是很高，下半节课堂气氛有些沉闷。下列访谈可证实。

研究者：你上课听懂了吗？你喜欢这节课的教学方式吗？

H学生：这节课内容不难。上半节课我注意力比较集中，发言也积极。但下半节感到有些累，注意力有点集中不起来。希望老师能组织多样化活动，不要老是问答、做题。这样上课有些枯燥，坚持不下来。

语言是人类交际的工具，学习外语通常是与来自其他文化的人们进行交流，因此要在英语教学中突出加强对学生外语输出能力的培养。

第三节　乡村初中英语教、学、评存在的主要问题及影响因素

一、乡村初中英语教、学、评存在的主要问题

英语教学分析主要看教学目标的达成情况，以此为依据审视乡村初中英语教、学、评情况。目前乡村初中英语课堂主要存在以下问题：

（一）目标设置不完整、不明确

初中英语课程总目标要求培养学生综合运用语言能力，它是以语言知识、技能、学习策略、情感态度价值观和文化意识的发展为基础。根据英语课程总目标，初中英语教学目标设定，一要了解目前学生学习现状，即他们是否存在认知困境，是否存在学习新知时缺少一定的基础知识做铺垫或对旧知掌握不准确，是否存在已学知识对新知起干扰作用等。二要详细研究教材，弄清其内容的内在逻辑联系。这样才能准确、科学地确定教学重、难点。学生是课程学习的主体，因此教学目标描述的是学生预期学习结果，描述对象是学生而不是教师。同时，教学目标设计要具体化、外显化、行为化和可见化。但一些乡村初中英语教师习惯割裂化处理教学目标，主要指英语教师只着眼于其中一个目标，忽略其他目标的有机渗透。英语教学存在着去语境化，在课堂教学中，教师采取刺激-反应学习模式，重复、机械模仿，

进行无意义操练。具体见下面教学片段：

Teacher: You go to school every day.

Teacher: We...

Students: We go to school every day.

Teacher: I...

Students: I go to school every day.

Teacher: She...

Students: She goes to school every day.

Teacher: He...

Students: He goes to school every day.

在此案例中，学生在毫无语境的背景下进行机械操练。英语新课标强调注重语言综合运用能力培养，以听说教学法为主的教学显然不利于学生的成长。此外，英语教师在处理目标时，往往只在意知识技能目标，较少关注过程方法和情感态度的目标，主要原因是英语教师没有认识到目标之间的内在关联性。知识技能的掌握需要相应的学习策略，同时也需要情感因素，如学生的学习兴趣、学习积极性等。因此，要站在学生的角度，将相关语言经验重新组合到教学目标中，为新语言的学习铺垫必要的语言基础很重要。如果不进行铺垫，虽然教学目标明确，但因不能有效帮助学生重组语言经验，不利于学生的语言能力的学习。除此之外，在一些乡村初中英语课堂，教师上课注重讲练习、讲语法知识，纯粹为了考试而教，教学目标定位应试化，窄化了英语学科的育人价值。可见，在实际课堂教学中，教师往往缺少对英语教材内容和学情相关的分析，目标设计缺少具体化和外显化，说明教师还不清楚学生当前的起点。只有深知学生当前的起点，才能把学生带到“某个地方”。只有对教材和学情了如指掌，教师才能准确找到学生的最近发展区，从而才能准确推断出学生的学习结果。

在课堂教学中，乡村初中英语教师往往比较倾向于关注“怎么教”和“教什么”。“怎么教”指教师比较关心教学的呈现方式，不太关注学生是否学会。这是因为教师更多的是站在教师立场上看问题。“教什么”通常指教师比较关心英语教学资源问题，英语教学目标、内容等问题常常不在考虑范围之内。这是因为教师更多的是站在内容立场上看问题。这两种立场都不利于学生学习英语。从课堂信息传递来看，教师"教"到学生"学会"，信息要经过两次转换。第一次转换是从教师到学生，即从教到学的转换，属于信息的人际转换。第二次转换是从学到学会，属于信息的自我转换，即学生对信息进行精加工。具体如图 5－1 所示：[①]

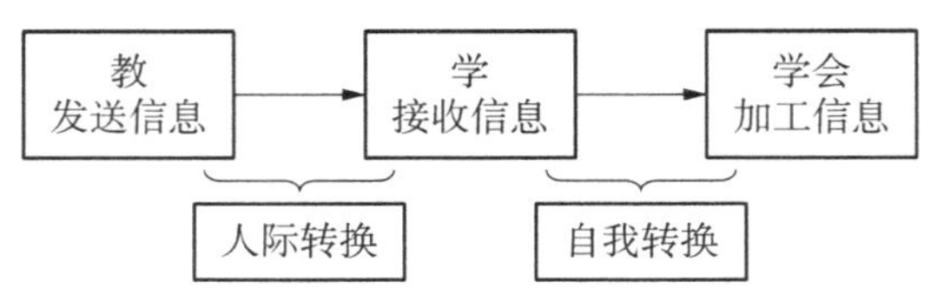

图 5－1　教学信息的转换与加工

（二）学习活动单一、教学情境缺失

课堂教学是人类的一种活动，是拥有多种生活方式与经验的每一个个体共同拥有的、富有变化的、发展的场域。可见，教学情境包含着两个时空维度，一是客观与主观建构的时空；二是客体与主体参与的时空。[②] 那些杂乱无章的感觉材料经过时空形式整理成了知识。学生只有通过主观与主体"情"的加工，才能在客观与客体的"境"中探求知识、提高学习能力和进行有意义的学习。因此英语课堂使用情境教学，教学效果才会更好。

英语课堂教学过程由若干个教学任务组成，每个任务基本上围绕着一个目标展开，每个任务之间相互关联。也就是说，教学过程是通过教学目标分步实现的。在实际乡村初中英语课堂教学中，英语教师随意处理教学任务，不考虑任务之间的关系。因此，出现了教学任务之间缺少逻辑关系，学生无法根据前一任务推知下一任务，每个任务之间几乎没有相关性的情况，不利于学生语言知识的掌握，学生只能被动学习。在教学过程中存在着师生互动，师生互动模式通常是 I-R-F 模式。I 是指教师启动（initiation），教师讲解。R 是指学生应答（response），教师叫学生回答。F 是指教师反馈

---

① 卢臻. 教-学-评一体化教学策略与实践[M]. 郑州：河南科学技术出版社，2017：35.

② 王斌华，王洪伟. 英语教师课堂教学规范评价指标体系：研制与解读[M]. 上海：上海教育出版社，2018：152.

(feedback)，学生回答正确，教师给予表扬肯定；学生回答不正确，教师给予补充。在这样的课堂里，少数学生有机会与教师进行互动，而其他学生都处于惰性学习状态，无法激发学生的参与积极性。这种填鸭式的教学以教师为中心，教师花费大量时间讲解，留给学生思考的时间极少，学生易产生疲劳感，学习效率低下。这也会弱化英语教师的职业认同感，增加教师的挫败感。

综上，现实的乡村初中英语课堂教学仍深陷于分数至上、知识中心的陈旧模式。教师的潜意识认为课堂是以教师为中心的，但学生的学习与认知是在情境中进行的，也就是说，发生在社会情境中的学习能极大提升学生的思维能力，因为人是存在于情境中的动物。任何学科知识，只有转化为学生的情境实在，才会对学生的学习产生意义，否则，学科知识就沦为抽象的实在，学生只能储存而不能对它进行探究。[①] 即使是语法课，教师也要设计教学情境，设计多样化课堂活动，使学生通过学习语法知识进行听、说、读、写等实践活动，培养学生综合语言运用能力，使其最终实现正确运用英语进行交际。缺乏语境作为背景是造成教学与学习分离的原因，学生只能在语言层面进行思考和学习。语境这个概念最早由学者马林诺夫斯基(Malinowski)提出，之后学者弗斯(Firth)提出了语境理论。韩礼德(Halliday)提出了系统功能语境理论，它包括文化语境、情境语境和上下文语境。文化语境决定整个语言系统中的意义系统，情境语境和上下文语境是具体语言运用的语境。在英语教学过程中，语境是非常重要的，它可以帮助学生理解语言形式和语言意义。因此，乡村初中英语教学要从学生经验出发，提供具有一定挑战性的情境，使用这种情境能够让经验与所要实现的目标发生联系。这是因为学生是在行动中思考的，他们必须在实际中接触具体的事件，内在的需求才会被激发出来，才会在自己所做的事情中产出问题。这样，学生才能真正对学习感兴趣，才能真正投入学习，否则学生和教材的关系就不是直接的。

(三) 评价主体单一、评价方式缺乏多样性

英语课堂教学与学习的互动有两类，分别是教师与学生的互动和学生

---

① 张华. 研究性教学论[M]. 上海：华东师范大学出版社，2008：110.

与学生之间的互动。教师互动又分为前启式互动和反馈式互动。前启式互动要遵循可理解性输入和趣味性相结合的原则。教学启动时，有时学生反应不积极，这种现象与教师教学目标不明确、任务指向不明、任务过于简单或过难有关系。克拉申认为在语言输入时，要输入可理解的，同时还要略高于学生现有水平的语言。反馈式互动是指在教学过程中，教师对学生的应答状态所作出的评价，积极的反馈可帮助学生提高信心和学习热情。即教师对学生自主学习的成果进行评估，需要把学生自主学习中的亮点放大，或对学生学习过程中遇到的难点与困惑进行点拨。现实的乡村初中英语课堂仍然关注学生对记忆性知识的掌握，仍然倚重纸笔测验方式及其选拔功能。在课堂教学中，学生很少参与到评价活动中，对为什么评价、怎么评价、评价什么、谁来评价这些问题认识模糊。相比较于形成性评价，教师更关注终结性评价的使用。但实际上，教师使用形成性评价，不但可促进学生英语学习，而且为英语教师提供教学反馈。形成性评价不仅评价学生的知识和技能，而且评价学生态度、方法和情感投入等方面情况。只有结合形成性评价与终结性评价，教师才能更好地了解学生的学习动态。

现实课堂中的教师仍有“主客对立”思想，教师是主体，学生为客体。学生成了教师塑造的物，而不是有生命特征的主体，课堂教学成了训练和控制的场所。生态学就是要消解这种二分对立思想，它强调平等、互动的平衡关系，重视学生对知识与生命关系的感受和愉悦的体验。从课堂观察角度看，目前乡村初中英语课堂教学效益低下的主要原因是割裂了“教-学-评”一体化局面，课堂中学生不明白教师要教什么，认为完成老师布置的任务就是学习。教师也不清楚学生学了什么，以为教完了，学生就学完了，学生到底有没有学会就不清楚了。有效教学就是要实现教学、学习、评价三个环节一致，即教学目标、教学实施和教学评价三者同属一个动态系统，是一个有机整体，良好的教学取决于这些成分之间的有效互动。

总之，调查表明大部分乡村初中英语教师是了解英语课程标准的，但英语课程标准本身存在弹性化表述，教师解读课程标准能力又相对较弱，因此乡村初中英语教师要么忽略课程标准，要么直接将课程标准用作英语教学目标，这直接导致英语课堂教学与教学目标脱节。其次，大部分乡村初中英语教师在完成英语教学目标时，无暇顾及培养学生情感、态度、价值观，因此导致课堂教学活动与教学目标不一致。再次，大部分乡村初中英语教师局限于用等级和分数来反馈学生学习情况，而不是提供改进学生英语学习具体的、有针对性的信息，这导致英语学习评价与英语教学割裂。无英语课程标准作统领，也无英语教学目标作指导，亦无英语学习评价作质量监控，大部分英语教师跟着感觉走，凭着英语教学经验来教学。可想而知，英语教学效果低下，学生主体地位难以确定，乡村初中英语教学明显存在失衡。从以下乡村初中英语教师对如何开展有效英语教学的看法可窥一斑：

研究者：如何在学校进行有效英语教学？

D教师：这个要分类、分层次对待。如果所教班级学生英语成绩都不错，我认为可集中强化训练，分模块教学。先集中教语法，单词学生回去自己记，语法掌握了，单项选择、完形填空和书面表达就都解决了。学生只要语法理解了，那么阅读理解也会做了。

L教师：我是没有什么法子的。如果班级好点，多教一点。班级差点，少教一点。走进班级，看到一半学生趴着睡觉，一部分学生在讲话。怎么办？提醒学生不要趴着睡觉，不要聊天。如果学生太出格，告知班主任处理。还有什么法子呢？学生差，没办法。这是我们的现实。我们无法改变现实，只能改变自己。

从“教-学-评”一体化视角看，L市乡村初中英语教学存在不同程度的生态失衡，即英语教学目标、教学实施和教学评价的整体匹配存在不协调。一般来说，教以学为基础，没有学就不存在教，更谈不上教学评价。教师的存在是为了帮助学生在新旧经验之间发生更融洽的顺应与同化。学生的学习过程其实就是在教师指导下学习经验和知识产生变化的过程，而教师的教学实践就是体现在设计教学计划、教学实施、教学评价以促进学生学习的过程中。由此可见，教与学是统一的。学与教的关系如图5-2所示：①

① 卢臻．教-学-评一体化教学策略与实践[M]．郑州：河南科学技术出版社，2017：38．

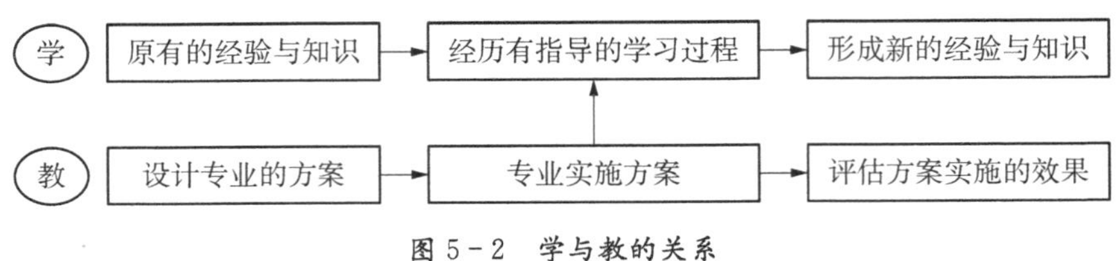

图 5-2 学与教的关系

学与教的统一要求教育培养学生完整的人格,致力于学生生命的和谐统一。但研究者在前期的调研中发现课堂观察到的教师教学现象与问卷调查得到的结论不一致。在问卷调查中教师都认为教学、学习和评价要保持一致,研究者却在课堂观察中发现教师教学、学习和评价是相互割裂的。研究者发现教师的教学行为与教学理念出现了偏差现象。这二者之间相互割裂的原因正是本研究的价值所在。要想回答这一切,首先要弄清楚影响乡村初中英语教学、学习、评价的因素是什么。

二、影响乡村初中英语教、学、评的主要因素

内因和外因是促进事物发展的动力因素。内因指事物发展变化的内部原因,外因是指事物发展变化的外部原因,它们相辅相成。据此,影响乡村初中英语教、学、评的因素也可分为个人因素和环境因素。个人因素包括缺失指向英语学科核心素养的课程理念、缺失工具性和人文性相统一的意识、缺失课程标准意识和分解课程标准方法、缺失教学评价素养等;环境因素包括英语课标培训不足、教师用书的部分教学目标针对性不强、英语教学压力大、学生不“在场”、社会评价标准的影响、教研活动中评价研究意识缺失、课堂评价制度失衡、学生参与评价功能缺失等。

(一) 个人因素

1. 教师个人因素

(1) 指向英语学科核心素养的课程理念缺失。

课程理念就是有关课程的价值追求和实施策略,它包括对课程目标、内容、实施途径等的认识与价值判断,它既是对课程设计与实施整个过程的宏

观认识，也是对课程设计与实施的具体环节的认识[①]。《义务教育英语课程标准（2022 年版）》倡导的英语课程理念主要是发挥课程育人功能，英语课程的一切都是为发展学生的核心素养服务的，它统领课程目标、内容、实施、评价、教材建设等关键环节。因此，要依据英语能力发展进阶，建立英语课程分级体系，明确各级别的学习内容和要求。根据社会发展的需求，联系学生生活实际，以人与自我、人与社会、人与自然等范畴安排主题内容，以语篇为依托，以单元形式组织课堂教学。

学生发展核心素养是指学生应具备的、能够适应其终身发展和社会发展需求的关键能力和必备品格。[②] 实施核心素养的第一步是发展关键能力，也就是说，培养学生做事的能力。学生可先学习英语学科内容，后在有具体情境的英语活动中运用知识技能而逐渐培养与发展能力。而必备品格指向做人，其需融入关键能力培养过程中，即英语知识技能的学习和学生综合语言运用能力的培养需在实践情境中运用。但在现实乡村初中英语课堂教学过程中，仍存在片面追求分数和升学率的情况，学生学业负担重。显然，培养人的意识严重缺失，这一切都不利于英语学科核心素养的落实。因此要回归教育本质，即人的培养，这是教育的最终目的。

（2）缺失工具性和人文性相统一的意识。

《义务教育英语课程标准（2022 年版）》指出英语课程应体现工具性和人文性的统一。从工具角度来看，英语课程的任务是培养学生素养，以及发展学生思维。从人文性层面看，英语课程担负着提高学生人文素养的任务，即丰富学生生活经历，促进学生形成正确的价值观、跨文化意识、良好个性品格和开放的心理。因此，学习英语并不仅仅是为了交流，也是为了促进人的发展，这主要表现在以下几个方面。一是英语学习有利于促进人的发展。语言不仅是人类的交流工具，而且是思维工具。虽然汉语和英语有区别，但它们也有相通之处，它们以不同方式促进学生的思维发展。英语所表达的概念与汉语所表达的内容并不能一一对应，英语学习者如能用英语思维进

① 程晓堂. 改什么？如何教？怎样考？义务教育英语课程标准（2022 年版）解析[M]. 北京：外语教学与研究出版社，2022：4－5.

② 林崇德. 21 世纪学生发展核心素养研究[M]. 北京：北京师范大学出版社，2016：2.

行思考，将有利于个体思维能力的提高。显然，英语学习者的思维能力和思维敏捷性要强于只讲一种语言的人。二是学习英语有助于世界公民的相互理解。21 世纪是全球化的世界，跨文化理解是公民必备的素养。学习英语有利于学生了解其他民族的文化传统，同时加深对本民族文化传统的理解。因此，乡村初中英语教师可从以下方面把握英语的工具性和人文性的统一。英语教学目标要促使学生认识自我、了解世界、学会思考。英语教学内容要包括广义的知识、文化、思维、情感、态度、价值观等。这样可帮助学生全面发展。

然而现实英语课堂教学片面强调工具性，忽略人文性，这样培养出来的学生难以成为全面发展的人。重英语知识技能，轻独立人格和自主能动性，继而英语教学就形成了师生关注“考什么—教什么—学什么”的教学逻辑，并演化为“不考什么—不教什么—不学什么”的恶性循环。所有的学习都是为了考试，考试的目的就是升入优秀学校。学习的意义被功利的考试所消解，与考试无关的英语教学内容被移出，培养学生跨文化交际能力的功能被抹杀，目标与手段被割裂。

（3）缺失课程标准意识和分解课程目标的方法。

《义务教育英语课程标准（2022 年版）》要求英语教师提升学科素养。但在现实乡村初中英语课堂教学中，有些教师在确定英语课程目标时，既不依据英语课程标准也不考虑学生的实际认知水平，他们考虑的是如何应付学校行政人员对其英语教案的检查，他们缺失了英语课程标准意识。英语教师要积极累积教学经验和知识，立足教学实效，不断提升自身素养。当前英语课程标准描述的是学生预期的学习结果，而不是特定的英语教学内容。课标的“弹性化”虽然给教师教学留白，但也给英语教师提出了挑战。因此英语教师要研究课程标准，学习合理分解课程目标。除此之外，英语课标的学习要求是阶段性的要求，教师需在正确理解英语课标的基础上，分解英语课程标准，建构适切的课程目标，并使它与课标达成一致。

（4）缺失教学评价素养。

尽管英语教师越来越意识到教学评价的重要性，但他们的评价能力限制了评价的有效开展。调查得知，L 市乡村初中英语教学、评价分离丧失了评价促进教与学的功能。评价和目标的割裂也影响了英语课程标准的有效实施。在设计英语教学活动落实目标之前，教师必须学习思考"采用什么样的方式检验学生是否达成了目标"，同时还要合理选择促进学习目标达成的评价方法，如可采用生态教学评价，它包括评价者、评价目的、评价内容和评价结果等价值多元性的评价信息。① 具体如图 5 - 3 所示：

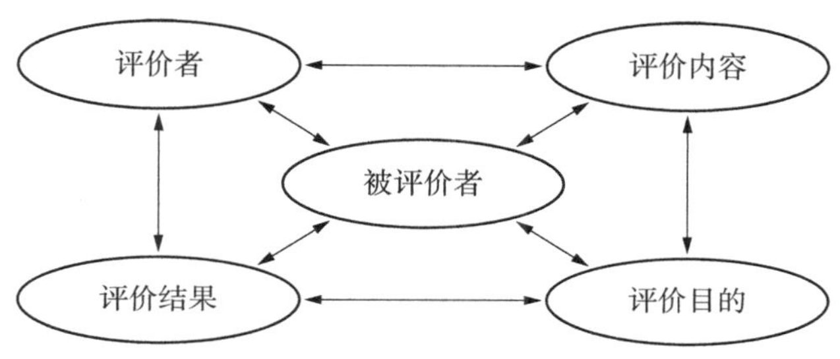

图 5 - 3　生态教学评价

从图 5 - 3 可知，生态教学评价观纠正了以往评价即测量，评价即过程表征等片面评价观，它对评价者与评价目的、内容及结果进行综合考虑。总之，乡村初中英语教师要发挥评价促进师生发展和完善英语教学实践的功能。

2. 学生个人因素

(1) 缺失正确的英语学习观。

根据调查结果，学生在学习意识、学习方式、乐学善学、反思等方面存在一定的问题，这主要与学生没有树立正确的英语学习观有关。学习观指关于学习是什么以及怎样学的基本观点。据此，教师首先要使学生认识到学英语是一个体验和积累的连续过程，这需要培养学生的学习专注力、意志力和自我调适力；其次，要培养学生在学习过程中运用语言，分析语言现象和规则，制定新的学习方法和策略，学会自主学习、合作学习和探究学习；最后，帮助学生从多渠道获得英语学习资源，帮助学生从多角度思考语言和文化的不同，帮助他们形成新见解和新视角。

---

① 吴文. 社会文化理论与生态语言教学观[J]. 天津外国语大学学报，2011，18(3)：54 - 61.

（2）缺失评价素养。

课堂评价需要专业的评价知识技能。当学生参与评价时，由于学生缺乏评价经验，人们会质疑评价的可靠性和客观性。这样会导致一些学生产生抵触情绪，认为评价是老师的职责。而另一些学生可能会在评价中感到焦虑，害怕评分低遭受打击。因此教师需在课堂评价中营造轻松的氛围，并指导学生将评价指向学习的改进。

（3）缺失英语学习兴趣和学习策略。

根据调查结果，学生学习英语积极性不高，主要表现为没有持续的学习兴趣和积极的学习态度。因此在课堂教学中，英语教师不仅要尊重学生个性、调动学生学习积极性，而且要设置合理有效的学习策略，教会学生监控与调控、选择与获取、合作与探究等学习策略。即要让学生学会自我监控学习过程、自我调整学习目标和方法、反思评价效果以及管理好自己的学习情绪。其次，要让学生学会使用网络资源获取新信息，并依据学习目标选取和整合信息。最后，要让学生学会通过自主、合作、探究等学习方式，从多角度去观察语言规律，并尝试用新方法去解读多元文化现象。

（二）环境因素

1. 教学的环境因素

（1）英语课标培训不足。

调查结果表明，大部分乡村初中英语教师知道《义务教育英语课程标准（2022 年版）》，但对课程标准的具体要求不是很清楚。虽然有些英语教师参加过英语课程标准的培训，但培训方式过于简单化，往往为集体听专家做报告。专家报告的确是一种低成本、受众广的培训方式。但由于缺少交流互动，英语教师对英语课程标准的认识只停留在浅层。

（2）教师用书的部分教学目标针对性不强。

英语教师有很多可利用的教学资源，但教科书和教师用书仍占重要地位。一般来说，教师用书，除了对教科书内容解释和对教学内容拓展之外，还会提供教学设计参考案例。但有时它所提供的教学目标层次混乱，把课程或单元等目标的一些内容直接当作教学目标。教师用书是教师教学的依据之一，因此在逻辑上教师往往会参考教师用书上的教学目标设计案例。

可见，英语教师教学目标制定存在的问题在很大程度上是教师用书的问题。

(3) 英语教学压力大。

调查L市乡村初中英语教师，发现88.35％的英语教师感到教学压力大；87.71％的英语教师感到压力来自学生考试成绩；感到学校制度和管理压力大的有52.22％；42.22％的英语教师压力来自职称评比；22.22％的英语教师感到压力来自知识焦虑。

受访英语教师认为教学压力大有以下几个方面原因：B老师认为语文学科和英语学科教师是全校最辛苦的教师。因为这两科都有早晚读，每天早上上班至少比其他学科教师早半小时，而且英语知识点多且零碎，初中生又大多不自觉，英语教师既检查背书又检查听写，长期超负荷工作，师生都感觉很累。Z老师认为当今课堂教学提倡自主、探究、合作等学习方式，促进学生主动和个性化学习。这种方式虽然改变了以教师为中心的局面，但处于青春期的初中生自主意识强烈，接收外来信息能力越来越强，管理难度很大。再加上社会对教师的要求越来越高，希望教师对每一个学生都要关怀备至和体贴入微。所有这些都给老师增加了无形压力。C老师是男教师，他认为自己的压力比女教师更大。一是在语言学习方面，女性本身优于男性；二是社会对男性英语教师的认同不高；此外，英语教学是考验耐心的工作，相比而言，男性教师缺乏耐心。G老师认为签到压力大，她所任教的学校每周要求教师签到16次。如每周少签一次，扣100元。少签三次以上，全校通报批评直至纪律处分。夏令签到时间：上午签到8点10分之前，签离10点40分之后；下午签到2点20之前，签离4点10之后。冬令签到时间：上午签到8点20分之前，签离10点50分之后；下午签到1点50分之前，签离3点50分之后。每逢升旗仪式及教师会要求教师全员签到，未签到者扣30元。每周设考勤奖100元，事假每天扣40元，病假每天扣20元。这是因为2019年L市开展“两抓年”活动，即“教师作风建设年”和“教学质量提升年”活动，重点抓管理、抓教学、抓校风，目的是坚持教育内涵发展、协调发展和全面发展，全面落实教师坐班制。G老师能理解领导的“苦心”，但这只管住教师的“身”，而管不住“心”。的确，考勤制度在形式上“管”住了教师，现在办公室一眼望尽的都是教师的身影。教师身体在场了，但教师灵魂有没有在场，教师有没有研究教育、努力提高英语课堂教学质量就难说了。因为教师的劳动很难量化考核，如果过分注重“科学管理”，过分强调工具性和服从，这样就会导致教师的工作自主性与创造性丧失。

在访谈过程中，无论是优秀教师还是一般教师，都直言英语教学压力大，这种压力主要来自学生的考试成绩。因为整个社会对学校的评价是基于学校的升学率如何，以此类推，校长以此来评价教师，并把它与教师的绩效工资和职称评定挂钩。

2. 学习的环境因素

（1）学生不“在场”。

英语教学出现了学生所需和教师所教之间的脱节。学生所需要的是培养英语综合运用能力，而现今的英语课堂教学难以满足学生这一需求，原因在于应试教育、升学压力，因此英语的教和学在很大程度上出现了功利动机。但学生的成长不仅需要知识的维持，还需要师生之间的思想情感交流。然而这点没有引起乡村初中英语教师的足够重视，在教学中，教师还是偏重知识传授，忽略对学生情感、态度、价值观等方面的关注，造成了学生物质追求和精神追求的失衡，不利于学生核心素养的发展，也造成了学生不“在场”的现象。另外，在乡村初中英语课堂观察中，发现25%左右的学生从来不主动参与英语课堂教学活动，访谈学生得知，英语教师几乎不征询学生对课堂教学的看法与建议，教师想教什么就教什么，想怎么教就怎么教。可见，学生的意愿被忽视，学生英语课堂参与难免低下，课后参与就更是寥寥无几。产生这些问题的主要原因是学生不“在场”。因此教师要通过多种方式将学生参与延伸到课堂之外，拓展学生参与的途径。这样，不仅能在课前、课后激发学生学习兴趣，而且能在课堂中促进学生学习。

（2）英语学习受语境制约。

美国生物学家詹姆斯・吉布森（James J. Gibson）最早提出可供性（affordance）概念。可供性指环境为动物所提供的各种资源与可能，特别强调动物与环境之间的相互作用。① 生态学家利奥・范・利尔（Leo van Lier）认为可供性指学习环境为学生提供学习机会。学生不是被动接受各种条

① 徐淑娟.大学英语生态教学模式建构研究[M].北京：科学出版社，2016：28.

件，而是积极参与到课堂活动中开发和利用与他们相关的学习机会。[①] 可见，英语课堂教学提供给学生的学习机会，不仅取决于教师语言输入的质量，而且取决于学生的认知心理因素。

在调查课堂英语输入情况时，发现大部分英语材料输入直接来自教材。学校没有英语选修课、拓展课、英语角和英语文化节等课外活动。这样的语言输入不能充分满足学生学习需求。根据利奥·范·利尔的可供性理论，高可供性不仅取决于环境本身的状况，还要取决于个人主观需要。积极的学习者可通过自身感知与行动来探索课堂环境中的“语言可供性”，以此实现学习目标。相反，语言的难学和约束力会降低学生对学习英语的认同感和积极性，还会影响学生参与开发学习资源等的机会。这不仅剥夺了学生原本就不多的学习机会，也削弱了语境的可供性。

3. 评价的环境因素

（1）社会评价标准的影响。

社会往往根据学生考试成绩评判学校的教育质量和教师教学水平。受此影响，教师往往凭借学生学习成绩来评价学生。为了提高整班学生的学习成绩，教师会把注意力集中在成绩优秀或有潜力提升成绩的学生身上，而忽略成绩落后的学生。教师关注的是学生的考试成绩和智力状况，因此也忽视了学生的心智发展和能力提升。考试的理论基础是智力，考试就是用量化的方式来衡量学生在掌握知识信息数量上的差异，而不是其思维表现的差异。而评价的理论基础是心智，评价的本质就是评判探究与合作的程度如何，即衡量学生如何探究知识、技能以及如何与他人合作。显然，考试的理论基础与评价的理论基础不一致。以考代评违反了教育规律，不符合培养“全面发展的人”的教育理念，不能全面反映学生学业成就，同时也不符合外语学习规律。

（2）教研活动中评价研究意识缺失。

学校教研活动会经常给英语教师提供教学展示的机会和向名师学习教

① Van Lier L. The ecology and semiotics of language learning: a sociocultural perspective [M]. Boston: Kluwer, 2004:87.

学技能的机会，但很少提供机会和平台讨论有关英语教学评价的话题，也很少有英语教师选择评价作为继续教育或科研的话题。虽然会在英语教研活动中听到课堂教学评价，但这些评价针对开课教师本人，往往是七分优点三分缺点，草草结束。教研活动没有把教学评价看作个案研究，评价主体没有把重点放在教学活动产生的问题上，没有分析问题产生的原因，也没有提出解决问题的对策或行动方案。只有当评价者以研究的心态进行教学评价时，才能真正实现以教学评价促进师生发展的目的。当评价研究不能在日常英语教学和教研活动中得到强化时，教师的评价研究意识也就很难培养。

（3）课堂评价制度失衡。

课堂教学评价本应关注教师教学任务的完成和学生素养的养成情况。但实际上，课堂评价只评价教学目标、内容、方法和效果。这就会使人认为课堂评价就是评价教师的教，往往会忽视学生在课堂教学中的地位和作用。这种失衡无法使教师有效认识到自身教学的优势与不足，不仅提供不了操作性的改进意见，而且不能促进教师反思和专业成长。这样的评价就缺失了诊断、导向和改进的功能。

（4）学生参与评价功能缺失。

目前的教学评价活动鲜有学生参与，20 世纪 80 年代，纳特里耶罗(Natriello)教授最早提出学生参与这个概念。他认为学生参加学校计划所规定的活动时，参与就发生了，不参与则意味着学生未发生活动。① 斯蒂金斯认为良好的课堂评价指标之一就是让学生参与评价。学生参与评价时，不仅要清楚学习目标而且要参与设定学习目标。研究发现，当前 L 市乡村初中英语课堂的评价主体仍是教师，评价的互动没有得到重视。英语教师应努力让学生参与评估，参与会对学生学习结果产生直接影响。因为参与是行动的心理投入状态，参与就是对精力在情感、认知和行为上的激活。②

---

① Natriello G. Problems in the assessment of students engagement from secondary schools [J]. Journal of Research and Development in Education, 1984(17):14 - 24.

② Yazzie-Mintz E. Voices of students on engagement: a report on the 2006 high school survey of student engagement [R]. Bloomington, IN: Center for assessment & Educational Policy. 2007: 120 - 130.

综合前述研究，乡村初中英语课堂教学、学习和评价存在割裂现象，英语教学目标、教学实施和教学评价的整体匹配不协调。现实的英语课堂教学，教师更多从教师立场和内容立场关注教什么、怎么教，这两种立场都不利于学生学习英语。L 市乡村初中英语课堂教学效益低下，英语教学失衡与英语教师指向英语学科核心素养的课程理念缺失、工具性和人文性统一意识缺失、课程标准意识和分解课程标准方法缺失、教学评价素养缺失等个人因素有关；也与英语课标培训不足、英语教师用书的部分教学目标针对性不强、英语教学压力大、学生不“在场”、社会评价标准的影响、评价研究意识缺失、课堂评价制度失衡、学生参与评价功能缺失等环境因素有关。

第六章

乡村初中英语“教-学-评”一体化教学模式的框架结构

如前文所述，乡村初中英语课堂教学低效是由于教学、学习、评价的割裂。因此本章将主要探讨以下几个问题：乡村初中英语“教-学-评”一体化教学模式的构建依据是什么？乡村初中英语“教-学-评”一体化教学模式是什么，构成要素以及结构特征又是怎样的？

第一节　乡村初中英语“教-学-评”一体化教学模式的构建依据

一、英语学科的育人价值

1978 年颁布的《全日制十年制中小学英语教学大纲(试行草案)》提出英语具有工具性价值，把英语知识和技能作为核心目标，其中知识优先于技能。1992 年颁布的《九年制义务教育全日制初级中学英语教学大纲》指出外语是学习文化科学知识、获取世界各方面信息与交际的重要工具。这一时期的英语教学开始从人的发展角度来思考教学的价值问题，突破了语言知识与技能的狭隘视野。2001 年的《义务教育英语课程标准(实验稿)》指出了新时代背景下的英语教学任务和目标，明确以综合语言运用能力作为课程的核心目标，构建了语言技能、语言知识、文化意识、情感态度、学习策略等五个维度的目标。2011年的《义务教育英语课程标准》强调了英语课程的工具性和人文性，提出英语课程承担着提高学生综合人文素养的任务。这一版课程标准以培养学生综合语言运用能力为目标，从五个方面设计整体课程目标和分级目标。这五个方面相互联系，相互影响。2022年版的《义务教育英语课程标准》强调了学科育人导向，落实立德树人，以培养有理想、有本领、有担当的时代新人为出发点和落脚点，构建分级体系的课程结构、主题引领的课程内容、学思结合的学习活动观、“教-学-评”一体化的评价体系，推进信息技术与英语教学的深度融合。

综上，从性质和功能看，英语教学从最初的工具性逐渐发展为工具性和人文性统一，强调英语学科核心素养的育人价值，强调培养具有理想、有本领、有担当的时代新人。英语核心素养包括语言能力、文化意识、思维品质和学习能力，这四个部分相互渗透。具体见下表6-1：

表6-1　英语学科核心素养四大要素①

要素	主要内容
语言能力	指在社会情境中，以听、说、读、看、写等方式理解和表达意义的能力，它是构成核心素养的基础要素
文化意识	指对中外文化的理解和对优秀文化的认同，它体现了核心素养的价值取向
思维品质	指思维在逻辑性、批判性、创新性等方面所表现的能力和水平，它体现了核心素养的心智特征
学习能力	指学生积极运用和主动调适英语学习策略、拓宽英语学习渠道、努力提升英语学习效率的意识和能力，它是核心素养发展的条件

英语学科核心素养发展目标相比于课堂教学目标而言，范围更广，但二者的价值功能是一致的。它们都是让学生掌握基本基础知识、能力，强调学生学会学习，关注共同价值取向。传统课堂教学重在培养学生认知能力，这不利于激发学生对学习的热情，也不利于培养学生的自主发展能力。显然，

① 程晓堂.改什么？如何教？怎样考？义务教育英语课程标准(2022年版)解析[M].北京：外语教学与研究出版社，2022:47-84.

课堂教学的主要弊端在于没有建立起以学科核心素养为统领的目标体系。核心素养从人的角度来思考教育，使人成人，因而更能体现以人为本的思想。[①] 因此，这要求英语课堂教学要从学科内容转向英语学科核心素养，逻辑起点要从人的素养培养开始，教学设计、教学与评价都要围绕着人的核心素养展开。换句话说，英语学科核心素养更关注认知和实践技能的应用与创造，关注个体在认知、技能和情意等各个方面能力的综合与统整，唤起人们对于学习活动及个体发展本质的思考，从而引发教育思维方式与行动方式的转变。

基于学科核心素养的英语“教-学-评”一体化教学模式打破了传统教学评价单一性的局限，即改变了以往评价手段和评价主体单一的局面，更关注过程性评价，更关注评价方式的灵活性和多样性，形成终结性评价和形成性评价并重的局面。要求评价贯穿整个教学过程，并对学生进行随时检测，及时动态了解学生的学习情况，为接下来的教学活动提供依据。而且，课堂教学评价主体增加了学生，教学环节纳入了学生自评，体现了学生是学习主体的理念。总之，课堂教学采用的评价方式和工具要具有一定的灵活性，在完成任务后进行自评、互评等举措都可以使学生拥有一定的学习自由度，可以满足不同水平学生的学习需求。乡村初中英语“教-学-评”一体化教学模式是以英语教学目标为统领，以评促教、以评促学的模式。学生做到以下几点，说明已具有英语学科核心素养：能根据不同情况，利用所学知识、技能来积极学习文化知识，理解文化含义和比较文化异同；能通过分析、批判、整合各种观点，理性提出观点、创造性解决问题；能有效使用各种策略以达到沟通目的，并体现出积极、正确的价值观。

二、义务教育英语课程总目标

《义务教育英语课程标准(2022 年版)》指出英语课程总目标是通过学习英语使学生形成综合语言运用能力，促进心智发展，提高综合人文素养。综合语言运用能力的形成是基于语言技能、语言知识、情感态度、学习策略和

① 王开东.教育.病在何处？——反思“人的教育”与“培养人才”[J].河南教育，2011(10)：32－33.

文化意识的整体发展。[①] 从英语课标中得知，语言与文化是密不可分的。

语言是文化的载体，同时也是文化的组成部分。学生学习英语时，会接触到欧美国家文化，因此，英语教师要教会学生观察和比较中外文化异同。另外，文化内嵌于语言，不同的文化存在不同的感知，差异投射到语言上，具体表现为对表达方式和句子结构等产生影响。因此，在“教-学-评”一体化的乡村初中英语教学过程中，教学目标的设置要关注学生的文化意识。这要求英语教师要创设多种英语实践活动，帮助学生理解文化内涵、体验和感悟文化，使文化知识内化于心。英语教师还要利用语篇中的文化和育人价值，通过深度学习和活动，帮助学生提高文化鉴赏能力，引导学生形成正确的价值观和良好品格。

语言是思维的工具。它是由一套音义结合的词汇系统和语法系统组成，但不同的语言结构系统会导致不同的思维和文化模式。在汉语语境中，人们习惯图像、直观思维以及含蓄、间接的表达方式。但是，英语世界习惯于逻辑思维、因果思维和直接表达方式。因此学习多种语言可以补充单一语言思维的局限，从多个角度思考和理解世界，从而提高学生思维能力。

传统说教式的英语教学难以提高学生的语言意识和语感。学生只有在语言实践中通过体验、比较汉英异同，语感和意识才能逐渐形成。但不同的学生对有效获取和理解信息的方式是不同的。除了知识原因，还有人的思维质量也不同。在现实教学中，有些英语教师机械重复讲解或播放英语听力材料，觉得这样可帮助学生理解。其实不然，教师必须预先创设引导性问题，激活学生心中的思维方式，还要进行有针对性的观察、比较，这样才可以帮助学生理解观点和创造性构建新概念，通过这一系列的心智活动，学生的语言理解力才能得到提高。因此在“教-学-评”一体化教学中，英语教师要设计情境、模拟社交生活场景、鼓励学生在语言实践中树立角色意识，并观察、判断交流对象的表达和态度。思维与语言能力是相互影响的，语言能力的提高可以促进思维能力的发展，良好的思维质量是语言能力培养的保证。

---

① 程晓堂.改什么？如何教？怎样考？义务教育英语课程标准(2022 年版)解析[M].北京：外语教学与研究出版社，2022：48.

因为学生学习意识、学习方法和学习方式都与他们观察、比较、分析、判断、反思、创造等各种思维活动有关。没有思维的学习是没有结果的，而且不同思维质量下的学习会产生不同的结果。英语语篇学习存在三种形式：记忆性学习、理解性学习和批判性学习。首先是记忆性学习，教师简单处理文本之后，通常会要求学生背诵课文。这是浅层思维的学习，记忆不会持久，对学生的成长也不会有实质性意义。其次是理解性学习，教师通过各种提问，要求学生找出语篇大意、段落的主题句，比较、分析观点以及找出结论。这种是迁移学习。最后是批判性学习，教师先引发学生思考，再让学生做社会调查，了解人们的观点，接着引导学生阅读类似文章，了解专家观点和论证，然后让学生思考问题。在此基础上，以小组为单位，使用实验进行验证并得出相应的结论。这是一种深度学习，学生需进行逻辑分析、批判和创造等多种高级思维活动。这样的学习才是有效的，有助于学生的发展。

总而言之，语言能力是基础要素，文化意识是价值取向，思维品质是心智特征，学习能力是发展条件，它们共同服务于英语课程总目标。这些要素相互融合，协调发展，是英语课程的育人方向，也是学业质量的评价标准。英语“教-学-评”一体化教学模式能够帮助学生运用所学英语知识和技能与他人交流情感和观点，还能帮助学生学习文化知识。同时，在学习过程中，此模式不仅可以帮助学生发展学习策略、思维能力和人文素养，还可帮助学生加深理解东西方文化异同。

三、初中学生语言思维发展水平

皮亚杰(Jean Piaget)认为每个人都是按照相同的顺序经历相同的四个发展阶段。这四个发展阶段是感知运动阶段、前运算阶段、具体运算阶段和形式运算阶段。[①] 青少年时期至成人属于形式运算阶段，这个阶段的特点是能用假设和演绎的方式思考问题，能用逻辑的方式解决抽象的问题，能从多个角度看问题，开始关注社会问题、个人认同以及公平公正。维果斯基认为

① 伍尔福克.伍尔福克教育心理学[M].伍新春，赖丹凤，季娇，等译.北京：中国人民大学出版社，2012：43.

人类活动是在一定的文化环境中发生，不能脱离文化环境去理解人类的活动。换句话说，心理结构和思维过程来自与他人的社会互动，整个过程是从外部社会活动向内部过程的转化。[①] 相比较于皮亚杰，维果斯基更强调学习和语言在认知发展中的作用，他认为思维是由语言、思维方式和儿童的社会文化经验所共同决定的。他还认为自我言语引导着认知发展，它的功能在于自我交流以实现自我指导和自我定向。随着年龄的增长，与他人互动的频繁，自我言语经历了从听见到无声的转变。这种内部的言语思维大约到12岁以后才能趋于稳定。

在语言的发展过程中，儿童为了掌握一门语言，不仅要理解他人意图从而习得语言中的词汇、短语和概念，而且要了解他人是如何使用词汇和短语建构语言的，即语法规则。儿童学习语言的过程是一个主动尝试的过程，理解所听的，寻找其中的模式建立规则，并将所有这些拼接在一起，他们通过这样的方式习得语言。人类存在着学习敏感期，即在某段时间内对某些学习内容更容易做出特定的反应。[②] 第一次学习双语的年龄能预测儿童能否在第二语言上成为熟练的阅读者，以及最终成为何种程度的熟练阅读者。初中生学习第二语言，就很难不带口音了。在二语学习过程中，熟练掌握第二语言要涉及面对面的交流和语言的学术性运用。学术性语言指的是在小学、中学和大学阶段教育中使用的所有语言。它包括一般性的词汇和概念，也包括特定学科使用的词汇和策略，往往与抽象、高级、复杂的概念有关。[③] 一般而言，通过两三年的高质量培训，第二语言的学习者就可以使用基本的或情境性的语言进行面对面的交流。学习语言的第一年，学习者基本不说话，一次只能理解一个词，用一到两个词回应，很大程度上依赖语境。学习语言的第二年，学习者能使用整句，能使用语言与他人进行良好的互动。学习语言的第三年，学习者能讲述一个完整的故事，开始理解并使用学

① 伍尔福克.伍尔福克教育心理学[M].伍新春，赖丹凤，季娇，等译.北京：中国人民大学出版社，2012：52.

② 伍尔福克.伍尔福克教育心理学[M].伍新春，赖丹凤，季娇，等译.北京：中国人民大学出版社，2012：162.

③ 伍尔福克.伍尔福克教育心理学[M].伍新春，赖丹凤，季娇，等译.北京：中国人民大学出版社，2012：168.

术性语言。但掌握学术性语言技能需用更长时间，一般为 5～10 年。

在英语“教-学-评”一体化教学模式视域下，乡村初中英语教师要根据语言学习者的特点，提供结构、框架、支架和策略，使用视觉组织者、故事地图或其他辅助手段，帮助学生组织和联系信息，教授相关的背景知识和关键词汇概念，给予集中反馈，确保学生参与和投入，如使用小组和配对工作方式，创设情境让学生阐述自己的观点。

第二节　乡村初中英语“教-学-评”一体化教学模式的构成要素

本节在回顾已有理论和文献的基础上，通过实证资料的分析与综合，归纳出教学目标、教学、学习、评价是乡村初中英语“教-学-评”一体化教学模式的构成要素。

一、教学目标

一般来说，教学目标不同，教学、学习、评价的关系也不同。在整个教学活动中，学习是核心，教学和评价都以促进学习为目的，整个教学活动其实就聚焦在学生的学习活动上。课程标准是课程专家为整体规划国家教育教学而对教育目的进行的具体化，但它只规定某一学段学习的终点，而且表达含混，难以在课堂上落实。教学目标是指每节课学生应知、应会的目标，也称课时目标，由教师综合文本内容、学生情况、课程安排等各种情况之后对单元目标的具体化，是学生完成学习后应达到的结果。英语课程标准描述的是对学生的总体要求，为了完成课标要求，英语教师就要细化课标，依据教学实际情况把英语课标转化成相应的课时目标。英语课程标准转换成课时目标的过程如下：英语课程标准—学期目标—单元目标—课时目标。因此要使课堂教学有效首先要学会分解英语课程标准。教师可以采用以下分类法来描述学生应该在课程中学到的内容，以此来支持这一类学习所需要的教学活动和评估反馈活动。它包括基础知识、应用、综合、人文维度、关心和学会学习。基础知识是指有关现象的知识，以及与这些现象相关的概念。应用是指以不同方式运用、思考这些新知识的能力。综合是将某一领域的知识与其他领域的知识与观点相联系的能力。人文维度是指发现如何更有效地与自己、与他人进行互动交往。关心是指培养新的兴趣、情感和价值观。学会学习是指课程结束后继续进行个人学习的知识、技能和策略。同时，也可以使用提问形式来明确有意义学习的目标，就基础知识而言，可以问什么关键信息是学生应该理解并在将来还能记住的？什么关键观点是学生在本课程中应该理解的？就应用而言，可以问什么样的思考是学生在本课程应该学会的？什么样的重要技能是学生应该学会的？什么样的复杂项目是学生应该学会管理的？就综合而言，可以问学生应该进行哪些联系？就人文维度而言，可以问学生对自己有哪些了解？从关心这个角度看，希望学生在情感、兴趣、价值观上有哪些变化？从学会学习这个角度看，希望学生如何在课程范围内进行探究和知识建构？

当前，对于学术界的教学目标有两种不同的观点，一种是“根据学生的行为表现来进行评价和改进教学，在教学前要清晰明确地陈述预设结果”。[①] 另一种观点是“规则源于行动，并与行动相协调。因为目标、计划来自行动，不仅仅单纯地先于行动”。[②] 前者强调目标的“预设”，而后者强调目标的“生成”。本研究认为要先预设教学目标，因为学校教育是“有目的、有计划、有组织对受教育者施加教育影响”。[③] 同时，由于教学是一个动态的发展过程，教学目标也是生成的。本研究认为目标具有预设性和生成性。

二、教学

教学行为的起点是学生，学生的意向性很大程度上决定了教学质量。在教学过程中，教学内容合适是达成教学目标的关键，而适当的教学形式会调动学生的积极性，这有利于有效教学。教学基于一定教学目标，目标落实

① 加涅，韦杰戈勒斯，等. 教学设计原理（第五版）[M]. 王小明，庞维国，陈保华，等译. 上海：华东师范大学出版社，2007：34.
② 多尔. 后现代课程观[M]. 王红宇，译. 北京：教育科学出版社，2001：242.
③ 顾明远. 教育大辞典（上、下）[M]. 上海：上海教育出版社，2002：725.

如何就要关注学生学习结果。可见，引起意向、明释内容、调适形式、关注结果共同支撑着有效教学行为。①

学生的各种学习任务在性质上是不同的，因此学习过程也不同。但无论是哪种，只有引起学生的学习意向，教学活动才能引起效果。除了激发学生学习意图之外，教学还涉及学习什么以及如何进行交流等问题。因此教学活动需要特定的内容载体，这是学生学习某种特定内容的一项活动。为了指导学生达到教学目的，教师需要以某种方式向学生描述、解释和演示学习内容。教学活动还需以易于学生理解、适合学生发展水平的方式明示学生所学的内容。总之，教学是意向性行为，指向任务达成，需要对教学目标和过程进行评价。

综上，教学过程就是“把学生带到哪里?”“怎样把学生带到那里?”“怎么确信已经把学生带到那里?”，即追问教、学、评等问题。②

教什么？课程标准规定了学生学习一定时间后的学习结果，但没有对教学内容、教学目标、教学重难点做具体的阐释与说明。因此教师还需对课标进行理性的分析，对教学材料进行谨慎选取，并在为什么教这些问题上理出清晰的线索。

怎么教？课程标准强调过程与方法，并提出学生主要学习方式是自主学习，但未说明自主学习的定义以及如何指导学生学习。

教到什么程度？课程标准强调对学生进行形成性评价，强调这是促进学生学习的重要手段和落实课程标准的重要凭据。

综上，教什么、为什么教、怎么教、教到什么程度，即教学目标、教学、学习、评价等都是教学的核心问题，也是课标分解的四个基本内容。具体情况见图 6－1：

图 6－1 中的互动模式来源于泰勒的课程原理。泰勒在考察课程和教学问题的基本原理时，提出以下问题：一是学校应该寻求实现什么样的教育目的？二是能够提供哪些可能实现这些目的的教育经验？三是怎样才能把这

---

① 崔允漷. 有效教学[M]. 上海：华东师范大学出版社，2017：11.

② 卢臻. 教-学-评一体化教学策略与实践[M]. 郑州：河南科学技术出版社，2017：54.

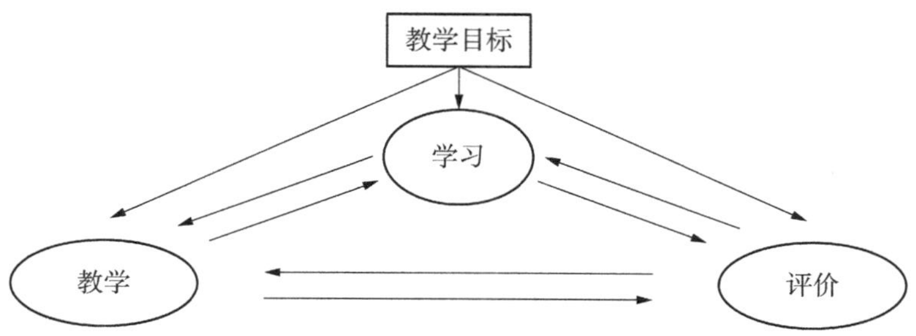

图 6-1　“教学目标-教-学-评”四要素互动发展关系图

些教育经验有效组织起来？四是怎样才能确定这些目的是否会实现？① 这是一种自上而下的、以行为目标为中心的课程模式。而乡村初中英语“教-学-评”一体化教学模式立足于英语学科核心素养，以学习为中心，这是一种自下而上实现学校课程目标的教学模式。英语教师依据学生的需要、兴趣设计教学，目的是帮助个体发现存在的意义和实现自我价值。教学设计立足于学生学习，帮助学生为学习而选择学生感兴趣的生活经验。在教学过程中，师生进行对话，鼓励学生独立思考，让学生参与评价所学的知识。重点放在所学习问题的解决过程上，学生在寻求解决办法时，也实现了这一课程的主要价值——真实性、意义性、生动性。

三、学习

学习活动设计至关重要，同时又具有挑战性。在分析情景因素、确定有意义学习目标和形成教育性反馈之后，教师要思考学生在课程中将进行什么学习活动？为了促成有意义的学习，教师将进行什么的教学活动？要想提高课堂教学质量，需采用主动的学习方式。主动学习是指任何把学生吸引到学习实践中的活动，以及任何促使学生思考学习实践的活动。即学生要有做的经历、观察的经历以及反思的经历。做是指学习者实践教师希望他们学会做的事情的各种学习活动，无论教师想让学生学会什么，都是他们在课程学习阶段需要去实践的。只要学生看到或者听到别人在做与他们所

① 瞿葆奎.课程与教材[M].北京：人民教育出版社，1988：158.

学的有关事情，他们就会进行观察，观察使学生有机会去体验他们所研究的现象，而有些时候提供这种机会对教师来说是一种挑战。反思是学生主动学习的关键因素，只有当反思与创造意义的需求相联系时，反思的价值才能得到清晰的体现。当人们获得新观点时，往往被赋予一个初始意义，但这种初始意义是无意识的。只有当人们意识并反思这种初始意义的存在，并且反思有什么新的意义的时候，才有可能创造意义。教学目标之一就是帮助学生更熟练地创造意义。

综上，在确定教学目标后，要考虑设计一些能使学生表现出教学目标所期望行为的学习活动。在设计学习活动时，要考虑以下八点注意事项：[①]第一，要考虑学习主体的原有认知水平、学习风格和人格特征等。这是设计学习活动的关键点，反映了以人为本的教育理念。第二，要考虑活动内容。选择和组织是准备教学的基本环节，而教材是活动内容的重要来源。教师需要熟悉这些教材，这可用来作为设计学习活动任务的资源。第三，要考虑活动任务。活动任务既体现了目标和内容，也决定了学生的学习方式。第四，要考虑活动流程。为了顺利开展活动，还要确保一定的流程或程序。因此教师要提前做好准备设计和多个活动的安排。第五，要考虑活动组织。它主要指人力资源的组织和空间安排，换句话说，教师需要确定组织学生的活动类型和活动座位的安排。第六，要考虑活动的结果。活动后的成果质量直接反映了学习活动的质量。第七，要考虑活动的持续时间。在特定的时间段内，需要大致确定活动的总时间长。第八，要考虑活动规则。为了使活动顺利开展，还需创建规则。针对小组合作学习，可以在师生之间，或在学生小组内建立一种合约。总之，教学目标是灵魂，评价是判断教学目标执行情况的手段，学习活动是学习目标的载体。

四、评价

学校办学目的是千差万别的，但他们都有一个共同目标，即帮助学生获得高质量的学习效果。但实际上，教师所教与学生所学之间存在着一定的

① 崔允漷.有效教学[M].上海：华东师范大学出版社，2017：120.

差距，待教师发现时，往往为时已晚。为了避免这种情况发生，教师需要监控学生的学习，要把学生学习的信息记录下来。教师通过观察学生的学习过程，收集学生学习情况的反馈，了解学生的学习方式，以便对课堂作出准确的评价。课堂评价的目的是帮助教师了解学生学习情况，其以学习者为中心，以教师为指导，具有形成性、情境性和连续性的特点。课堂采用形成性评价方法，其目的是提高学生的学习质量。纸笔测试并不是十分适合课堂评价，因为过多的纸笔测试会给学生带来焦虑，产生考试作弊以及公平问题等。而课堂评价为教师提供了关于学生学习内容、数量及效果方面的信息，为学生的终结性评价做好充分准备。同时，课堂评价是一个连续不断的过程，教师获得学生学习情况后，会将评价结果及提高学习效果的建议反馈给学生，从而完成整个循环过程。

可见，评估的基本目的是帮助学生更好地学习，它包括四个基本要素：诊断性评估、目标和标准、自我评估和反馈。威金斯认为诊断性评估一是基于真实性，任务应该模仿检验人们的知识和能力的真实情境。二是提出判断、创新要求。学生应该在任务中灵活、有效地运用知识和技能来解决尚未清晰化的问题。三是要求学生用知识去解决问题。四是模仿那些成人工作场合、社会生活和个人生活情景。五是给学生提供恰当的练习机会，并对其表现予以反馈。所有的评估是为了检测质量如何，在诊断性评估和自我评估中使用清晰、恰当的目标和标准尤为重要。[①] 因此，评估量表里要有明确的目的和评价所用的标准，同时采用描述性语言举例说明，之后必要时还应作出调整。除了制订诊断性评估、明确目标和标准之外，还应给学生创造大量进行自我评估的机会。学生要在学习中表现出色，就必须学会评价自己的工作。评价之后就产生了反馈，同评估一样，反馈从本质上来说也具有评价性，因为它指出了优点以及需要改进的地方，但反馈需及时，学生通常不关注延迟的反馈。

综上，评价必须符合目标。第一，要考虑与教学评价和教学目标相对应的内容主题，这些主题来源于课程标准。第二，评价目标必须具有与教学目

---

① 威金斯. 教育性评价[M]. 北京：中国轻工业出版社，2005.

标相同的认知要求。换句话说,完成评价任务的认知要求必须与教学目标的要求相匹配,学生要与“应当知道什么”与“应当做什么”的期望一致。第三,评价方法要符合教学目标。不同的评价方法都有优点和缺点,例如,纸笔测试通常很难评价技能类型。因此教师需要针对不同的教学目标来选择恰当的评价方法。如教学目标有关知识和观点的,选择性反应评价会使用选择题、判断题和填空题等来检查学生在知识点上的熟练程度;论述性评价会使用测量来考查学生对知识点之间关系的理解;交流式评价可通过提问回答来判断学生掌握情况,但是比较费时间。如教学目标与推理有关,论述性评价则通过描述复杂问题来检验其推理能力;表现性评价可以通过观察学生解决特定问题来判断其能力;交流式评价要求学生讨论问题并“大声思考”来考查其推理能力。简而言之,每种评价方法对于不同的学习目标都有其优缺点。

第三节　乡村初中英语“教-学-评”一体化教学模式

“教-学-评”一体化教学模式既是一个复杂的体系,也是一个系统的育人工程。根据研究理论分析、实践活动以及个人英语教学经验总结,乡村初中英语“教-学-评”一体化教学模式有两种具体的教学模式,一是嵌入式英语“教-学-评”一体化教学模式,另一种是合一式英语“教-学-评”一体化教学模式。

一、嵌入式英语“教-学-评”一体化教学模式

(一)嵌入式内涵

1944年,卡尔·波兰尼(Karl Polanyi)首次提出嵌入概念,指出人类经济嵌入在经济与非经济的制度之中。程登军认为嵌入分为主观嵌入和客观嵌入。主观嵌入是认知嵌入,客观嵌入是文化嵌入和关系嵌入。嵌入式是指某个物体进入另一物体中的过程。嵌入的前提是可识别的物体至少有两个;嵌入机制是指一个物体如何进入另一个物体;嵌入状态是指嵌入后双方

之间的关系。①

教学是一项预先设定目标的活动，需要教师通过学习评价来了解学生在教学后是否按预期目标发生了改变。评价是教学活动的一部分，已被大多数研究人员所接受。本研究认为嵌入式英语“教-学-评”一体化教学模式将英语评价活动视为英语课堂教学活动的组成部分或一个环节，即把评价活动嵌入教学过程中，让它始终贯穿整个教学过程，达到以评促教、以评促学的目的。

（二）应用嵌入式教学模式的前提条件

应用嵌入式教学模式，有以下几个前提条件：

首先，至少有一些教学目标需要使用复杂任务，而且这些教学目标要求学生理解并讨论使用准确知识、技能来制定解决方案。另外，指向高阶思维或特殊技能的目标需要通过评价活动来进行评价，但需用评价活动来实现教学目标的仅仅是整个教学目标的一部分。

其次，嵌入教学的评价活动需能激发学生学习结果的产出。同时，任务设计需有真实情境，并要求学生应用所学知识、技能参与创建作品。

一般来说，反馈越及时，对学生学习帮助就越大。嵌入式评价活动的优势就是能够为学生提供即时反馈，推动学生高阶思维的发展。教师获得学生即时学习证据，既可向学生提供即时反馈，又可帮助确定下一步教学策略。

（三）嵌入式教学模式下的评价活动

基于嵌入式教学模式，评价活动是指一种观察学生是否积极参与并完成某项任务的评价。这种评价一要求学生执行任务，二要求使用可以判断表现和成果的评分标准。评价任务和评分标准是根据学生预期的学习成果来设计的。因此评价目标、评价任务和评分标准构成了评价活动的三个核心要素。

1. 评价目标

嵌入式教学模式的评价活动主要考察学生完成任务的能力。学生能运用所学知识进行思维加工和判断，进行各种探究活动并创造性地解决问题。

---

① 王思斌. 中国社会工作的嵌入性发展[J]. 社会科学战线，2011：206－222.

因此，评价就要检测课程需要持久理解的目标。这些目标是学生学习的重点，也是超越课程内容具有持久价值的大观念，并且需要学生自主探究发现才能达到。

2. 评价任务

评价任务需要真实的生活情境，将评价所测的能力与生活中复杂能力直接联系起来以提高学生习得技能。有些学生虽然在英语纸笔测试中获得高分，但不能在实际生活中进行基本的口语交际。要改变这种局面，除了要评价学生在特定领域的能力外，还要综合评价学生运用现有知识的能力，同时要关注学生的非认知因素，如与人合作能力、参与社会活动能力等。

3. 评分标准

由于要评价学生行为的表现结果和表现过程，因此评价者要观察学生的实际操作表现或记录学生学业成果，以此评价学生的能力。但这种评价不同于标准化试题的评分标准，它没有统一的标准答案，需要评价者根据事先设置的评分标准，依靠自己的经验和智慧来判断学生的表现水平。

总之，制定和实施评价活动的过程就是分解细化英语课程目标的过程，并通过评价任务和评分标准来实施它们。不论课程标准、课程结构或课程教材如何，评分标准的内容规定了师生应采取何种措施来获得成功的依据。[①] 评价活动与课程目标的共生关系，使其成为落实课程标准的有效途径。评分标准是教师用来评价学生学习成果的标准。完成任务后，教师还要根据评分标准指导学生，向学生解释老师的期望，并提供特定的评价反馈。学生也可根据评分标准进行自评或同伴互评。由此可见，学生学习任务和评价是不可分离的，教学与评价是相互融合的。

（四）嵌入式教学模式下的教学活动

嵌入式教学模式下，教学、学习、评价是一体的。其中学习是中心环节，教学是发起环节，评价是调适环节。教学引发学习，并接受评价的调整。学习、评价的方式和过程决定了教学的方式和过程。教学活动以教学目标为

---

① Arter J, McTighe J. 课堂教学评分规则[M]. 国家基础教育课程改革“促进教师发展与学生成长的评价研究”项目组，译. 北京：中国轻工业出版社，2005：50.

方向和起点，同时引发学习过程，并给学习活动定向。对学习活动的评价反过来又影响着教学活动的方式和进程，调整着教学策略和方法，三者在相互嵌入中实现动态平衡，推动嵌入式教学模式前行。

在嵌入式教学模式中，教学过程就是教师创设学习环境，引导学生进行体验、探索，不断解决真实问题、创生意义的过程。创设学习环境是指教师设计有助于学生探究的任务情境或活动。为了引领学生进行知识建构，教师需要随时评价和了解每一个学生的学习过程，根据获得信息及时调整教学活动。

（五）嵌入式教学模式下的学习活动

学习是嵌入式教学模式的中心环节，它是教学的目的和归宿，它决定着教学的策略、方式和过程。同时它也是评价的基础和对象，并在评价基础上开展与教学目标保持一致的动态改进。学习活动的有效展开还依赖学生学习动机的激发和维持。在学习过程中，虽然学生学的是人类已知经验，但学生的学习是主动的，其过程有发现、探索性质。然而教材内容是确定的，学习过程是简化的。因此，只有教师设置真实的学习情境，学生的学习才能真正发生。真实学习发生在真实或拟真环境中，通过解决真实问题来学习相关知识技能、获得体验的过程。在真实环境里的学习要求与表现性评价要求相融合，表现性评价要求学习者在真实的情境中执行任务和解决问题。即通过观察学习者在执行任务或解决问题过程中的表现，或对产生的创造性成果进行评价。但表现性评价没有标准答案，需要开发基于目标的评分标准，评价者根据评分标准作出判断。其次，表现性评价注重学习者自评、互评。因为，一个人的自评、互评过程也是个人反思、合作反思的过程，这有利于提升个人反思的品质。再次，学习者完成评价任务的过程，同时也是学习的过程。他们会根据评分标准作出描述性判断，并为下一步学习提供有用的反馈。因此表现性评价既是对学习的评价，也是为了学习、促进学习的评价。

（六）嵌入式教学模式分类

本研究认为嵌入式教学模式分为两种：

1. 嵌入式教学模式一

这种嵌入式教学目标中的一部分目标与评价目标相同。根据评价目标，与之匹配的评价任务和评分标准构成评价活动被嵌入教学过程中，对学习活动和教学活动进行评价。在这种模式下，师生都清楚评价标准和要完成的任务，因为内容是开放、透明的。师生在完成任务时，也获得各种信息并将之用于下一环节的教学中。具体如图 6－2 所示：

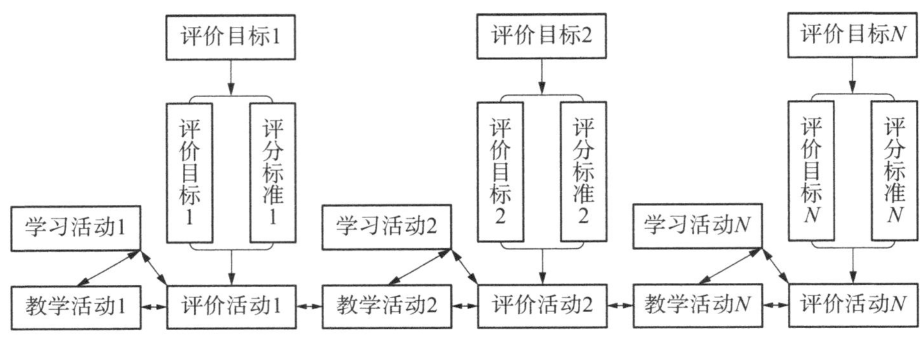

图 6－2　嵌入式英语“教-学-评”一体化教学模式一

2. 嵌入式教学模式二

这种嵌入式教学目标中的一部分目标同样与评价目标共享。根据评价目标，与之匹配的评价任务和评分标准构成评价活动被嵌入教学过程中，对学习活动和教学活动进行评价。但不同的是任务活动有总任务，总任务包含若干子任务，这些若干子任务被连续嵌入教学过程。具体见图 6－3：

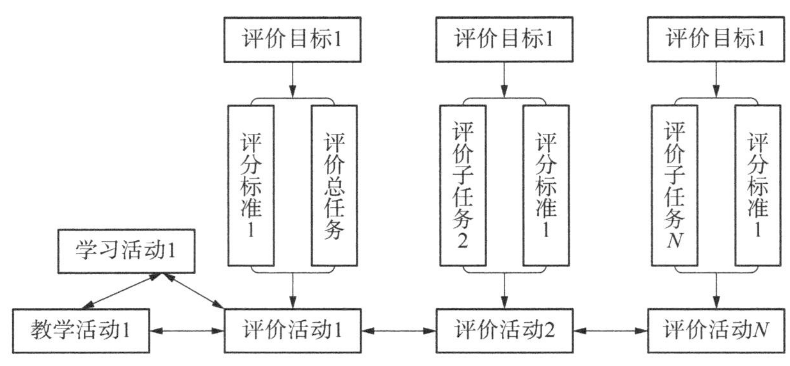

图 6－3　嵌入式英语“教-学-评”一体化教学模式二

（七）嵌入式教学模式的实施流程

英语教学流程一般分为热身环节、课堂导入环节、新知呈现环节、课堂操练环节、巩固拓展环节和总结与作业布置环节。要把评价活动嵌入教学流程，可从以下几个环节嵌入：

（1）可在导入新课环节前嵌入，即在热身环节嵌入。目的是及时了解上节课或以前学过与新课有关的旧知识，为新课作铺垫。同时激发学生学习新知识的兴趣，但引入的评价任务需创设情境，不宜过难。

（2）可在教学进行一段时间之后嵌入，即在新知呈现环节嵌入。这时，学生已具备一些基本技能和基本知识，这些知识技能可用来解决实际问题。评价任务难度可偏大，这样可鼓励学生深度学习。通过这些活动，有意识引发全班学生反复理解新知识。

（3）也可在教学即将结束环节嵌入，即在巩固拓展环节嵌入。目的是检测学习效果情况，看教学目标是否已达成。

无论评价活动嵌入哪一个环节，无论是课前、课中还是课后，乡村初中英语教师都要收集学生学习证据，并向学生提供即时反馈。

二、合一式英语“教-学-评”一体化教学模式

（一）合一式教学模式内涵

合一式英语“教-学-评”一体化教学模式是指教学过程等同于评价实施过程，教学过程即评价实施过程。换句话说，就是将英语课堂教学活动转变为评价的实施过程，或者把评价的实施过程转变为教学活动过程，使评价活动具有教学成分，因此可同时进行学习和评价。这样，评价与教学就能很好地融合在一起，并发挥评价即教学，评价即学习的作用。例如，学生进行英语课本剧表演来表达对课文内容的理解时，教师会通过评分标准对他们呈现的语音面貌、语用知识、技能、情感等各方面进行评价。学生也可使用评分标准进行互评和自评。这样，学生的学习任务和评价变得不可分割，将不同类型的教学与评价结合起来。但并非所有的教学活动都是评价活动。要将一个教学活动同时设计成为评价活动，需要考虑以下几点：学生通过学习

应达到的预期学习成果，证明预期学习成果所需要的证据，以及哪种表现最适合作为证据等。

总之，合一式教学模式的教学目标和评价目标是同一的，它改变了一个一个知识点、一节课一节课碎片化处理的教学传统。因此，它更能支持大单元和大任务的整体教学。① 合一式评价任务旨在达成单元目标，而目标的达成需要学生高级认知能力和高阶思维能力。这样设计的评价任务会更真实，评分标准和过程也会更加复杂。具体见图 6-4：

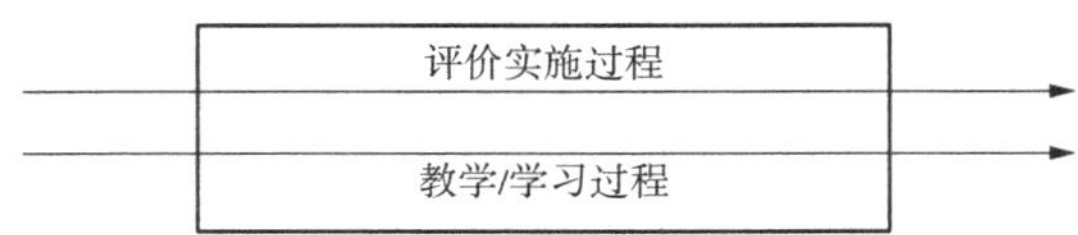

图 6-4　合一式英语"教-学-评"一体化教学模式

（二）应用合一式教学模式的前提条件

从合一式教学模式的基本内涵来看，它可在以下条件中使用：

（1）需要基于大单元、大主题、大概念的教学目标。大主题、大概念和大观念有超越课程内容的持久价值，它处在课程的核心位置，并能激发学生学习兴趣。合一式教学模式指向单个或多个主题目标或单元目标，这种目标旨在提高学生的高级认知能力和高层次思维能力。

（2）需要用真实、复杂的任务来评估关键能力。在教学的某一个阶段，教师想要了解学生核心素养时，则需使用更加真实、更加复杂的任务。

（三）合一式教学模式特征

1. 指向基于大观念、大主题的评价目标

这种评价目标旨在促进学生建构对概念的深度理解和高水平的认知。因为大观念有聚合功能，把离散的事实和技能聚合起来形成意义。另外，大观念有迁移价值，能运用到新情境中解决实际问题。在教学中如没有大观念的透视，知识是碎片化的，不能进行深度迁移和运用。

---

① 周文叶. 表现性评价的理解与实施[J]. 江苏教育，2019(14)：7-11.

2. 评分标准

对复杂性和情境性的任务，学生有可能会出现多种答案。因此评分标准可作为学生学习的“脚手架”来帮助学生完成任务。同时，评分标准能即时反馈信息。这有利于培养学生的批判性思维，有利于促进学生与他人有效沟通，也有利于创造竞争环境。此外，学生可参与制定评分标准，这有助于学生了解学习目标和学习方法，有助于学生清楚认识自身的优点和不足。让学生参与到自己学习中，目的是让学生为自己的学习负责。

3. 评价任务

合一式评价任务往往是大任务，镶嵌着众多小任务。这些小任务提供了有意义和交流语境支持的学习机会。往往这种小任务含有较低情感过滤，有助于学生学习语言。克拉申认为，当学生焦虑低时，语言习得就会发生，交流沟通技能也得到提高。

（四）合一式教学模式的实施流程

威金斯（Wiggins）采用评价内容、评价任务、评分标准和设计流程中限制的四个步骤来表现与教学过程合一的表现性评价结构。[①] 他认为可通过三个问题来确定教学目标：一是什么知识或内容对学习者理解主题至关重要？二是学习者使用这些知识或内容需要哪些智力技能？三是哪些心智习惯对学习者完成这些知识或内容很重要？

在追求理解的背景下，合一式实施流程包括以下几点：

(1) 要设计评价目标，目标要以大概念为基础，以问题为框架。因为这些问题创造了有意义的联系，激发探索和思考，并促进知识的迁移。

(2) 要设计确定的预期结果、合适的评估证据以及学习活动。据此，在合一式英语“教-学-评”一体化教学模式中设计英语教学活动时，要考虑学生达到什么样的预期学习结果，什么样的证据表明学生已达到了预期学习结果，以及如何设计学生学习活动。

① Wiggins G. Creating tests worth taking [J]. Educational Leadership, 1992,49(8):26 - 34.

三、嵌入式教学模式与合一式教学模式比较

虽然这两种模式促进了学生学习和教师教学，但这两者有着明显差异。因此为了能够在具体的教学实践中使用，为了能够根据具体的需求恰当选择实施模式，下面对这两种教学模式进行比较。

在完成一个内容标准目标的教学过程中，会出现两种教学模式。一种是嵌入式，即评价活动嵌入教学中，成为教学活动的一个部分；另一种是合一式，教学活动就是评价活动。嵌入式把评价活动作为检查教学和学习效果的手段，为师生提供评价证据，并把此用于改进教师教学和促进学生学习。合一式把评价活动当作学习活动，发挥评价即教学和学习的作用。这两种差异具体见表 6－2：

表 6－2　嵌入式与合一式教学模式对比

内容	嵌入式教学模式	合一式教学模式
评价目标	教学目标一部分	与教学目标相同
评价任务	与目标一致，任务简单，完成时间较短	与目标一致，任务复杂，完成时间长
评价规则	与目标和任务匹配，透明，为教师提供评价证据	与目标和任务一致，不透明或半透明，内容复杂，多人评分以保证评分准确性
应用条件	课时	大主题、大单元
结构特征	任务完成和评分嵌入教学	任务完成过程就是教学过程
实施流程	嵌入教学过程中不同时段	任务完成就是学习过程和教学过程

第四节　乡村初中英语“教-学-评”一体化教学模式的结构特征

一、教学目标的统领地位

美国学者安德森(L. W. Anderson)提出四个有关有效教学的重要问题：

一是学生学习问题——在有限的教学时间里，什么是最值得学生学习的？二是教学问题——如何计划和教学，使大多数学生获得良好的学习成绩？三是评估问题——如何设计评价方法，来提供准确的学习信息？四是匹配问题——如何保证目标、教学与评估一致？匹配性即一致性，依据目标，选择相应的策略和评价工具评估课堂教学。[①] "教-学-评"一体化教学模式就是运用"目标-教学-评价"一致性原则，一体化既是教学设计的组织策略又是教学实施的运作策略，通过目标分类学理论，建构了目标、教学、评价三者的内在统一。因此在教学设计层面形成了有效教学的预期效力。同时，运用以评价促进教学，在教学实施层面形成了有效教学的实际效力。

教学目标是"教-学-评"一体化的灵魂。首先，教学设计要明确界定目标问题，接着通过以评促教的理念来实现"教-学-评"一体化。"教-学-评"一体化在教学设计和实施上都特别强调评价工具的选取以及评价促进学生学习的功能。即通过评价任务与评分标准的介入来促进教学，一方面促使教与学一体建构，教为学提供外在支持，以学定教；另一方面促使学与评协同一致，边学边评，学习即评价。因此以评促教的思想改变了灌输式教学单一传授知识的路线，将学生"学会"作为课堂互动的焦点。通过评价反馈收集"学会"信息，形成学与教双线并行的课堂教学系统。学为主线，在评价任务和评分标准的促进下建构新知；教是辅线，通过评价任务和评分标准的制定来引发学生学习，同时凭借评价结果指导学生学习。教学相长，一切为学而教，为学会而教。

二、学习与教学一致

传统课堂以教师为中心，因此在教学活动中，往往忽视学生这个主体。现代课堂以学生为中心，"以学定教"的理念已融入课堂教学，学生主体作用也得到重视。

从学生"学"的角度设计英语学习活动目标和活动形式，能够正确体现"教-学-评"三者的关系，但促进学生"学"的行为也需要教师正确处理"教-

---

① 盛群力，等. 21 世纪教育目标新分类[M]. 杭州：浙江教育出版社，2008：24.

学-评”的关系。学生的学习行为不外乎两种：被动学习和主动学习。要使学生从被动学习转变为主动学习，教师就要牢记学生才是学习活动主体，教和评都是为学生发展服务。“以学定教”理念将促使初中学校英语教学内容、活动、媒体和方式的选取走向新的局面。

日本教育学家佐藤学认为 21 世纪的教师是“学习行为的设计者”，“教”为“学”服务，先有“学”的活动，后才有“教”的活动。要想乡村初中英语课堂教学有效，教师需要转型，要处理好教与学之间的关系。在设计英语课堂教学时，教师应了解学生“想做什么”“能做什么”“该做什么”。

“想做什么”指教师要了解学生的兴趣爱好，结合具体的初中英语单元内容，教师要分析学生的个性特点、学习动机和兴趣点，同时分析教材的主题意义、语篇类型和语言知识的难易度，设计能引起学生学习兴趣的学习活动。

“能做什么”涉及学生已有的认知结构和能力水平。就具体英语单元学习而言，教师要根据活动的主题，分析学生对主题意义理解和表达的可能程度，分析他们对语篇解读的可能程度，分析他们的认知特点，最终确定他们学习活动的起点要求。

“该做什么”指向学生的关键能力和必备品格。这主要体现在教材和课标里的内容标准，教师要对英语课程标准中的内容标准有一个整体上的理解和把握，要非常清楚在哪一个阶段学生应达到什么样的要求。

三、教学与评价一致

教育评价领域发生着范式转变。吉普斯（Gipps）将它描述为从心理测量学范式到教育评价范式的变革，从测验文化到评价文化的变革。[①] 可见，教学、学习、评价三者关系发生了范式转变，评价不仅要判断学生课堂学习和教师教学情况，还要促进学生发展和教师成长。除了关注学生学业成绩之外，还要挖掘学生的潜力，了解他们的需求，并帮助他们成长。即发挥评

① Gipps C. V. Beyond testing: towards a theory of educational assessment [M]. Philadelphia: The Falmer Press, 1994:1 - 12.

价的基本性功能，促进学生发展的功能，转变评价的过分甄别和选拔功能。

当评价以“筛选”为目的而设计和实施时，区分、甄别就成了其核心功能。评价就被排除在教学之外，“教-学-评”一体化关系就割裂了，教育评价功能就异化了，这样不能促进学生学习和发展。现代教育评价理论提出了新评价理念，认为评价的根本目的在于促进学生发展。评价不仅为了筛选优秀生，而且为了激励每一个学生个体成长与发展。评价不只是学习后的一次测验，而是与教学并行的持续过程。在教学中，教师应为学生提供展示自我的机会。此外，教师应观察记录学生完成任务情况，及时诊断学生的不足之处，并即时给予反馈。同时，还要给家长提供学生学习信息，并帮助学生达成学习目标，以促进学生发展。① 可见，评价与教学本来就是一个统一体，评价镶嵌于教学活动的每一个环节。评价时，要考虑对学生全面评价。只有全面评价学生，才能促进学生发展，才能促进学生学习。

四、学习与评价一致

美国国家研究委员会（National Research Council, NRC）认为课堂评价与学生学习具有同一向度。② 评价首先必须符合目标，而目标就是一切。课堂评价侧重于实现教学目标，学生学习也侧重于教学目标的实现，教学目标是课堂评价与学生学习的共同要素。但不同类型的目标决定了不同的评价工具和学习方式。基于目标，要先考虑如何评价，再考虑学习目标落实，也就是如何使目标、评价、学习成为三位一体。新课程标准要求学生在真实生活情境中分析、解决挑战性问题，目的是让学生运用已有知识技能解决真实问题。课堂评价，亦称真实性评价，强调在真实、复杂情境中评估学生当下学习状况。因此，课堂评价与学生学习不仅具有同一建构框架而且具有同一情境区间。

1989 年，古贝和林肯（Egon G. Guba & Yvonna S. Lincoln）在《第四代

① Chappuis S, Stiggins R J. Assessment for learning: an action guide for school leaders (2th Edition)[M]. Educational Testing Service, 2005:22.

② 卢臻. 课堂评价与学生学习同构机制探秘：评价即学习——以中学语文为例[J]. 教育质量与评价(理论版)，2014(2)：28－32.

评估》中指出课堂评价关注学生现有水平与其原有水平的比较，旨在促进学生在新目标下的学业成就。由于情境、向度、运作框架的同一性，学生学习与课堂评价是同构的。表 6 - 3 是对课堂评价与学生学习的同构关系的解读。

表 6 - 3　课堂评价与学生学习的同构关系①

	学生学习	课堂评价
同一向度（目的性、适配性）	了解和明晰教学目标；明白目标类型及达成目标的具体任务	明确学生达成目标的具体表现设计与目标类型一致的评价任务
同一空间（情境性、过程性）	分析问题，把握重难点；了解解决问题所需的路径、方法	描述学生的思维层次；明确不同水平学生的表现特征及常见问题
同一框架（建构性）	明确自己已有的学习经验；了解当前水平与目标之间的差距；了解采取什么行动达成目标，并形成认知结构	明确学生已有学习经验的具体表现；掌握学生现有水平与目标差距的具体表现；解释学生达标情况，并形成完整的具体表现指标

要正确处理学生“学”和教师“教”的关系，教学评价起到了关键作用。“评”是英语教师促进学生“学”和教师“教”的手段。“评”是英语教师依据教学目标确定评价内容和评价标准，通过组织和引导学生完成以评价目标为导向的多种评价活动，监控学生的学习过程，检测教与学的效果，实现以评促教，以评促学。

综上，本章主要阐述乡村初中英语“教-学-评”一体化教学模式的构建依据、构成要素、具体分类和结构特征。另外，还介绍了两种具体的乡村初中英语“教-学-评”一体化教学模式，一是嵌入式英语“教-学-评”一体化教学模式，它将英语评价任务视为英语课堂教学活动的组成部分或一个环节。即教学目标中一部分目标与评价目标共享，根据评价目标，与之匹配的任务活动和评分标准被嵌入教学活动中。师生对要完成的任务和标准都是清楚的。师生从中获取任务完成情况的各种信息，同时将这些信息用于下一环

① 古贝，林肯．第四代评估[M]．秦霖，蒋燕玲，等译．北京：人民大学出版社，2008：56．

节的教学中。另一种嵌入式教学目标中的一部分目标同样与评价目标共享，根据评价目标，与之匹配的任务活动和评分标准也被嵌入教学活动中，但不同的是任务活动有大任务，大任务包含若干子任务。二是合一式英语“教-学-评”一体化教学模式，这种模式的教学目标和评价目标是合一的，它改变了一个一个知识点、一节课一节课分散处理的教学传统。因此它更能支持大单元、大观点和大任务的整体教学设计。而合一式评价任务旨在达成单元目标，而目标的达成需要学生具备高级认知能力和高阶思维能力。这样就促使评价任务更真实，因此评分标准和评价过程也会更加复杂。

第七章

乡村初中英语“教-学-评”一体化教学模式的活动程序

乡村初中英语“教-学-评”一体化教学模式是否能够达成预期教学目标，终究要取决于具体的课堂教学实施情况。因此，本章主要探索建立英语“教-学-评”一体化教学模式的活动程序，目的是指导乡村初中英语课堂教学实践。本研究认为乡村初中英语“教-学-评”一体化教学模式的活动程序包括三个环节：准备环节、实施环节和反思环节。

第一节　乡村初中英语“教-学-评”一体化教学模式的准备环节

在英语教学准备环节，教师要基于指向英语学科核心素养的课标要求，分析单元主题、文本，分析学生已有的认知基础、生活经验、语言水平和态度、价值观倾向，设计可操作、可检测的教学目标。同时设计与教学目标一致的教学活动和评价活动，一方面帮助学生实现教学目标，另一方面关注学生主动探究意义的学习效果实现过程。

一、乡村初中英语教学目标的确定

（一）乡村初中英语教学目标的重要性

英语教学目标对备课有着非常重要的作用，适切、准确的教学目标能够帮助英语教师关注备课情况、有效安排教学活动和设计有效的评估步骤。备课时，教学目标可以帮助教师排除无关紧要的事项，使教师关注更重要的学习内容。教学目标还有助于教师在备课时平衡不同水平的学习活动，还可以用于判断教师是否设计了水平足够高的学习结果目标以及适宜的情感目标。为了使学生达到预期学习效果，教师要依据教学目标精心设计教学每一环节，教学目标贯穿备课这一过程始终。

（二）编制乡村初中英语教学目标

根据不同学习类型和学习结果，教学目标一般分为认知结果目标、情感结果目标和表现性目标。本研究主要涉及编制认知结果目标，包括学习目标、基础目标和复杂认知目标的编制。

1. 编制学习目标

学习目标是指学生需要掌握英语课程标准中所陈述的知识和技能。根据安德森的学习、教学和评估分类学理论，认知领域教育目标是由“认知过程”和“知识”两个维度构成的。

首先说认知过程维度的类别。认知过程可以分为六个主要类目：记忆、理解、运用、分析、评价和创造。记忆类别与知识持久性有关，其他类别与学习迁移相关。此外，每个主要类别又细分为两个或多个认知过程子类别，共 19 个亚类。这些类目和亚类由动词表示，目标分类学详细解释每一个类目。这些类目的划分和描述可帮助教师理解相关内容标准中的关键行为动词，使得教师能合理制定促进学生知识保留或学习迁移的学习目标。[①] 具体见表 7－1：

表 7－1　认知过程的类别

类目	含义	亚类
记忆	从长时记忆系统中提取相关信息	识别、提取
理解	从口头、书面和图示信息中建立意义	解释、举例、分类、概要、推论、比较、说明

① 安德森. 学习、教学和评估的分类学（布卢姆的教育目标分类学修订版）[M]. 皮连生，主译. 上海：华东师范大学出版社，2008：80.

续表

类目	含义	亚类
运用	执行或运用某程序	执行、实施
分析	将材料分解为有组织的部分并确定各部分之间如何相互关联以形成整体结构或实现目标	区分、组织、归属
评价	根据标准做出判断	核查、评判
创造	合并要素以形成一致的功能整体；重组要素成为新的模式或结构	生成、计划、产生

其次说知识维度的类别。知识是指学习时涉及的相关内容。知识维度可划分四个类别：事实性知识、概念性知识、程序性知识和反省认知知识。这四个类别形成了一个连续的知识统一体。① 知识维度描述学生在校学什么的问题，这种分类支持教学、学习和评价，体现了“目标-教学-评价”一体化。具体见表 7-2：

表 7-2 知识维度的类别②

类别	含义
事实性知识	学生理解一门学科所必须知道的基本要素
概念性知识	较大结构里的基本成分之间的关系
程序性知识	研究方法、技能、算法的标准
反省认知知识	与己有关的认知意识和知识

接着说一种分析的二维分类框架。二维分类框架，即认知领域目标框

① 李锋. 基于课程标准的教学设计研究——以上海市初中信息科技课程为例[D]. 上海：华东师范大学，2010.

② Anderson L W, Krathwohl D R, Cruikshank K A, et al. A taxonomy for learning, teaching, and assessing: a revision of Bloom's taxonomy of educational objectives [M]. New York: Longman, 2001:28.

架，由知识和认知过程构成的一个两维表格，表格的横向表示认知过程类别，表格的竖向显示了知识类别，知识和认知过程交集处显示学生期望对某些类型的知识使用的认知操作。二维目标分类框架有助于英语教师有效英语教学。这种帮助主要表现如下：[①]一是有助于教师清楚了解他们使用的目标，旨在回答“为什么学”和“学习什么”的问题；二是有助于教师对教学方法和评价方法做出正确决定，旨在回答“如何教”和“如何判断学的程度”的问题；三是帮助教师匹配目标、评价和教学活动，旨在回答“目标-教学-评价”一体化的问题。具体情况见表 7－3：

表 7－3　一种分析的二维分类框架[②]

知识	认知过程					
	1. 记忆	2. 理解	3. 运用	4. 分析	5. 评价	6. 创造
A. 事实性知识						
B. 概念性知识						
C. 程序性知识						
D. 反省认知知识						

最后说学习目标的叙写。学习目标是指内容标准中要求学生掌握的知识和技能。安德森等人指出“一个目标的陈述通常包含一个动词和一个名词，动词一般描述意欲实现的认知过程，名词一般描述预期学生要学习或建构的知识”。[③] 因此学习目标叙写要找出并理解表述学习结果的“关键动词”。关键动词是指学生学习结束后“能够做什么”。依据教育目标分类学理论，先确定关键动词所属层次，并解释标准中关键动词的含义。然

① 安德森. 学习、教学和评估的分类学(布卢姆的教育目标分类学修订版)[M]. 皮连生，主译. 上海：华东师范大学出版社，2008：83.

② 安德森. 学习、教学和评估的分类学(布卢姆的教育目标分类学修订版)[M]. 皮连生，主译. 上海：华东师范大学出版社，2008：10.

③ 安德森. 学习、教学和评估的分类学(布卢姆的教育目标分类学修订版)[M]. 皮连生，主译. 上海：华东师范大学出版社，2008：11.

后采用"二维"分类框架确定"关键动词"和"知识内容"的交集单元格，通过知识内容理解关键动词的含义。而知识内容往往以名词（或名词词组）方式表现。

综上，编制学习目标一要在内容标准中找到关键动词和相关名词；二要确定动词的认知过程类别；三要确定相关名词的知识类别；四要理解名词和动词交集处的学习结果含义；五要了解学生达到该学习结果所需达到的学习要求。图7-1说明如何给一个特定目标进行分类，以学生应学会运用供求规律这一目标为例，这一目标属于概念性知识，其对应的认知过程维度是运用。

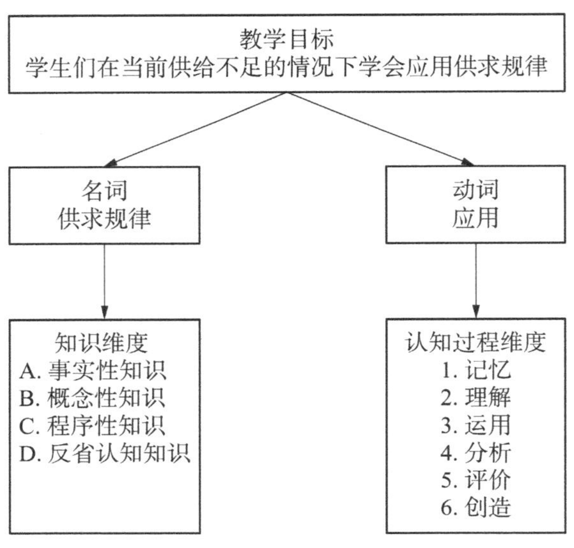

图7-1　特定目标分类图①

2. 编制基础目标和复杂认知目标

除了编制学生学习目标，还要编制基础目标和复杂认知目标。基础目标指课程标准中没有明确陈述的基础知识和基本过程，编制它是为了表明

① 安德森. 学习、教学和评估的分类学（布卢姆的教育目标分类学修订版）[M]. 皮连生，主译. 上海：华东师范大学出版社，2008：15.

学生达到标准学习目标时所需要掌握的基础知识。而编制复杂认知目标是为了促使学生更深入探究学习目标。值得一提的是，基础目标的思维水平比标准学习目标要求的思维水平认知程度低，而复杂认知目标的思维水平比标准学习目标要求的思维水平认知程度高。

3. 编写认知结果目标的注意事项

课程标准与分解后学习目标的对应关系上大致有三种情形：一对一、一对多、多对一。[①] 一对一指一条内容标准等同于一条学习目标；一对多指一条内容标准分解为多条学习目标；多对一指多条内容标准组合成一条新的学习目标。关于课程标准和学习目标之间的对应关系，有三种分解课程标准的方法：替代、分解与组合。替代方法是指采用一对一关系，用特定主题替换课程标准中的名词；分解方法是指使用一对多关系，将课程标准分解为几个互有关联的详细指标；组合方法是指运用多对一关系，合并多条课程标准来形成学习目标。

此外，编写学习目标还要注意以下几点：[②]首先学生是行为主体，行为目标应描述学生行为；其次是行为动词，它描述学生可观察和可测量的具体行为；再次是行为条件，指影响学生学习结果的特定限制和范围；最后是表现程度，指学生在目标上所达到的最低表现水平，用以评价学习结果的程度。

（三）乡村初中英语教学目标制定案例

在义务教育英语课程分级标准中，五级为初中学生毕业时应达到的基本要求。本研究以听技能的五级目标要求为例。

1. 确定听技能五级目标中的动词和名词

编制学习目标的第一步是确定英语课程标准中的动词和名词，注意加粗的动词和加下画线的名词。下面通过例子来说明这个步骤，例子来源于义务教育英语课程标准听技能的五级目标。具体情况见表 7－4：

---

① 崔允漷. 有效教学[M]. 上海：华东师范大学出版社，2017：111－112.
② 崔允漷. 有效教学[M]. 上海：华东师范大学出版社，2017：113.

表 7-4　确定动词和名词的示例

能根据语调和重音**理解**说话者的意图。 能**听懂**有关熟悉话题的谈话，并能从中**提取**信息和观点。 能借助语境克服生词障碍、**理解**大意。 能**听懂**接近自然语速的故事和叙述，**理解**故事的因果关系。 能在听的过程中用适当方式做出反应。 能针对所听语段的内容**记录**简单信息。

2. 分解五级英语课程标准

分解标准，意味着将其分解成一个个小的学习目标。这个过程需将标准中的句子转换成学习目标列表。目标由一个动词加一系列名词组成。动词在这一环节加粗显示，并注意每个学习目标之前的短语“学生将能够”。具体见表 7-5：

表 7-5　听技能的学习目标

学习目标 学生将能够：
理解说话者的意图 **听懂**有关熟悉话题的谈话 **提取**信息和观点 **理解**大意 **听懂**接近自然语速的故事和叙述 **理解**故事的因果关系 **做出**反应 **记录**简单信息

3. 编制基础目标

基础目标包含课程标准中没有明确陈述的基础知识和基本过程。剖析基础目标为达成学习目标需要掌握的基础知识而服务，即剖析标准中的陈述性知识或名词，以揭示学生需要了解和实现学习目标所需的所有词汇、关键概念和基本过程。基础目标中的两种知识，一是陈述性知识，二是程序性知识。陈述性知识位于左列，被称为基础知识；程序性知识位于右列，被称为基本过程。基础目标由学生必须理解的基础知识和必须能够实现的基本过程组成。表 7－6 是义务教育英语课程标准听技能的五级基础目标。

表 7－6　听技能的基础目标

基础知识 学生将理解：	基本过程 学生能够：
词语：意图、话题、谈话、信息、观点、大意、故事、叙述、因果关系、反应 说话者的意图 熟悉话题的谈话 故事和叙述 故事的因果关系 简单信息	**理解**说话者的意图 **听懂**有关熟悉话题的谈话 **提取**信息和观点 **理解**大意 **听懂**接近自然语速的故事和叙述 **理解**故事的因果关系 **做出**反应 **记录**简单信息

4. 编制复杂认知目标

复杂认知目标要求学生以更高的思维水平参与学习，目的是促使学生深入探究课程标准内容的学习目标。认知过程包括记忆、理解、运用、分析、评价、创造等六个主要类目，每个主要类目又被细分为两个或两个以上的认知过程亚类，共 19 个亚类，见表 7－7：

表 7－7　认知过程的类目和亚类目①

类目	亚类目
记忆	识别、提取
理解	解释、举例、分类、概要、推论、比较、说明
运用	执行、实施
分析	区分、组织、归属
评价	核查、评判
创造	生成、计划、产生

① 安德森. 学习、教学和评估的分类学(布卢姆的教育目标分类学修订版)[M]. 皮连生，主译. 上海：华东师范大学出版社，2008：80.

义务教育英语课程标准听技能的五级学习目标是学生能够理解、听懂、提取、做出反应和记录……对应认知过程的类目和亚类目表，它们属于记忆、理解和运用类目。为了促使学生以更高的思维水平参与学习，在编制复杂认知目标时采用下一级的分析类目。下表展示的是义务教育英语课程标准听技能的五级复杂认知目标，期望学生以运用类目来使用标准中的知识和技能，如表7-8所示：

表7-8　听技能的复杂认知目标

复杂认知目标 学生能够：
区分不同说话者的意图 比较不同故事的因果关系

二、乡村初中英语教学评价标准的制定

英语新课标的课程理念、目标、内容和评价都会反映在考试与评价改革中，不管考试题型怎样，其宗旨就是发展学生的核心素养。根据新课标的要求，英语考试应着重考查学生综合运用英语理解和表达意义；跨文化认知、态度和价值取向；理解、分析、比较、推断、评价、批判、创新等方面的思维品质；独立或合作运用学习方法及策略解决问题的能力。

英语学习要做一定数量的练习题，做练习题是为了帮助学生巩固和运用课堂所学的内容，但遗憾的是很多练习题采用缺乏语境的素材。很多英语教师在编写练习题时，往往只考虑目标词汇或语法项目，忽视语言素材的真实性，导致编造的句意不清楚，无法达成学习目标。评价学习目标的达成，需要教师设计与学习目标一致的评价。学生学习的最直接目标就是应知和应会。纸笔测试一般评价"应知"，表现性任务一般检测"应会"。

（一）试题的编制

首先说试题的类型。常见试题大致分为主观性与客观性试题。主观性试题指应试者可以自由发挥回答的问题；客观性试题因评分客观而得名。

具体区别见表 7－9：①

表 7－9　试题类型比较

比较项目分类	主观性试题	客观性试题
知识再现方式	再现型	再认型
回答方式	自由应答	固定应答
内容及效度	题量小，覆盖面较大，内容效度较低	题量大，覆盖面较广，内容效度较高
适用范围	检测高层次认知目标，发现特殊才能，测量应试者的独到见解	测量知识、理解、应用、分析几个较低层次的认知目标
命题难易程度	简单，省时省力	难度大，专业性强，耗时费力
影响结果的因素	受文字表达能力影响	不受文字表达能力影响
所能反映的信息量	清晰反映解题过程，反映应试者解决问题的程度	反映不了应试者解决问题的具体思路
试题及评分标准	试题标准较复杂，评分不易客观、一致，易受主观因素干扰	标准明确，评分客观
阅卷效率	不用机器阅卷	机器阅卷或给专业人员评卷
可猜测性	没有猜答案的机会	有猜答案的机会

接着说试题编制的程序。对于不同性质、不同用途的评价，试题编制的具体过程是不同的。具体见表 7－10：

表 7－10　试题编制的基本程序②

编制试题的环节	各环节内容要点
明确评价的目的	明确评价的目的是什么：是诊断性评价、形成性评价，还是总结性评价
确定评价目标	确定评价目标是什么，即确定评价的内容及认知要求是什么

① 崔允漷. 有效教学[M]. 上海：华东师范大学出版社，2017：117.

② 崔允漷. 有效教学[M]. 上海：华东师范大学出版社，2017：118.

续表

编制试题的环节	各环节内容要点
编制双向细目表	填写评价内容 填写评价内容的认知要求 确定评价内容或不同层次认知要求的比例 确定不同类型试题的比例
编写、修订试题	收集编制试题所需的资料 选择试题的类型 着手编写试题,并不断加以改进

(二)表现性评价

量规是表现性评价中的一种。学者海蒂·古德瑞齐认为量规就是带有标准的评分工具。相比于分数评价和等级评价,量规的独特之处在于,它是以二维方式呈现含有评价准则和等级说明的评分标准。它是结合定性和定量来检测学生学习结果的工具,它涉及两个基本要素:评价准则——进行等级评定所依据的指标;等级标准——描述学生表现或行为水平。[①] 凭借量规,教师不仅可以评定不同层次学生的表现技能和作品,而且可以促使学生更好地了解学习要求。

1. 评价量规的表现方式

马扎诺倡导将量规作为一种教学评价的重要方式。一般来说,每个量规包含三个不同级别的题项,反映了学生所测知识和技能由低到高的连续性进步:第一类题项是基本细节和过程,第二类题项是复杂内容和流程,第三类题项要求学生推断和应用课堂上未教的内容。[②] 简化的评价量规采用的是整分值,包括 4.0 分、3.0 分、2.0 分、1.0 分和 0.0 分五级水平,每一个等级有不同的评价标准和要求。与标准的认知水平一致的学习目标在量规中的水平为 3.0 级,基础目标和比较简单的内容置于 2.0 级,需要深入学习

① Marzano R J. Classroom assessment and grading that works [M]. Association for Supervision and Curriculum Development, 2009:60.

② Marzano R J. Classroom assessment and grading that works [M]. Association for Supervision and Curriculum Development, 2009:62,89.

目标内容的推理和应用的复杂认知目标置于 4.0 级。具体情况见表 7－11：

表 7－11　以量规来展示的不同目标类型及其等级描述①

分值	等级描述	目标类型
4.0	在 3.0 分的基础上，能超越课堂上教师所教的内容进行更深入的推断和应用	复杂认知目标
3.0	能掌握直接教给的信息与过程，没有大的错误或纰漏	学习目标
2.0	在相对简单的细节和过程上没有大的错漏，但在更加复杂的观点和过程上出现错漏	基础目标
1.0	有了别人的帮助，在相对简单的和更加复杂的细节、观点和过程上有部分正确的理解	
0.0	即使有了帮助，也一无所获	

2. 表现量规的编制步骤

一般来说，编制表现量规有四个步骤：确定目标的分类等级、确定目标的量规水平、整合之前确定的基础目标和确定复杂认知目标。

首先是确定目标的分类等级。编制表现量规的第一步是确定从标准中创建所有学习目标的分类等级。根据基础英语语言文学学习目标的分类等级，学习目标中的动词用粗体显示，它们包含确定分类等级所需要的信息，如表 7－12 所示：

表 7－12　基础英语语言文学学习目标的分类等级②

学习目标	分类等级	量规等级
认识故事人物	提取：识别	2.0
认识故事背景	提取：识别	2.0
认识故事主要事件	提取：识别	2.0

① Marzano R J. The art and science of teaching: a comprehensive framework for effective instruction [M]. Association for Supervision and Curriculum Development, 2006:19－21.

② 卡拉.摩尔，莉比.H.加斯特，罗伯特.J.马扎诺编制与使用学习目标和表现量规：教师如何作出最佳教学决策[M].管颐，译.郑州：大象出版社，2018：24.

续表

学习目标	分类等级	量规等级
提出关于文本主要内容的问题	理解：整合	3.0
回答关于文本主要内容的问题	理解：整合	3.0

从表7-12中得知，将学习目标的动词与马扎诺教育目标新分类的四个等级（提取、理解、分析和知识运用）进行比较，确定哪个分类等级与该动词最匹配。学习目标的动词“认识”与新分类中提取级别的低阶思考步骤“识别”相关。动词“提问（出）”和“回答”与新分类中的“理解：整合”相关。

其次是确定目标的量规水平。编制表现量规的第二步是确定各种学习目标的量规水平，这可以通过确定与最高分类级别相关联的学习目标来实现。

再次是整合之前确定的基础目标。在编制基础目标时，确定的词汇和基本过程应纳入表现量规的2.0级，同时在分类等级中与较低认知水平相关的学习目标也应纳入2.0级。在编制表现量规时，要确保从基础目标到学习目标是在清晰而全面的思维过程中进行，目标所要求的不同处理水平之间应具有联系。如果确定学习目标处在新分类的分析水平或更高的水平，则基础目标包括处理过程中的提取和理解水平。如果学习目标处于整合的理解水平，则基础目标包括新分类中提取水平的知识和技能。

最后是确定复杂认知目标。复杂认知目标将学习进程的水平提高到超出学习目标，要求学生对标准的内容进行应用和整合。

综上，编制表现量规的过程主要包括确定标准的分类水平和编制的学习目标，并对这些目标进行排序。因而，所编制的表现量规是一个在认知过程中进行的学习连续体。

3. 教学评价量规编制的注意事项

基于教育目标分类学理论，设计量规首先要用动词准确描述预期学生达到的学习目标，然后再设计相对浅显或难度高一点的学习目标。总之，教学量规的编制不仅要确定不同难度的学习目标，而且要设计一般性量规。

除此之外，编制量规还要用通俗易懂利于学生理解的语言。

（三）乡村初中英语教学评价案例

编制初中英语教学评价，首先要确定初中英语目标的分类等级和目标的量规水平。以义务教育英语课程标准说技能的五级学习目标为例，先在分类等级模板中记录所选标准中提取的学习目标。其次使用马扎诺新分类确定所选标准中编制的所有学习目标的分类级别。再次确定处在新分类最高级别的目标并记录为 3.0 级，把剩余目标记录为 2.0 级。具体见表 7－13：

表 7－13　说技能学习目标的分类等级

学习目标	分类等级	量规等级
提供信息	提取：识别	2.0
表达简单的观点和意见	提取：回忆	2.0
参与讨论	提取：执行	2.0
沟通信息	提取：执行	2.0
合作完成任务	提取：执行	2.0
自我修正	分析：分析错误	3.0
能根据话题进行情景对话	分析：具体应用	3.0
表演短剧	分析：具体应用	3.0
做到语音、语调自然，语气恰当	分析：具体应用	3.0

编制好分类等级模板是第一步，接着是完成表现量规模板。将 3.0 级学习目标从分类等级模板中转移到 3.0 级表现量规模板中，位于"学生能够"的下方。将 2.0 级学习目标从分类等级模板中转移到 2.0 级表现量规模板中，记录在"学生能够"下方。整合之前确定的基础目标，将其重新认定为基础知识和基本过程，并将其纳入表现量规模板中的 2.0 级。在"学生将理解"下方记录基础知识，在"学生能够"下方记录基本过程。整合之前确定的复杂认知目标，并将其记录在表现量规模板的 4.0 级。具体情况见表 7－14：

表 7-14　义务教育英语课程标准说技能五级的表现量规

4.0	学生能够： 根据不同的情景和话题来询问信息 根据不同的情景进行表演
3.0	学生能够： **提供**信息 **表达**简单的观点和意见 **参与讨论** **沟通**信息 **合作完成**任务 **自我修正** **询问**信息 **请求**帮助 根据话题进行情景**对话** **表演**短剧 **做到**语音、语调自然，语气恰当
2.0	学生能够识别或回忆具体词语，包括信息、观点、意见、任务、对话、短剧 简单的观点和意见 情景对话 自我修正 语音、语调自然 语气恰当 学生能够： **提供**信息 **表达**简单的观点和意见 **参与讨论** **沟通**信息 **合作完成**任务 **自我修正** **询问**信息 **请求**帮助 根据话题进行情景**对话** **表演**短剧 **做到**语音、语调自然，语气恰当
1.0	在帮助下，在 2.0 级内容和 3.0 级内容取得部分成功
0.0	即使有了帮助，也没有成功

三、乡村初中英语学习活动的设计

《义务教育英语课程标准(2022 年版)》倡导英语学习活动观，其背后的理念是在体验中学习，在实践中运用，在迁移中创新。换句话说，在以活动观为主的英语教学中，学生围绕真实情境和真实问题激活已知，参与到指向主题意义探究的学习理解、应用实践和迁移创新等一系列学习和运用语言的活动中。在学习理解活动中，学生获取、梳理、学习语篇中的语言知识，并在知识之间建立联系。在应用实践类活动中，学生运用所学语言知识进行交际活动，并在活动过程中进一步内化所学知识，加深对知识的理解，初步形成语言运用能力。在迁移创新类活动中，学生结合个人实际，尝试在新的情境中运用所学知识与技能，分析并解决生活中的真实问题，同时形成新的认识和价值判断。据此设计初中英语课堂教学需思考英语学习目标、英语评价任务和英语学习活动，它们三者是一体的。学习目标是关键要素，评价是评判学习目标达成的手段，学习活动是达成学习目标的载体。在明确英语学习目标和评价任务之后，就要设计与它们一致的学习活动。

(一) 乡村初中英语学习活动内容的选取

课程内容的存在是抽象的，只有转化为具体的教学内容，才能作为学生直接学习和掌握的对象。一般而言，教师要以教材为主要载体将课程内容转化为教学内容。英语教材是设计英语学习活动的重要课程资源，同时也是将英语课程理念转化为课堂学习内容及学习活动的媒介。一般来说，英语教材体现了新课标理念，遵循了《义务教育英语课程标准(2022 年版)》的要求，反映了合理的英语教学目标，体现了先进的英语教学观念和教学方法。但教材不是为某一特定学生群体编写的，不可能完全满足不同层次学生的需求，英语教材与实际教学需求之间还存在差距。因为课程内容在宏观上规定应教、应学的内容，而教师在领会新课标理念与要求的基础上，根据自己储备的知识将内容重新组合后呈现给学生。因此，教师还需对教材进行二次开发与设计。在设计时，英语教师不但要考虑处理教材内容的依据，还要考虑处理教材的策略。除此之外，还要考虑依据英语课程标准、学生的认知准备和教师自身优势等因素。

《义务教育英语课程标准(2022年版)》明确课程内容包含主题语境、语篇类型、语言知识、文化知识、语言技能、学习策略等六要素。主题通常是指某一文学、艺术作品中表现的中心思想，也可指报告、演讲、会议的主要内容或主要话题，但新课标所说的主题是指对话题的提炼和归纳。语言是以语篇形式存在的，语言不是孤立的单词、短语或句子。因此，英语学习者不能孤立地学习语音、单词、句子、语法等，他们面对的是语篇，不是文字或语音地简单堆砌，而是有内容和意义的。语篇是指任何不完全受句子语法约束的在一定语境下表示完整语义的自然语音，它是文字、符号、图像、声音共同构成的，具有多模态特点。语篇是围绕一定主题组织和安排内容的，如果语篇没有主题，那语篇就失去了意义。英语语言知识是英语语言运用能力的重要的组成部分。学生掌握英语语言知识，有利于提高学习的效率，促进英语语言运用能力的发展。学生掌握并有效使用学习策略，有利于提高学习效率，有利于提高学习英语的能力。

综上，英语学习活动内容尽可能要选取真实、地道和典型的语言素材。真实地道的语言素材是指人们在现实生活中实际使用的语言。这有助于调动学生的学习积极性，能为学生提供目标语言的文化信息，能让学生接触真实的语言，能更好地满足学生的学习需求，并能更有效地支持英语教师进行教学。

(二) 乡村初中英语学习活动设计的原则

在英语课堂教学中，活动是主要内容。对教师来说，活动是指教学活动，对学生来说，活动是指学习活动。在选取活动过程中，教师要确保活动与英语教学目标一致。马德胡米塔(A. Madhumita)和库马尔(K. L. Kumar)①认为教学活动应该遵循以下准则：一是教学活动应选取与学生经验相关的知识来激发其学习动机，确保教师呈现的学习内容与学生生活相关联，以此促使学生学习。因为学生是一个积极参与者，他会被其环境中的某些特征所吸引，从而会对这些特征产生积极反应。二是教学活动难度要符合学生最近发展区，这样不会使学生因学习内容难度太高而失去对学习挑战的兴趣。三要在学习活

① Madhumita A, Kumar K L. Twenty-one guidelines for effective instructional design [J]. Educational Technology, 1995, 35:58-61.

动过程中提供先行组织者，如提供支架来帮助学生了解即将学习的内容。四要采用多种形式的课堂活动，激发学生学习动机。五要给学生提供优良的学习环境，保证学生能够充分展现自我。六要运用不同的学习策略，尽可能促使学生自主学习。七要尝试多样的教学方法，满足不同学习风格的学生的需求。

总之，活动的选取要与教学目标协调一致，还要具有一定的开放性并能引起学生学习的兴趣。凯・M. 普莱斯（Kay M. Price）和卡娜・L. 纳尔逊（Karnal L. Nelson）认为活动设计包括以下这些要素：①要向学生提出的一系列的问题，有助于把当前活动与知识学习联系起来的一系列解释，或者一步一步的过程和指令。表 7－15 是编写活动设计的要素：

表 7－15　编写活动设计的要素

要素 1：预设
准备以下内容： 长期目标——编写活动的长期目标，根据活动以及学科总则或大观念、学生个性化教育计划目标以及国家标准 活动描述——简要地概括或描述活动本身 活动依据——描述该活动如何能帮助学生朝着长期目标迈进 前提技能或知识以及核心术语或词汇——描述成功进行活动的基础 关键的管理技巧——编写你在活动中将要运用的关键的管理技巧，如何布置教室等
要素 2：活动的开端
准备以下内容： 吸引注意力——设计让学生知道你将如何引起他们的注意以及他们应如何做出回应 表达行为期待——设计你将如何向学生展示预期的行为并口头告诉他们 导入——向学生展示该活动是怎样与之前的课、个人经验或先前知识联系起来的。导入也可用于建立背景知识。此外，导入还可以帮助激发学生的动机并使他们集中注意力
要素 3：活动的过程
准备以下内容： 描述你需要向学生传达的内容。根据活动的类型，你可能需要设计以下内容的一种或几种的综合：系列的问题、系列的陈述或解释、规则列表、程序列表、成果样例、指令列表 描述如何有效地与学生交流这些信息 描述将要用于预防行为问题的关键的管理技巧

① 普莱斯，纳尔逊. 有效教学设计帮助每个学生都获得成功（第四版）[M]. 李文岩，刘佳琪，梁陶英，等译. 北京：中国人民大学出版社，2016：205.

续表

要素 4：活动的结尾
描述如何结束活动。活动结尾可以包括全班复习、学生进行如何总结归纳、教师预览下一次的学习内容、学生展示作业或评价程序
要素 5：任务编辑
记得用任务编辑来评价自己的设计 融入关键的管理技巧及选择性行为干预 复核有效教学干预的使用 评价一致性

美国著名学者威金斯和麦克泰认为教学活动设计要具有吸引力和有效性。吸引力指的是教学活动设计不仅要使学习者享受学习过程，而且要使他们投入有意义的智力活动中，关注大概念和重要的表现性挑战。有效性指的是教学设计帮助学习者在完成有价值的任务时变得更有胜任力和有效。有效教学活动设计具有以下特点：[①]基于真实和明确的挑战，有清晰的表现目标；活动贯穿课堂始终，关注想法和问题；有真实的运用，有意义的学习；即时反馈，提供实验学习机会；个性化学习，提供所需学习空间及量身打造学习目标；清晰的模型和建模；预留时间来关注反思；方法、分组和任务具有多样性；为冒险提供安全环境；教师的角色类似于协调者或教练；始终具有全局观念，部分与整体之间进行不断的互动体验。

以上这些特点可以用 WHERETO 来表示[②]：

W(Where & Why)——确保学生理解所学的单元目标及原因。

H(Hook & Hold)——确保吸引学生的注意力。

E(Explore, Experience, Equip & Enable)——提供必要的支架，帮助学生实现表现目标。

---

① 威金斯，麦克泰. 追求理解的教学设计（第二版）[M]. 闫寒冰，宋雪莲，赖平，译. 上海：华东师范大学出版社，2017：219.

② 威金斯，麦克泰. 追求理解的教学设计（第二版）[M]. 闫寒冰，宋雪莲，赖平，译. 上海：华东师范大学出版社，2017：220.

R(Reflect, Rethink & Revise)——帮助学生重新思考大概念，反思进展并修改教学设计。

E(Evaluate)——评估学生学习进程，并给学生提供自评机会。

T(Tailor)——量体裁衣，反映个人的天赋、兴趣、风格和需求。

O(Organize)——合理组织，帮助学生深刻理解。

综上，各学者阐述了基于教学目标，什么样的学习活动最合适，什么样的评估方法和教学活动与教学目标相对应。本研究采用威金斯和麦克泰的 WHERETO 教学活动设计模式。

（三）乡村初中英语学习活动案例

下面是 *Alike* 学习活动设计，采用威金斯和麦克泰的 WHERETO 教学活动设计模式：

(1) 观看西班牙动画短片 *Alike*，回答 Is son always happy? 切入，吸引学生思考。(H)

(2) 介绍基本问题，讨论表现性任务(如何培育一个快乐的人)。(W)

(3) 展示各种情景，让学生依据视频情景分类快乐与否。(E)

(4) 小测验：他改变了什么？什么使他改变？(游戏回答)(E)

(5) 回顾和讨论问题：他父亲作了什么改变？你觉得他父亲怎样？为什么？(R)

(6) 小组合作，分析为何儿子会出现这种状态？为何短片名是 *Alike*？每个小组分享观点，然后全班讨论。(E)

(7) 每个学生设计如何培育一个快乐的学生或小孩，假设你是教师或家长。(自选)(E, T)

(8) 组内学生相互交换，根据标准列表进行互评。(R, E)

(9) 聆听诗歌 *On Children*，讨论回答 You children are not your children 的含义。(E)

(10) 学生书面回答如何使自己成为快乐的人。教师收卷评分。(E)

(11) 学生自评自己快乐程度，意识到自己改变与提升了吗？(E)

(12) 学生为快乐人生制订个人的“快乐行动计划”。(E, T)

四、乡村初中英语教学媒体的选择

当今社会已进入信息时代，这个时代不再追求同一性，而是强调个性化，强调人们追寻自己的目标和兴趣，人们可以随时上线搜索信息与他人交流。人们所用的技术是网络和计算机等，它们在改变人们的生产、消费、交流甚至是思维方式，对其生活产生了深远影响，学校教育也不例外。

教学媒体的选择包含两个阶段。第一个阶段聚焦于学习者就内容和目标进行有效的交流，关注“本课涵盖了哪些内容？”“学习者要达到目标需要接受哪些信息？”“学生要进行什么类型的活动参与到学习中？”。第二阶段考虑媒体的选取，但同时要考虑环境、文化等因素，关注“教室有设备吗？”“学校会支持吗？”。据此，艾丽森·A. 卡尔-切尔曼（Alison A. Carr-Chellman）创建了一个“轮子”用于课堂媒体的选择，见图 7-2：

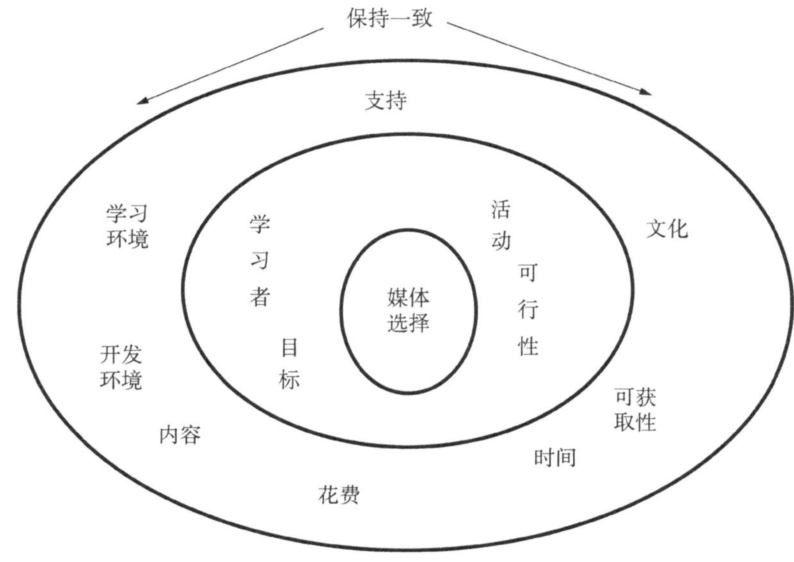

图 7-2　教学媒体选择轮①

① 卡尔-切尔曼. 教师教学设计：改进课堂教学实践[M]. 方向，李忆凡，译. 福州：福建教育出版社，2018：58.

只有保持教学媒体与英语教学目标和教学活动匹配，教学媒体的选择才有意义。具体教学媒体的选取见表 7－16：

表 7－16　教学媒体选取

教学媒体	实用性	合适度	与教学活动的匹配度	教学活动
PPT	教室里已经安装了电脑和投影仪	这是一种非常适合课堂的媒体，可以用于展示信息	这个媒体与活动非常匹配，可以将信息展示出来告知学生，并且也能引起学生的极大的注意	交代目标、复习预备知识、练习和反馈
视频	教室已安装电脑和网络	适合这个年龄段的学生群体，易引起学生的注意力	这个视频的内容与教学活动相符	讲解和实例

毫无疑问，教学媒体为课程和教学创造了新的机会，它使学生在课堂上进行探索和解决真实世界的问题成为可能。新技术能帮助师生建立有活力的教学环境，在此，学生既可发现问题也可解决问题。同时，新技术也能帮助师生把难以理解的概念可视化，还可以把课堂和社区联系在一起。

五、乡村初中英语教学方式的选取

在英语教学中，学习与教学不可割裂，学习方式与教学方式是共生关系。只有学习方式与教学方式一致，才有利于学生学习。对教师而言，课堂教学主要有教学活动和类似于教学监控、前测等辅助性活动。而教学活动主要集中在如何实现三个理解性目标和教学指导方法上。具体见表 7－17：

表 7－17　基于不同学习目标的教学方式①

相互联系、相互交叉的三个学习目标	掌握知能：学习者习得事实性的知识和基本技能	意义建构：学习者建构重要思想和过程意义	学习迁移：学习者在新情境中自主、有效地迁移所学

① 威金斯，麦克泰．理解为先模式单元教学设计指南（一）［M］．盛群力，沈祖芸，柳丰，等译．福州：福建教育出版社，2018：117．

续表

教师角色和教学策略	直导式教学 教师将他们已建立的知识和技能告知学生，并根据需要以不同方式对待他们 策略：先行组织者、图表组织者、提问、演示/示范、过程指导、反馈、区别教学	促导式教学 教师促进学生参与积极的信息加工，指导学生质疑复杂问题、项目等，并在学生有需求时区别对待 策略：诊断性评价、图形组织者、发散性提问/探究、基于问题的学习、苏格拉底讨论法、形成性评价、反馈/纠错、区别教学	辅导式教学 教师设定清晰目标，监控学生表现性行为，并提供及时反馈。除此之外，在必要时提供直接教学 策略：形成性评价、在真实情境中提供具体反馈、协商，倡导自评和反思

直导式、促导式和辅导式教学属于直接教学和间接教学。直接教学适用于事实和动作序列等传授，包含下列教学活动：复习检查、呈现新知识、指导学生操练、反馈和个人练习等。间接教学适用于概念、探究和以问题为中心的教学，有如下教学活动：先行组织、归纳和演绎教学，运用正反例、探索和发现问题、学生自评和小组讨论。这两种教学的区别见表 7 - 18：

表 7 - 18　直接教学和间接教学的区别①

直接教学	间接教学
目标：教授事实、规则和动作序列 教师以复习旧课内容来开始新课 教师小步调地呈现新内容，并伴有解释和例子 教师列举一些标准的例子来练习和指导学生，必要时提示和示范，准确率为60%～80% 教师依据学生的答案提供反馈 教师提高课堂练习机会，准确率为 95% 教师提供每周和每月复习资料，并且组织再教	目标：教授概念、模式和抽象理论 教师以一种全景式并且利于内容扩展的先行组织者开始新课 教师使用归纳法或演绎法来完善普遍性原理，并关注学生反应 教师呈现普遍性原理的正、反例，区别本质和非本质属性 教师根据学生自己的经验、兴趣和问题来指导学生 学生参与评价 必要时，教师巩固和拓展普遍性原理

要创造引人入胜的教学，应灵活选择直接教学和间接教学，同时考虑学

① 鲍里奇. 有效教学方法[M]. 朱浩，译. 南京：江苏凤凰教育出版社，2015：295.

生的喜好以及其与教学目标、教学评价是否一致的问题。无论直接教学还是间接教学，都是学生在教师帮助下学习的，属于他主学习。教育的最终目标是培养学生基于教学目标的自主学习。

六、乡村初中英语作业的设计

作业是指教师根据一定目的布置给学生，让学生在非教学时间内完成的学习任务。完成作业本质上是学生学习内化的过程。作业涉及设计、批改、分析和反馈，它与教学、学习有着紧密联系。[①]

（一）传统英语作业的功能

首先，作业可帮助学生巩固学习内容，有助于记忆和加深理解学习知识和技能。其次，作业可帮助学生提升解决问题的能力。与此相关的作业有以下特征：一是围绕课堂学习内容设计；二是设计课堂上没有提及的情境；三是应用课堂上所学的知识解决问题。最后，作业可帮助学生培养良好的学习态度，可促进所有学生积极参与合作以及帮助学生培养合理安排时间与自我调控的习惯。

（二）基于核心素养发展的英语作业价值

1. 聚焦学生的语言能力发展

在英语作业设计中，乡村初中英语教师要考虑学生对基本语言知识的理解，并从听、说、读、写、看等途径检测学生的学习成效。如在教“Food and Drinks”这一单元的第一课时，英语教师要充分利用教材的对话文本就早餐吃什么的内容进行对话教学。在当天的作业布置中，教师可以叫学生写一段家人吃早餐的情况，然后评判谁吃得最健康。这个作业的设计目的是检测学生对对话文本的理解情况，作业涉及有关食品类词汇、一般过去时态特殊疑问句的使用。教师没有按常规让学生抄写单词，而是让学生改写为一篇小短文，检测学生对词汇意义的掌握，以及对文本内容的理解情况。作业体现了对学生语言能力的培养。

---

① 上海市教育委员会教学研究室．学科单元作业设计案例研究［M］．上海：华东师范大学出版社，2018：1.

2. 发展学生的学习能力

学习能力的培养不仅仅局限于英语课堂，教师可以通过英语作业的设计让学生积极主动地运用合适的策略来解决问题。在“Food and Drinks”这一单元教学过程中，教师可设计这样的作业：让学生填写一日三餐的具体饮食内容，并根据教师提供的食物金字塔信息（英文）来判断自己的饮食健康与否，并完成“my diet”的汇报。学生在完成作业的过程中，主动检索英语资源信息来判断自己饮食结构是否合理，有效提升了自己的学习能力。

3. 提升学生的思维品质

英语教师在设计作业时，要考虑学生思维品质的发展，作业的设计要激发学生的创新思维和批判思维，鼓励学生表达不同的观点，表扬学生的奇思妙想。在教授完 autumn，yellow 这两个词汇时，引导学生用“Autumn is...”完成作业。学生给出的例句，如“Autumn is yellow, it is cool. I can see yellow leaves. They are so beautiful.”。可见，作业设计源于教材，又要高于教材，鼓励学生基于自己的生活经验开展语言实践，激发学生的创造性思维。

4. 聚焦文化熏陶

英语作业设计可以结合语文、数学等各科的特点，让学生理解文化的内涵，寻找文化的异同，汲取文化的精华，形成正确的价值观。例如教师在讲述“April Fools”故事之后，要让学生明白虽然生活中有所谓的“傻子”但他们不愚蠢，并让学生在课后观看影片《阿甘正传》，用英语回答阿甘为何不愚蠢。让学生在观影过程中感受文化冲击，明白阿甘精神是生活中的正能量。

（三）乡村初中英语作业设计原则

英语作业分为课时作业和单元作业，本小节主要介绍英语单元作业。单元作业整体设计要基于单元整体教学设计，这需要建立在教师对课程标准、教材等深度解读的基础上，根据教师对教学内容的理解以及学生的情况和特点，对教学内容进行分析、整合、重组，形成一个相对完整的教学主题。从某种意义上来说，教师的整体意识不仅体现在对一个单元的教学中，还体现在对一学期、一学年的整体关注上。以下是基于单元整体设计的作业设计原则。

首先，英语单元作业要与目标匹配。即英语单元作业目标要与单元教学目标一致。由于不同单元目标存在差异，目标达成度也受学生水平影响，因此作业设计基本原则是突出重点、难点。总之，作业目标制定不仅要基于课程标准，还要基于教材。例如教材板块内容是围绕话题核心词汇学习，那么作业目标就是巩固词汇，做到理解词义、正确拼记。如果教材板块内容是运用对话巩固核心词句，那么作业目标是归纳巩固核心词汇，机械运用。如果板块内容是相关单元主题的拓展阅读，那么作业目标就是从故事阅读中获取信息、文化熏陶。如果教材板块内容是朗读与分角色扮演，那么作业目标是在朗读表演中提高学科学习兴趣。如果教材板块内容是语音学习，那么作业目标是巩固语音知识。

其次，英语单元作业设计要科学新颖。即内容要科学，要求要明确、易于理解，内容、题型和完成方式要新颖且便于操作。其中，内容科学要求题目内容准确无误。要求明确指向目标，突出题目重点，强调清晰表述答题要求和评价标准。易于理解要求针对学生年龄特征，以学生易懂的语言表述题目。设计新颖是指在作业内容、题型和完成方式等方面具有一定的新颖性。目前的乡村初中英语作业形式普遍单一，大部分学生缺乏兴趣。这样严重影响了学生学习英语的积极性。因此，乡村初中英语作业设计不仅要关注不同类型学生的需要，而且要做到形式多样化。初中英语作业不仅要设计巩固性的听、读、背、抄、默等作业，还要设计帮助学生运用该语言的合作类和实践类作业。

再次，英语单元作业难度要适宜、时间要合适。题目难度要结合学生特征，考虑知识点难度、知识综合程度以及能力要求等。时间合适指学生完成单元各课时作业的平均时间要均衡。学生个体之间有着智力、非智力因素的差异，每个学生的学习方式也不同，因此，单元作业设计的分层也显得尤其重要。在调研过程中，收集了256份乡村初中英语作业，只有21份作业是有选择性的，占8%。研究表明乡村初中英语作业设计忽视对学生个性化学习需求的回应，没有给学生自由选择的空间。因此，在对学生情况了解的基础上，可尝试分层作业的设计。例如初中英语口语作业设计，针对班上的英语学困生，可设计朗读作业，要求学生顺利流畅读完整个语篇；针对中等生，可设计背诵作业；针对优秀生，可设计表演和创编的作业。

最后，英语单元作业结构要合理、有选择。结构合理要求作业类型、难度等分布要合理，作业之间要有关联性；有选择指学生有机会选择英语作业难度、类型和完成方式。

（四）乡村初中英语单元作业的编制

英语单元作业设计需要经历目标与框架的设计，题目的搜索、分析、选择、组织等，最终形成作业，如图 7-3 所示：①

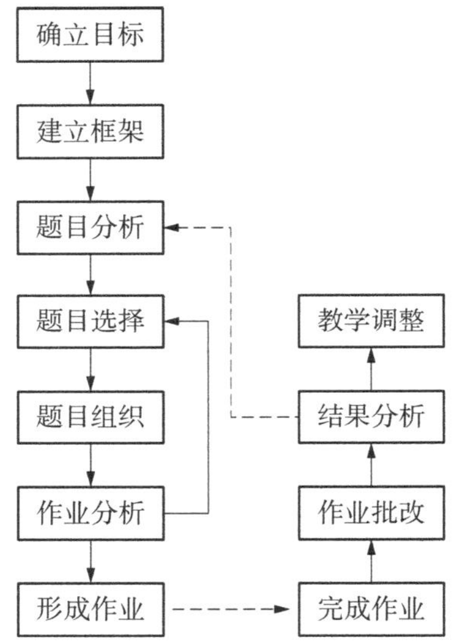

图 7-3 英语单元作业设计与优化路径

根据图 7-3，英语单元作业设计主要有以下三个阶段：确立目标和建立框架，题目分析、选择与组织，实践应用和反思。

首先，确立目标和建立框架。目标的确立是编制作业的起点。英语作业的设计以单元为单位，同时兼顾知识、技能、情感、态度等多维目标的达成。每一维度都要根据需要区分出不同的学习水平。英语单元作业目标设

① 上海市教育委员会教学研究室．学科单元作业设计案例研究[M]．上海：华东师范大学出版社，2018：9.

计表见表 7 - 19：

表 7 - 19　英语单元作业目标设计表

单元目标序号	单元目标描述	学习水平

单元作业目标确定后，要结合教学内容，进行课时规划，明确单元目标在各课时的分配，同时考虑不同课时单元目标的联系性与递进性，见表 7 - 20：

表 7 - 20　英语作业单元目标分配表

目标序号	课时 1	课时 2	课时 N	复习课	测验课

英语单元作业设计要有整体性。一要考虑同一课时各种目标的相互关联问题；二要考虑不同课时英语作业对同一目标的落实问题；三要考虑通过单元作业对单元目标的达成检测来评估学生学习情况，并为后续的教学调整提供依据。显然，单元作业设计是基于目标的“教-学-评”一体化的体现。

其次，题目分析、选择与组织。确立英语单元作业框架后，须有针对性地选择、改进或编制题目。同时要考虑：题目是针对什么单元目标？内容是否科学？要求是否明确？表述是否易于理解？难度如何？学生完成时长多少？适合哪类学生？具体情况见表 7 - 21：[①]

① 上海市教育委员会教学研究室. 学科单元作业设计案例研究[M]. 上海：华东师范大学出版社，2018：11.

表7-21 英语单元作业题目属性汇总表

课时	题目序号	对应单元目标序号	学生学习水平	题目类型	题目难度	预计完成时间	题目来源

最后，实践应用和反思。使用英语单元作业后，要反思以下问题：题目是否真正反映了单元目标？题目难度分布是否合理？作业结构是否合理？时间完成是否合适？虽然单元作业设计会增加教师的时间投入，但从生态系统角度看对于教学是有促进作用的。单元作业目标针对性增强，不仅有助于乡村初中学生减少无效学习时间，也利于乡村英语教师避免重复劳动，减负增效的作用是明显的。

第二节 乡村初中英语“教-学-评”一体化教学模式的实施环节

在课堂实施时，英语教师要以解决问题为导向，通过教学内容和活动等达成目标。教师要通过提问、观察和表现性任务等方式实施互动评价，向学生提供支架，及时给予学生反馈，实时检测学生的表现，帮助学生取得更大的进步。在开展评价活动时，教师要说明活动的形式、内容和评价标准，学生能根据标准进行自评和互评。英语课堂是达成英语教学目标的场域，也是英语教学评价的关注点。“评”是英语教师促进学生“学”和教师“教”的手段，“评”要监控学生学习过程并检测教师教学效果。英语教师根据目标确定评价内容标准，并依据评价目标完成多种评价活动。新的评价理念认为评价的根本目的在于促进学生发展。评价活动的设计不仅筛选优秀学生，更是给学生提供平台展示自我以激励学生成长。评价不是学习后的测验，而是与教学并进的持续过程。在教学过程中，教师通过观察、记录、诊断和反馈任务完成情况来促使学生达成目标。[①] 可见，评价与教学本来就是一个统一整体，评价镶嵌于教学环节之中。本节将探讨课前评价反馈、随堂评价反馈和总结评价反馈三个部分。

一、课前评价反馈

在制定课堂评价计划时，先要确定教学目标，也就是说，对教学成果进行设想，确定要收集何种反馈、何时以及用何种手段来收集反馈。确定好自己要评价的一堂课的教学目标之后，要检查一下采取哪些实际行动才能使教学朝目标靠近，以及确定应要求学生做什么。除此之外，为了保证设计的效果，应确定要收集何种反馈，以及哪种策略可以帮助教师得到这些反馈。总之，在制定课堂评价计划时，应当描述一下打算采用的评价策略，确保描述可以回答以下问题：回答可评价的问题是什么？用于收集数据的具体的课堂评价工具是什么？如何向学生介绍本次评价活动？如何将评价融入课堂活动的进程中？用什么技巧收集学生的反馈信息？据此，在上英语新课前，教师通过与学生交谈等方式进行诊断性评价，即进行前置性评价。一般在教学活动开展之前对学生知识技能等状况进行摸底测试，以便了解学生学习准备状况，判断其是否具有实现新教学目标所需的条件，为教学决策提供依据，使教学活动更符合学生需求。换句话说，不仅要了解学生已掌握的知识情况，还要给学生进行集体补缺和个别解答，为全班学生提供学习支架，目的是检验英语教学计划的可行性。

二、随堂评价反馈

随堂评价反馈指在一堂英语课内及时、客观、全面反馈课堂教学情况。本小节主要介绍常用的评价反馈方法以及探讨在教学过程中如何使用评价反馈。

---

① Chappuis S, Stiggins R J. Assessment for learning: an action guide for school leaders (2th Edition)[M]. Educational Testing Service, 2005:22.

（一）乡村初中学生参与英语课堂评价的价值意义

1989年，《儿童权利公约》提出儿童拥有“见解表达权”。该公约规定儿童有权对影响自身的所有项目发表见解，并有权要求成年人倾听和参考他们的见解。因此从学生学习角度看，学生参与英语评价意味着师生平等与对话，也表明对学生个性差异和需求的关照。从教的层面来看，学生参与英语评价则意味着教师认同学生参与。同时，教师要扮演引导者和支持者角色，为学生参与创设条件。学生作为评价主体之一，可以帮助教师修订英语评价方案，可以创建评分规则，甚至可以应用评分规则来评估自己英语学习情况等。因此只有开放评价过程，让乡村初中生完全参与进来，英语评价反馈才能最大限度地发挥它的作用，学生才能更好地负起自己学习的责任，这样才能更好地促进学生发展。

（二）英语评价反馈方法

乡村初中英语教师可以通过多种形式来评价学生的学习，评价工具可以总结成一句话，或是用等级量度等调查形式。量度题项比较容易操作，自由作答的问题比较难概括，却可以鼓励学生摆出自己的看法，或提出教师可能从未想到过的问题。但不论使用哪种评价工具，向学生介绍评价内容都是这一过程中最重要的一步，学生一般都理解教师对其学习进行评价是为了帮助其学得更好，目的是提高其学习效果，而非给他们定等级。将学生纳入课堂评价项目之中，使其明了大家都在追求同一目标，即促进学习。总之，英语评价反馈对提高英语课堂教学质量起着重要作用。英语课堂教学有多种评价形式，如口头、书面、肢体语言和符号语言等。口头评价指对学生行为过程或结果进行口头语言评价，以鼓励为主。书面评价是通过纸质或电子文档给学生提供评语。肢体语言评价是指通过身体姿态做出的评价。符号语言评价是指用符号或图像如笑脸、五星等进行评价。[①] 本研究主要介绍问答评价反馈法、课堂观察评价反馈法、英语学案评价反馈法和档案袋评价反馈法。

① 梅德明，王蔷. 普通高中英语课程标准（2017年版）解读[M]. 北京：高等教育出版社，2018，177.

1. 问答评价反馈法

课堂提问是教师日常教学行为，但它发挥着多种功能。教师可以通过提问来吸引学生的注意力，使他们参与到教学过程中，帮助学生巩固复习已学知识，促进学生深入理解所学知识，保持教学进度等。课堂提问的另一重要功能在于使教师及时获得学生学习状况信息。这是教师用来评估学生最有用的课堂策略。①

课堂提问的分类方式有很多。依据提问对象，可以分为面向全班、部分和个别同学的提问；依据提问目的，可以分为传授、巩固和运用知识的提问；依据提问效果，可以分为有效提问和低效提问。课堂提问要遵循某种既定顺序，如由浅入深、由总到分、由分到总等。课堂提问过程通常包括提问、候答、叫答、反馈四个环节。② 反馈是教师对学生应答的回应，及时认真反馈是非常必要的，这可以让学生知道答案正确与否。反馈常用的策略包括表扬、肯定和纠正。表扬可帮助学生树立信心和认识自我。研究表明教师反馈时，能够引用或重复学生已经给出的答案，或一句"Just as he/she said..."的简单表达，就可使学生获得成就感。肯定是对学生答案的认同和认可，除Yes, OK, Good等口头表达之外，教师还可采用做手势、点头、改变面部表情等方法。当学生回答有困难时，教师可适当予以提示和补充，帮助学生给出正确答案。

2. 课堂观察评价反馈法

在英语课堂教学过程中，教师可以通过观察学生的面部表情和行为来调控课堂教学。研究表明，人的内心情绪会在面部显现。因此英语教师提问时，可通过观察学生脸部表情变化来判断学生心理，据此来调节问题的难度。英语教师还可通过观察学生做某事的体态语来判断学生用英语做事的能力。学生课堂学习不外乎独立学习和合作学习。独立学习是内隐的，观察中需要将认知过程可视化。这样不仅有利于学生学习，而且也有利于教师的观察和分析。学生合作学习时，学生之间的话语显示了他们的不同思

① 艾瑞逊. 课堂评估——一种简明的方法[M]. 夏玉芳，译. 长沙：湖南教育出版社，2008：81.
② 崔允漷. 有效教学[M]. 上海：华东师范大学出版社，2017：156.

维。这是了解学生的同伴关系以及他们的学习动机的好机会。总之，通过观察，教师可以注意到学生读错单词、小组交流、走神、表情迷惘、举手发言、坐立不安等诸多行为，也可了解学生的学习状态，如学习英语动机是否强烈、情感是否积极等。

课堂观察分为非正式观察和正式观察，这两者都是英语教师收集评价信息的重要方法。非正式观察不用提前准备，而是随机、非结构化的，如无意间注意到学生在某个单词发音方面存在问题。正式观察是要提前计划，教师先给予学生一定时间去准备确定将要观察的内容。① 比如，学生在班上做英语口头报告时，教师要观察、判断学生发音是否准确、语言是否规范、内容是否充实等。必要时，英语教师还要在正式观察前先设计一些结构良好的观察量表，以便全面记录学生的表现。

课堂观察在课堂教学评价中起着重要作用。课堂观察不仅使教师即时收集到学生言语信息，而且也使教师收集到学生表情、动作等非言语信息。此时的学生处于相对比较自然的状态中，这有利于教师更加真实地了解学生的学习情况。教师可根据所收集的评价信息即时调整自己的教学。

3. 英语学案评价反馈法

学案指教师依据学生的认知水平和知识经验，为指导学生进行主动的知识建构而编制的学习方案，包括学习目标、内容、方法和评价。② 目的是给学生提供支架式帮助，提供学什么和怎么学的建议。因此教学前发给学生的英语学案可帮助他们做好学习准备，同时也可在整个教学过程中作为学习指南。

在学案中精心编写英语学习目标是为了更好地表述学习结果，有助于学生做好投入课堂学习的准备。同时在学案中要告诉学生教师期望他们知道什么，或是在教学活动结束时能够做到什么。但对大多数学生而言，仅仅了解预期学习结果还是不足以帮助他们从英语教学活动中获得最佳学习效果，因此需要告知学生如何获得最佳学习效果。教师活动包括讲解、给予反

① 陈晓端，张立昌. 课程与教学通论[M]. 西安：陕西师范大学出版总社，2017：464.

② 苏鸿. 高效课堂[M]. 上海：华东师范大学出版社，2013：46.

馈和观察学生表现等。在教学活动起始阶段，就要让学生明了教师的作用以及明确告知学生以下这两个问题的答案，以帮助他们提高学习效率。一是学生怎么知道自己是否实现了预期的学习结果；二是教师如何判断与学习结果相关的学生表现。总之，英语学习目标、活动和学法等在学案上都要清晰表述，做到师生双方都明了，这有利于提高英语课堂教学质量。教师还可通过检查或批改学案了解学生学习状况，并及时给予学生反馈信息，所有这些都利于有效监控和评价学生学习过程。

4. 档案袋评价反馈法

档案袋评价反馈法也称成长记录袋评价反馈法，这是在教师指导下的一种学生自我评价方式。[①] 本研究中该方法主要指乡村初中学生有选择地把自己的英语学习作品放入档案袋里，并进行自我评价或反思，也可用来展览，进而激励学生以促进其发展。但在使用档案袋评价反馈法时，要注意以下几点：一是初中学生是评价主体，学生应当自主选择装入英语学习作品，教师可以指导，但不能强制。二是英语作品要多样化，如果作品过少，就无法发挥这种评价优势。三要定期化，档案袋的建立是一项长期工程，要经常增添新的英语学习作品。

总之，要让学生经常观看、调换英语学习作品，定期让学生将作品带回家与家长分享英语学习成果，在期中或期末开展班级展览并进行互评、自评等活动。只有让学生积极参与到评价活动中，评价才能起到良好的教育作用并促进学生发展。

（三）评价反馈在英语课堂教学过程中的运用

英语课堂教学过程是指英语教学活动开展的程序与时间流程。合理的教学过程包括以下六个步骤。一是热身。热身是教学起始阶段的重要环节，它指学生在学习新知识之前先复习所学知识或者通过教师设计的情境复习旧知，激活学生已有的知识、技能等，为新语言学习做铺垫。二是课堂导入。它主要指教师通过复习已学知识把学生带入学习新知识的一个过程。导入环节有指向作用，不仅要明确本节课的目的和任务，而且要激发学

---

① 陈晓端，张立昌. 课程与教学通论[M]. 西安：陕西师范大学出版总社，2017：429.

生对本堂课内容的兴趣。导入要联系旧知，这有助于教师自然而然地引出本节课的内容。三是新知呈现。新知呈现就是把课文内容呈现给学生。呈现时要特别重视语境的创设，要让学生在特定情境中学习和使用语言新知识。四是课堂操练。这一环节主要指学生在理解新语言形式、意义之后，英语教师依据教学目标创设一些有意义的真实情境或运用一些游戏活动，明确交际各方的身份和目的，将语言知识学习融入语境和语篇学习过程中，增强学生语用意识，避免脱离语境孤立学习语言知识技能。五是巩固拓展。这一环节主要指拓展新语言知识的运用，不仅要重视语言能力、文化意识，还要重视思维品质和学习能力的提升。六是总结与作业布置。这一环节不仅可帮助学生清晰认识语言新知识，还可帮助学生巩固所学英语知识。

在英语课堂教学过程中，学生通过教师引导，边学习、边思考、边讨论、边创造，之后输出信息，教师接收、评价这些信息并反馈给学生，学生再通过反馈信息巩固新知。具体见图 7－4：

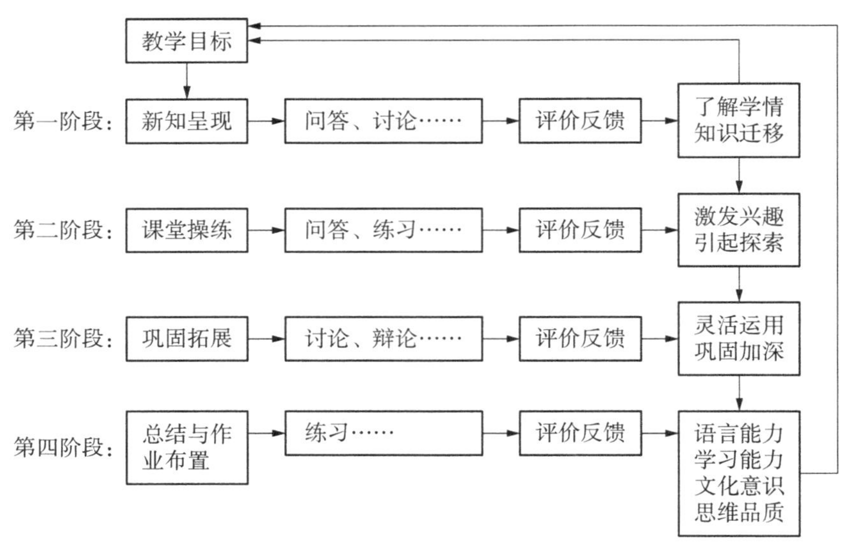

图 7－4　英语课堂评价反馈程序图

从图 7－4 中得知，英语教学的每一次评价反馈都是相互联系和螺旋上升的。第一次评价反馈，为新知作铺垫，激发学生兴趣；第二次评价反馈，让学生利用旧知去探索新知，提升学生思维；第三次评价反馈，学生再次整理、强化和运用新知解决实际问题，培养学生创造思维；第四次评价反馈，促教促学、提升学生英语学科核心素养。

三、总结评价反馈

上完一课，教师要分析学生反馈。分析就是把研究中心转向学习者，意识到学生的需求和感受的重要性可以激励并增强教师提高学生学习质量的决心。在对数据进行分析之前，教师需要阐明对这些数据进行分析的原因，一要思考与学生有关的问题，如有多少学生学习情况良好，有多少学得不好？哪些学生学得好，哪些学得不好？学得不好的学生有哪些行为导致其失败？二要思考与教学有关的问题，如教师的教学是如何从正反两方面影响学生学习的？在教学上做哪些具体的改变以提高课堂学习效果？在教学上做哪些具体的改变以提高课外学习效果？三要解释结果并恰当回应。教师看到数据时产生的一些问题是关于为什么的问题，学生为什么会做出这样的反应？为什么获得成功的学生数量比预期的要少？到了解释阶段，就要为这些问题寻找答案。教师回应的方式有多种，如简单向学生通报反馈情况、重构课堂。

总而言之，教师要针对学生的课堂反应、作业完成情况、存在的问题进行再次教学。也就是说，教师在结束一节课教学任务时，有目的、有计划地通过归纳总结、实践等活动方式，使学生将所学的知识技能进行及时巩固和运用，将新知纳入学生原有认知结构，使学生形成新的完整的认知结构。高质量的总结评价反馈可以帮助学生厘清所学知识的信息脉络，使学生从繁杂的学习内容中简化出应当储存的重要信息。即帮助学生概括一堂课的教学内容，尽可能拓展或延伸教学内容。因为知识信息是前后连贯的，它们之间既有纵向也有横向的关联。这不仅能激发学生旺盛的求知欲，而且易使学生进入更高层次的研究。

第三节　乡村初中英语“教-学-评”一体化教学模式的反思环节

教学结束后，英语教师要通过课后练习、家庭作业、单元测试、学生反思和师生访谈等方式检查学生知识的发展情况，全方位评价学生的知识增长和能力提升情况，即考察学生语言技能、文化意识、思维品质和学习能力的变化。同时，教师本人要对英语课堂效果进行评价与反思，为日后教学改进或补救提供参考。

教学反思指教师收集和分析教学信息和数据，对课堂教学进行批判性反思，目的是改进、完善教学。[①] 下面从教师和师生角度反思英语课堂教学。

一、教师反思英语教学的实效性

有效教师是反思型决策者，其能够将计划、实施、评价以及管理方面的决策与自己的教学角色融为一体。针对教学反思，教师既要分析其教学目标、过程、教法、学法，还要分析教学实效性。教学实效性是指教学效果和质量，是评价教学的重要依据。教学实效性的评价内容主要包括教学目标达成情况、教学预设与生成情况以及学生学习结果。[②]

（一）教学目标是否达成

衡量教学实效的基本指标就是教学目标达成程度。教学目标是课前预设的，同时还预设了课堂教学的每个环节，安排了教学内容的重难点和选用的方法等。因此教学反思就看各教学环节的目标达成情况。

（二）预设与生成关系的处理是否恰当

课堂教学活动是一个复杂变化的过程。尽管教师课前已预先设计了各种教学步骤，但面对的对象是充满着主动性、开放性和创造性的学生，因

---

① 崔允漷. 有效教学[M]. 上海：华东师范大学出版社，2017：302.

② 苏鸿. 高效课堂[M]. 上海：华东师范大学出版社，2013：234.

此实际教学是无法完全按照预先安排好的计划进行的。教师要根据课堂实际情况进行调整，这种调整有助于教学新的生成。所以教师反思时要看预设与生成的情况如何。一方面看教师是否进行了充分预设。如果教师在准备阶段对教学预设周全，新的教学内容和目标就越能生成；另一方面看教师是否有临场应变机智和能力，看教师是否根据具体课堂情境灵活处理生成资源，即时调整教学进度，使教学活动更利于学生的成长和发展。

（三）学生是否学有所得

学生是否学有所得是考察课堂教学有效性最重要的指标。英语教师反思时，要看学生在课堂上是否学到了知识、锻炼了能力；学生在英语教学过程中有没有积极的情感体验，是否产生进一步学习的愿望，还有不同程度的学生是否在原有的基础上有所进步。

由此可见，计划、执行和评价三个教学环节是关联、一体化的。计划阶段是目标导向，执行阶段是基于目标考虑教学模式、教学策略和学习活动是否与目标一致，评价阶段要求教师评判所选择的目标和实现这些目标的教学策略是否适切，学生是否达到了教师预期的目标。

二、师生反思英语教学的有效性

本研究的教研主体是教师和学生，两者都参与教研活动，做到了教师的“教研”与学生的“学研”统一，即教学研。教是为了不教，教是为了学，学生参与教研就是为了让学生学得更好。只有学生参与教研，教师才能更深入了解学生的知识基础、兴趣爱好、个性特长，熟悉学生，融入学生，然后依据学来确定教，用更适合学生的方法来施教。因为学生既是“研”的出发点又是“研”的终点。教学研存在教师和学生这两个主体，不能只重视“师”的参与，而忽视另一主体“生”的缺失，不能割裂“教”与“学”的关系，两者是一体的。

从教的角度看，学生参与教研，学习积极性就会提高，对知识的感悟会更深，学习效率会大增。由于学生有个体差异，学生参与教研不仅有助于教师全面了解学生，而且有助于教师设计出更适合学生发展的培养方案。这有利于不同层次的学生发展。从学的角度看，如学生处于无意义学习，那么学习就缺失了意义和趣味；反之，学生处于有意义学习，学生自主选择目标和内容，自主支配时间、调控策略和方法，那么主体性就得到了发挥。因此教师要改变教学观念，要提供学生参与教研的机会。在教学研活动中，要给学生一定的空间，让学生谈谈学习感受、学习经验、学习疑问和困惑，以及对课堂教学建议等，实现主体回归。学生参与英语学科教研的实践探索主要有两种方式：共性的教学研探索和分层的教学研探索。

（一）共性的教学研

让学生参与教研的主要目的就是培养学生的质疑能力。共性的教学研流程如下：

1. 进行教学研培训

学生参加教学研活动前，教师要对他们进行适当的培训和指导，引导他们把参加教学研活动当作学习机会。重点培养学生敢问和会问，敢问就是敢于发表个人看法；会问就是在思维碰撞处提出自己的疑问。

2. 成立教学研反馈小组

小组成员包括学习委员、英语课代表和各层次的学习代表，定期召开座谈会，一般两周一次，时间为30分钟左右，探讨课堂存在问题和学生需求等。

3. 师生教学研内容

教学研内容主要包括课前探讨课文疑问环节和课后反思环节。课前探讨课文疑问环节，主要指与学生一起制定适合本班的英语单元学习目标，解答学生在预习过程中碰到的困惑和问题，探讨适合学生的教学方式和学习方法，以及安排同学帮扶对象。课后反思环节，主要询问学生喜欢哪些教学环节，哪些环节有待改进，哪些还需进行第二次教学。

在教学研活动中，师生一起制定学习目标和探讨课堂得失，做到了“教-学-研”一体化。这有助于教师的教和学生的学相匹配。教师根据师生交流情况，对英语教学设计进行适当调整和完善，使英语教学更有成效。在师生自主交流过程中，思维会发生碰撞，这有助于学生思维品质形成，也有助于学生产生新的学习智慧。

（二）分层的教学研

因材施教适合学生发展需要。在英语教学中，教师要根据学生特点选择合适的学习方法来激发他们的兴趣，促进他们发展。分层教学研主要包括优等生教学研、中等生教学研和学困生教学研。

优等生往往上进心强、能力强、英语成绩好。这类学生的教学研活动主要集中在英语拓展学习上，要求他们每周读一篇英文报刊文章，听一首英文歌曲；一对一帮扶学困生，帮助帮扶对象读单词、读课文、正音、理解课文的意思，并辅导其完成英语作业。

中等生的学习特点是英语基础知识比较扎实，但学习有盲点，兴趣不持久，心理素质不稳定，有时无法发挥他们的应有水平。这类学生教学研活动主要集中在英语学法指导上，如英语词汇、语法、写作等方面的学法。这部分学生认为英语学习最大挑战之一是英语单词的记忆不持久。下面以语境学习词汇为例，教师要把词汇的音、形、义与具体主题结合，在特定语境下，通过听、说、读、看、写等方式，让学生感知相关主题意义以及词汇在表达相关主题中的作用和意义。教师还要引导学生根据词性、词语的习惯搭配来建构自己的词汇图，扩大英语词汇量。因为词汇不是孤立储存的，而是联想储存的。联想包括相似、对比、包容、横向和纵向联想等。总之，在英语教学研过程中，教师要指导中等生掌握英语学习方法，这有利于他们建立自信心。

大多学困生只是成绩不太理想，但他们都有自己的特长，如善于交际、长于绘画或音乐等。这类学生教学研活动的主要任务是在教师的帮助下树立学习英语的信心。例如，教师允许他们自己制定学习目标，突出具体的帮助要求。除此之外，还可以允许他们在学习内容、学习方法和学习时间上有特殊要求，甚至还可以允许他们提出个性化的作业要求。

综上，本章主要探索英语“教-学-评”一体化教学模式的实践活动程序，并认为实践活动程序有三个环节：准备环节、实施环节和反思环节。在初中英语教学准备环节，乡村教师要基于指向英语学科核心素养的课标要求，分析单元主题、文本，分析学生已有的认知基础、生活经验、语言水平和态度、价值观倾向，设计可操作、可检测的教学目标。同时设计与教学目标一致的教学活动和评价活动，一方面帮助学生实现教学目标，另一方面关注学生主动探究意义的学习效果实现过程。

在课堂实施时，英语教师要以解决问题为导向，要通过提问、观察学生完成表现性任务等方式实施互动评价，向学生提供支架，及时给予学生反馈，实时检测学生表现，帮助学生取得更大的进步。在开展评价活动时，教师要说明活动形式、内容和评价标准，方便学生依据评价标准进行自评和互评。

教学结束后，英语教师要通过课后练习、家庭作业、单元测试、学生反思、师生访谈等方式检查学生知识掌握情况，全方位评价学生的知识增长和能力提升情况，即考察学生语言技能、文化意识、思维品质和学习能力的变化。同时，教师本人要对英语课堂效果进行评价与反思，为日后教学改进或补救提供参考。

第八章

L 市乡村初中英语“教-学-评”一体化教学模式实施的案例研究

前文在理论、设计层面探讨了乡村初中英语“教-学-评”一体化教学模式，但其效果如何，还需在英语课堂教学中加以检验。本章将通过案例研究，回答嵌入式和合一式“教-学-评”一体化教学模式在乡村初中英语课堂应用效果如何。

第一节　L 市乡村初中英语“教-学-评”一体化教学模式的设计案例

一、嵌入式案例一：“The Danger of Cashless Society”

本案例依据英语学科核心素养、《义务教育英语课程标准(2022 年版)》和“教-学-评”一体化教学模式来设计。教学案例是对教学过程中的一个实际情境描述，它以叙事的形式来描述富有深刻道理的教学事件。教学案例是为课堂教学而准备的书面计划，它一般包括课题、教材分析、学情分析、教学目标、教学重难点、教学过程、板书设计和教学后记。表 8－1 是一种新型的指向学生学习质量、基于课程标准的教学案例格式。

表 8-1 基于课程标准的教案格式①

课题名称:
相关标准描述:
教学目标——学生预期的学习结果: 教学目标必须描述本节课可观察到的学生表现或结果。
检测这些表现行为或结果的评价活动方案:
教学活动方案: 安排教学活动以指导学生证明他们的学习结果。

(一) 教学目标的确定依据

1. 学科英语核心素养之教、学、评三者的关系

以学科核心素养为指向的英语学习活动中,学是核心,教和评都以促进学为目的,整个教学活动聚焦在学生的学习活动上。《义务教育英语课程标准(2022 年版)》描述的课程内容六要素和倡导的主题引领整合式英语教学活动就体现了这一关系。在目标设定和形式确定阶段,教师的“教”主要体现在对学生学习需求的分析,而该分析就是一种教学评价行为,即学习活动的前期评估,是为学习活动设计服务的。因此从学生“学”的角度设计英语学习活动目标和活动形式,能够正确体现教、学、评三者的关系。评是教师依据教学目标确定评价内容和评价标准,通过组织和引导学生完成以评价目标为导向的多种评价活动,监控学生学习过程,检测教与学效果,实现以评促学,以评促教。

2. 教学内容分析

“The Danger of Cashless Society”一文选自初二年级的英文课外阅读材料。这个单元的主题是服务。从 Jim 到银行支付水电费这个话题引出银行功能,同时涉及自动取款机、手机银行和网上银行的作用。文章主要讨论无钞社会的利与弊,这些内容与学生的实际生活有关,有利于调动学生学习积极性。《义务教育英语课程标准(2022 年版)》指出教材应尽可能选择真实、地道

① 崔允漷. 课程实施的新取向:基于课程标准的教学[J]. 教育研究,2009(1):74-79.

和典型的语言素材。真实的语言素材是指人们实际使用的语言。借助真实的语言素材,学生可以在课堂上体验来源于真实生活情景的语言。这有助于提高学习者的实际口头交流能力,同时也给学习者提供目的语文化信息。

3. 学情分析

学生在学习该内容之前,已在现实生活中积累了刷卡经验,熟悉支付宝和微信支付功能,他们已在日常生活中获得了相关知识,文章与学生实际生活有关联,容易调动学生学习积极性。

(二) 学习目标

依据英语课程标准的要求,通过对教学内容和学生学习情况的分析,"The Danger of Cashless Society"的学习目标如表 8－2 所示:

表 8－2　课程标准要求与学习目标

课程标准要求	学习目标
1. 根据上下文和构词法猜测、理解生词的含义。 2. 查找文章主题,了解故事情节,并预测故事情节发展和可能的结果。 3. 能根据不同的阅读目的运用简单的阅读策略获取信息。 4. 有兴趣学习英语,积极参与各种语言学习和实践活动。 5. 有合作学习的意识,愿意与他人分享各种学习资源。	1. 学生能根据上下文和构词法较为准确地猜测 cashless, convenience, weakness, microchip, freedom 的意思。 2. 通过小组合作,学生能够根据上下文合理预测故事情节的发展,并用于讨论与交流。 3. 学生阅读无钞社会一文后,能叙述相关故事情节并回答相关问题。 4. 学生通过文章感知,反思中外购物支付的异与同。 5. 学生能主动参加各种学习和运用语言的实践活动,表现出学习英语的兴趣。 6. 学生能与他人分享各种学习资源,表现出合作学习的意识。

(三) 评价活动

针对学习目标,本案例设计了相应的评价活动,并镶嵌到教学过程中。具体见图 8－1:

(四) 评价标准

根据学习目标和学习活动,设计了与学习目标一致的评价标准。具体如下:

教学活动	评价活动	教学活动	评价活动	教学活动	评价活动	教学活动	评价活动
热身环节（谈论对信用卡的看法）	课前5分钟汇报	课堂导入（讨论购物用何种支付方式）	调查	阅读"The Danger of Cashless Society"	回答5个问题	阅读后讨论	写信给学校网站

图 8-1　英语评价活动在教学过程中的镶嵌

（1）学生能够通过文章叙述视角的感知完成对故事情节的概况。（指向检测目标 3）

（2）学生能够准确猜测文中生词的含义。（指向检测目标 1）

（3）学生能够在分段阅读中预测下文情节。（指向检测目标 2）

（4）学生能主动参加各种学习和运用语言的实践活动，表现出学习英语的兴趣。（指向检测目标 5）

（5）学生能与他人分享各种学习资源，表现出合作学习的意识。（指向检测目标 6）

（五）教学案例介绍

"The Danger of Cashless Society"教学案例如表 8-3 所示：

表 8-3　嵌入式教学案例一

主题语境
人与社会
学习主题
树立隐私意识，保护隐私权
课标要求
1. 能根据上下文和构词法猜测、理解生词的含义。 2. 能理解段落中句子之间的逻辑关系。 3. 能查找文章主题，了解故事情节，预测情节发展和可能的结果。 4. 能根据不同的阅读目的运用简单的阅读策略获取信息。

续表

教学目标
经过本课学习，学生能够： 1. 根据上下文和构词法较为准确地猜测 cashless, convenience, weakness, microchip, freedom 的意思。 2. 通过小组合作，学生能够根据上下文合理预测故事情节的发展，并用于讨论与交流。 3. 阅读无钞社会一文后，能叙述相关故事情节并回答相关问题。 4. 通过文章感知，反思中外购物支付的异与同。 5. 主动参加各种学习和运用语言的实践活动，表现出学习英语的兴趣。 6. 与他人分享各种学习资源，表现出合作学习的意识。
评价标准
1. 学生能够通过文章叙述视角的感知完成对故事情节的概况。（检测目标 3） 2. 学生能够准确猜测文中生词的含义。（检测目标 1） 3. 学生能够在分段阅读中预测下文情节。（检测目标 2） 4. 学生能主动参加各种学习和运用语言的实践活动，表现出学习英语的兴趣。（检测目标 5） 5. 学生能与他人分享各种学习资源，表现出合作学习的意识。（检测目标 6）

教学过程				
教学环节	教学活动	设计意图	教学目标	教学评价
Pre-reading				
Step 1	Warming-up: A social science report Instruction: Do some research on the Internet and form a social science report on the credit card.	通过互联网搜索信息，学生自主探究撰写报告以获得自主学习能力，也为进一步深入学习打下基础。	5	4
While-reading				
Step 2	Lead-in: Survey: What do you use most when you go shopping, cash, Wechat pay, Alipay or credit card pay?	调查学生在购物时，使用何种支付方式，是现金支付、支付宝支付、微信支付还是信用卡支付？设计与学生日常生活情景相关的主题，以激发学生的学习兴趣，也为后续学习埋下伏笔。	6	5

续表

教学过程				
教学环节	教学活动	设计意图	教学目标	教学评价
While-reading				
Step 3	Answer questions: Paragraph1: 1. What does “cashless society” mean? 2. What benefit does the cashless society give us? What else?	学生通过回答无钞社会的含义及无钞社会带来的好处，为下文无钞社会带来的危害作铺垫。	1	2
	Paragraph 2: 3. What danger does the cashless society bring us?（指向目标4） 4. What do cards have one important weakness?	头脑风暴无钞社会带来的危害是什么，旨在开发学生发散性思维，并调节课堂气氛。第二自然段告诉学生看事物要一分为二，既看到好处也看到危害，为保护隐私权打下基础。	2	1
	Paragraph 3: 5. What is the danger of “cashless society”?	第三自然段告诉学生无钞社会虽然给人们带来便利，但是也让人们失去了自由。为后续讨论如何保护隐私权埋下伏笔。	3	1
Post-reading				
Step 4	Discussion: According to this situation, how to protect our privacy?	小组合作讨论，在无钞社会如何保护人们的隐私权？小组成员可以利用课前索搜的网络信息，参考国外是如何保护信息来帮助回答这个问题。旨在帮助学生形成发散性思维和批判性思维。	5 6	4 5
Homework: Write a letter on how to protect people's privacy in the cashless society and submit it to the school website.				

（六）教学案例评析

这是一节阅读教学课。教学内容来自学生的日常生活场景，与购物支付方式有关。无钞社会虽然给人们带来便利，但是也让人们失去了自由。这为后续讨论如何保护隐私权埋下伏笔。教学设计指向对语篇的深层理解，指向思维发展和文化意识的培养。因此教师应注意引导学生挖掘文本中暗含的文化信息，帮助学生运用所学语言知识解决真实生活中的问题。

这节课按读前、读中、读后三个环节设计。评价任务根据学习目标设计，并指向课堂活动，以期达到教学、学习、评价的一致性。热身环节教师调查学生平时购物支付的情况，设计与学生日常生活情景相关的主题来激发学生的学习兴趣，也为后续学习埋下伏笔。在对事实信息探究梳理基础上，学生回答无钞社会的含义及无钞社会带来的好处，并头脑风暴无钞社会带来的危害是什么。旨在发展学生的发散性思维，同时也调节课堂气氛。阅读理解的目标不仅关注表层理解，还要挖掘深层意义。在对语篇充分理解之上，根据语篇内容和结构特点，激励学生发表见解和观点进行评价性理解。小组合作讨论无钞社会该如何保护人们的隐私？小组成员可以利用课前搜索的信息，即参考国外如何保护个人信息来回答这个问题，旨在帮助学生形成发散性思维和批判性思维。

二、嵌入式案例二：“Vegetarian”

（一）学习目标

“Vegetarian”一文选自初二年级的英文课外阅读材料。这个单元的主题是健康。中国学生肥胖问题日渐凸显。为了使学生健康生活，科学预防、科学管理和科学减脂就成了本单元的话题。肥胖对学生来说，不仅会影响学生身体健康，也会使学生人际关系出现问题。因此学生尤其是女生对本文学习比较感兴趣。根据英语课程标准、教材内容和学生学情情况，“Vegetarian”一文的学习目标如下：

（1）学生能根据上下文和构词法猜测、理解生词的含义。

（2）学生能查找出文章主题，了解故事情节，预测故事发展和可能的结局。

(3) 学生能根据不同的阅读目的运用简单阅读策略获取信息。

(4) 学生能在小组活动中积极与他人合作，相互帮助，共同完成学习任务。

(5) 学生能反思自己学习英语中的进步与不足。

(6) 学生能初步使用图书馆或网络上的学习资源。

(二) 评价活动

针对学习目标，本案例设计了相应的评价活动，并镶嵌到教学过程中。具体见图 8-2：

教学活动	评价活动	教学活动	评价活动	教学活动	评价活动	教学活动	评价活动1	评价活动2	评价活动3
热身环节，看2017中国肥胖人数图	猜测肥胖原因	导入如何解决肥胖问题	头脑风暴	阅读中	回答问题	阅读后问卷调查	是否是个素食者	小组讨论成为素食者的其他原因	辩论成为素食者的利与弊

评价活动4	评价活动5	评价活动6	评价活动7
角色扮演	小组活动分享素食健康	写一封素食主义者倡议书	上网查素食历史

图 8-2　评价活动在教学过程中的镶嵌

(三) 评价标准

根据学习目标和学习活动，设计了与学习目标一致的评价标准。具体如表 8-4，表 8-5 和表 8-6 所示：

表 8-4　评价标准 1

主要内容
1. 通过文章叙述视角的感知，学生能够完成对故事情节的概况。 2. 学生能够准确猜测文中生词含义。 3. 学生能够对每一个基本问题给予口头反馈。 4. 在给定的情境下，学生能够应用有关素食的词汇。 5. 学生能够解释做素食者的意义所在。

表 8-5　角色扮演评价标准 2

评价维度	主要内容表述		
准备	没准备	没认真准备	认真准备
内容	离题	缺少一些内容	内容完整
用词	部分准确	语言准确	语言准确、流畅
语音	难以理解	有时难以理解	清晰发音，语调自然
创造力	无	一般	有很多
总分	0～1	2～3	4

表 8-6　写作评价标准 3

级别	分数	主要内容表述
1	0	只有个别词语可读，通篇不知所云
2	1	1. 所写的内容与提供的信息不符 2. 只有少数句子表达正确 3. 拼写错误较多
3	2	1. 所写的内容与提供的信息基本相符 2. 句子表达错误较多，但尚可读懂 3. 单词拼写错误一般
4	3	1. 所写的内容与提供的信息基本相符 2. 句子基本正确，表达错误较少，表达较通顺 3. 单词拼写错误较少
5	4	1. 所写的内容符合所提供的各种信息，有创意 2. 句子表达正确、通顺 3. 单词拼写几乎没错误

（四）教学案例介绍

“Vegetarian”教学案例如表 8-7 所示：

表 8-7 嵌入式教学案例二

<table>
<tr><th colspan="2">阶段 1——预期结果</th></tr>
<tr><td colspan="2">所确定的目标：
学生能：
1. 根据上下文和构词法猜测、理解生词的含义。
2. 查找出文章中主题，了解故事情节，预测故事发展和可能的结局。
3. 根据不同阅读目的运用简单阅读策略获取信息。
4. 在小组活动中积极与他人合作完成学习任务。
5. 反思自己学习英语中的进步与不足。
6. 使用图书馆或网络上的学习资源。</td></tr>
<tr><td>理解：
学生将可以理解：
1. 素食者的饮食结构。
2. 尊重世界和生命的意识。</td><td>基本问题：
1. What is a vegetarian?
2. How did Steve become a vegetarian?
3. What does Steve eat now?
4. Why does Steve want to be a vegetarian?</td></tr>
<tr><td>学生将会知道：
有关素食的词汇表。</td><td>学生将能够做到：
1. 通过文章叙述视角的感知完成对故事情节的概括。
2. 准确猜测文中生词含义。
3. 获取信息的能力。</td></tr>
<tr><th colspan="2">阶段 2——评估证据</th></tr>
<tr><td>表现性任务：
给学校网站写一封做素食主义者的倡议书。</td><td>其他证据：
1. 对每一个基本问题给予口头反馈。
2. 在给定的情境下，应用有关素食的词汇。
3. 解释做素食者的意义所在。</td></tr>
<tr><th colspan="2">阶段 3——教学过程</th></tr>
<tr><td colspan="2">1. 前测：根据 2017 年中国肥胖人数、肥胖率及肥胖情况地域分布图来分析原因所在，借此检测学生的学情。
2. 阅读回答问题：
What is a vegetarian?
How did Steve become a vegetarian?
What does Steve eat now?
Why does Steve want to be a vegetarian?
3. 问卷调查：调查自己是否是个合格的素食者？
4. 小组讨论：What other reasons do people want to be a vegetarian?</td></tr>
</table>

续表

阶段 3——教学过程
5. 辩论：To be a vegetarian: good or bad? 6. 角色扮演：扮演医生说明素食的好处。 7. 小组活动：分享素食健康菜谱。 8. 给学校网站写一封做素食主义者的倡议书。 9. 课后作业：上网查素食的历史。

也可以根据初中英语教学目标、教学、评估以及一致性问题来考察这一教学案例，见表 8-8：

表 8-8　基于乡村初中英语“教-学-评”一体化教学模式对“Vegetarian”教学案例的分析

知识维度	认知过程维度					
	记忆	理解	运用	分析	评价	创造
事实性知识		目标 1 评估 2 目标 2 评估 1 活动 1、2	目标 3 评估 1 活动 3、4	目标 4 活动 5、6		目标 4 评估 3 活动 7、8、9
概念性知识						
程序性知识						
反省认知知识		目标 5、6 评估 4 活动 9				

（五）教学案例评析

这节课教师的教学、学生的学习和对学生的学习评价是匹配、协调的。因为教学、学习和评价三个因素都围绕着英语教学目标展开。在此目标下，英语教师根据学生现有水平、社会需求和教学目标，创设了前测、回答问题、问卷调查、小组讨论、辩论、角色扮演、小组活动分享素食菜谱、给学校网站写一封倡议书等活动，做到了“学-教”“教-评”和“学-评”一致性，即学生学习内容与教师教学内容之间保持匹配协调、教师教学与学生学习评价一致，以及学生学习与学生学习评价一致。在这个学习过程中，师生都知道英语学习结果以及学习评价标准。因此整个英语教学质量就得到了保障。

三、合一式案例一：“What are the shirts made of”

合一式是指评价目标和教学目标同一，它改变了一个一个知识点、一节一节课分散处理的教学传统。因此它更能支持大单元、大主题或大任务的整体教学设计。① 要使合一式初中英语“教-学-评”一体化教学模式有效，教师要确定贯穿整个单元主题意义的理解、表达以及学习能力发展的主线，在此基础上设计体现学生学习进阶的单元整体教学。本节从合一式初中英语“教-学-评”一体化教学模式的单元目标的确定依据、单元目标介绍、学习活动和评价标准展开论述。

（一）单元目标的确定依据

1. 基于主题意义的单元整体教学

《义务教育英语课程标准(2022 年版)》指出单元是承载主题意义的基本单位，它承载了课程内容六要素，即主题语境、语篇类型、语言知识、文化知识、语言技能和学习策略。具体情况如图 8 - 3 所示：

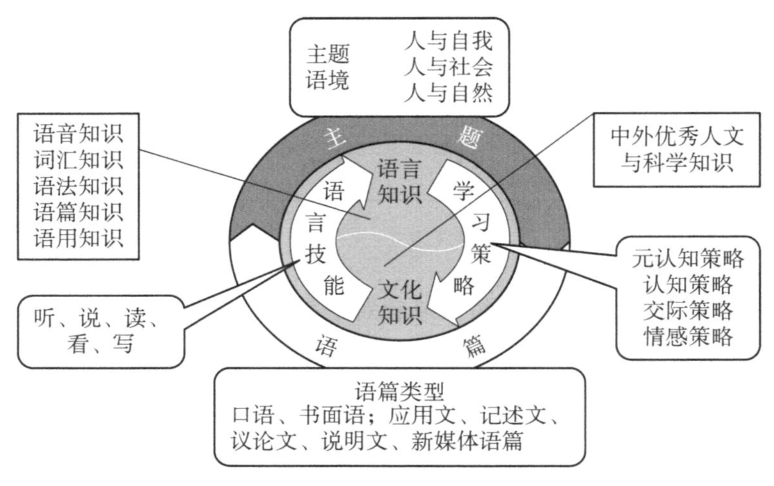

图 8 - 3　六要素整合的英语课程内容②

① 周文叶. 表现性评价的理解与实施[J]. 江苏教育，2019(14)：7 - 11.

② 梅德明，王蔷. 普通高中英语课程标准(2017 年版)解读[M]. 北京：高等教育出版社，2018：96.

从图 8－3 中得知，课程内容六要素是一个相互关联的整体，它们相互渗透、融合、促进和转化。在这六个要素中，主题语境处于统领地位。主题与语篇密切关联，这是因为具体语篇呈现主题。语篇是表达意义的单位，它承载着语言和文化知识、文化内涵、价值取向和思维方式。学生探究主题意义是学生学习语言、运用技能和策略的过程，又是学生获取信息、发展技能、探究意义、理解内涵、形成正确价值观的活动过程。

2. 教学内容分析

“What are the shirts made of”选自人教版初三英语第五单元。这个单元由 Section A 和 Section B 构成，主题是询问和谈论物品的构成材料、产地、功能等特征，并围绕着这一主题进行了一系列的听、说、读、写活动。目的是使学生理解被动语态与主动语态的区别、被动语态的构成以及在各种语境下的表意功能；同时要求学生能正确运用被动语态的肯定句、一般疑问句和由 what, when, where 等引导的特殊疑问句；通过话题变化与拓展向学生渗透跨文化交际意识，提高他们对中外文化及异同的理解能力。这个单元按自然顺序所呈现的所有文本信息如表 8－9 所示：

表 8－9　单元文本信息表

课时	标题	文本形式	主要内容
课时 1	Section A 1a－2c	looking, listening, speaking	1a 图文导入单元话题，1b 听力活动将被动语态句型在真实情景中呈现，1c 口头操练，2a 训练学生关注听内容大意，2b 培养学生选择性注意力和速记能力，2c 口头输出性训练
课时 2	Section A 2d	listening, speaking	关于茶叶种植和制作过程的对话
课时 3	Section A 3a－3c	reading	关于一个中国学生在美国商店几乎找不到美国制造产品的文本阅读
课时 4	Section B 1a－1e	listening, speaking	进一步巩固被动语态
课时 5	Section B 2a－2e	reading	介绍中国传统艺术品(孔明灯、剪纸和泥塑)
课时 6	Section B 3a－3b	writing	阅读后写作综合活动

为了促使学生对主题意义的整体理解，可从以下四个方面对教学内容进行分析：一是主题的内涵及价值意义；二是承载主题意义的语言表达方式、表达特点和语篇结构；三是主题意义表达的多元视角和支撑信息之间的逻辑关系；四是主题意义探究的落脚点。据此，本单元的主题意义是介绍中国传统艺术品（孔明灯、剪纸和泥塑）。完成学习后，学生能主动传播和弘扬中华优秀传统文化。

3. 学情分析

教学内容分析很重要，但是静态的教学内容分析必须还要结合生动、鲜活的学情分析。通过学情调研和分析，教师可以确定单元教学中的整体发展目标，同时可以找到学生可持续发展的关键点和障碍点。经过学情调研，发现学生对传统艺术的现实意义理解不深，部分学生没有形成使用网络平台来搜索自己所需信息的习惯。可见，教材提供的文本不能满足学生的需求。因此在教学中补充了两篇阅读文本，一篇是有关中国传统艺术失落的语篇，另一篇是有关东西方文化冲击的语篇。同时，增加了学生国外游学内容展示活动。据此，对本单元"What are the shirts made of"的文本信息作了调整，具体见表 8－10：

表 8－10　单元文本信息修改表

课时	标题	文本形式	主要内容
课时 1	Section A 1a－2C	looking, listening, speaking	1a 图文导入单元话题，1b 听力活动将被动语态句型在真实情景中呈现，1c 口头操练，2a 训练学生关注听内容大意，2b 培养学生选择性注意力和速记能力，2c 口头输出性训练
课时 2	Section B 1a－1e	listening, speaking	进一步巩固被动语态以及关于茶叶种植和制作过程的对话
课时 3	Section A 2d	reading	有关一个中国学生在美国商店几乎找不到美国制造的产品的文本阅读
课时 4	Section B 2a－2e	reading	介绍中国传统艺术品（孔明灯、剪纸和泥塑）

续表

课时	标题	文本形式	主要内容
课时 5	课外补充材料	reading，speaking	中国传统艺术失落、文化冲击处理
课时 6	课外补充材料 Section B 3a－3b	speaking，writing	学生游学内容展示以及阅读后写作综合活动

（二）单元目标介绍

在制定单元教学目标时，教师首先要对文本内容和学情进行分析；其次，教师要围绕单元主线，结合《义务教育英语课程标准（2022 年版）》对课程内容六要素在不同课程类别的具体要求，从学科核心素养的四个维度来确定整个单元的具体教学目标。下面以人教版初三英语第五单元“What are the shirts made of”为例制定目标，如表 8－11 所示：

表 8－11　单元总目标和课时目标

	目标描述	能力表现
单元目标	通过本单元的学习，学生能够： 1. 使用一般现在时的被动语态介绍产品 2. 从时间、起源和意义等方面对中国传统艺术品进行描述 3. 提炼中外传统艺术品的异同，以及讨论如何正确处理文化冲击 4. 使用网络查寻中外传统艺术的资料	
课时 1 教学目标	使用被动语态的肯定句、一般疑问句和由 what，when，where 等引导的特殊疑问句来正确询问物品的材料、产地、功能等	口头表达（单句）； 表达材料、产地、功能的基础词汇
课时 2 教学目标	听出所供材料的大概、具体细节以及完整信息	口头表达（单句）； 表达材料、产地、功能的基础词汇
课时 3 教学目标	运用恰当语言口头描述在美很难找到美国制造的产品	口头表达文段； 表达有关产品的基础词汇

续表

	目标描述	能力表现
课时 4 教学目标	利用丰富的被动语态、合理的语言结构向美国朋友介绍中国传统艺术品	书面语；表达产品的丰富词汇，多样句式
课时 5 教学目标	利用丰富的被动语态、合理的语言结构和多样的句子阐明正确处理文化冲击； 运用丰富和恰当词汇和句式写一篇有关传统文化艺术品的文章	书面语，多样句式
课时 6 教学目标	用 PPT 向同学展示游学成果（有关西方文化）	口语和书面语；丰富词汇和多样句式

从表 8 - 11 中可以看出，学生的表达能力逐层进阶发展，从口头简单句表达到口头文段表述，再到书面语，最后是整体综合输出（口语和书面语）。

（三）学习活动

《义务教育英语课程标准（2022 年版）》提出教师要认真分析单元教学内容，梳理并概括与主题相关的语言知识、文化知识、语言技能和学习策略，并根据学生的实际水平和学习需求确定教学重点，统筹安排教学，在活动中拓展主题意义。据此，设计“What are the shirts made of”的学习活动如表 8 - 12 所示：

表 8 - 12　学习活动设计

课时	教学目标描述	学习活动
课时 1	使用被动语态的肯定句、一般疑问句和由 what，when，where 等引导的特殊疑问句来正确询问物品的材料、产地、功能等； 能够听出所供材料的大概、具体细节以及完整信息	1. 猜 Pam 在中国游玩买了什么？ 2. 问答 What's this/that? What's it made of? Where is it made? What are they made of? Where are they? 3. 听 1a - 1b，完成配对和缺词填空练习 4. 听 Nick and Marcus 对话，完成练习 5. 模仿朗读、表演对话 6. 创设情景，编造新对话

续表

课时	教学目标描述	学习活动
课时 2	能够介绍茶叶制作过程	1. 出示 Pam 买的礼物，学生两两对话 2. 猜 Pam 最爱的礼品 3. 阅读 2d，回答 Where is tea produced in China? How is it grown? What happens next? 4. 模仿朗读，分角色扮演 5. Pam 向美国朋友介绍茶叶
课时 3	能够运用恰当语言口头描述在美国商店很难找到美国制造的产品	1. 看 Pam 拍的中国商场的商品，用目标语言进行对子问答活动 2. 看 Kang Jian 拍的美国商场，猜测他想买哪两种礼物？礼物是哪里生产的？ 3. 细读课文，完成 3c 活动任务 4. Kang Jian 和 Pam 相互介绍中美商场
课时 4	能够利用丰富的被动语态语言、合理结构向美国朋友介绍中国传统艺术品	1. Pam 出示她最爱的中国传统手工艺品，孔明灯、剪纸和泥塑；阅读它们的材料、产地、功能和意义 2. 创设 Pam 还原购物情景，与店老板对话买孔明灯 3. Pam 表演剪纸，并用目的语介绍 4. 创设 Pam 介绍泥塑生产情景 5. 讨论为何青年人不喜欢中国传统手工艺品？为何外国友人喜欢？如何保护中国传统手工艺品？
课时 5	能够利用丰富的被动语态、合理的语言结构和多样的句子阐明正确处理文化冲击； 能够运用丰富和恰当词汇和句式写一篇有关传统文化艺术品的文章	1. Pam 讲述在中国碰到的文化冲击的事情 2. Kang Jian 讲述在美国碰到的文化冲击的事情 3. 讨论：如何正确对待文化冲击 4. 写作：介绍一个传统文化艺术品
课时 6	能够用 PPT 向同学展示游学成果（有关西方文化）	小组 PPT 介绍欧美国家文化

（四）评价标准

根据单元教学目标和学习活动，设计了与教学目标一致的评价标准。

具体如表 8－13、表 8－14 和表 8－15 所示：

表 8－13　课程总体评价标准 1

课时	学习活动	评价标准
课时 1	1. 猜 Pam 在中国游玩买了什么？ 2. 问答 What's this/that? What's it made of? Where is it made? What are they made of? Where are they? 3. 听 1a－1b，完成配对和缺词填空练习 4. 听 Nick 和 Marcus 的对话，完成练习 5. 模仿朗读、表演对话 6. 创设情景，编造新对话	1. 学生能够记录下目标词汇和句型 2. 学生能够用目标词汇和句型回答问题 3. 学生能够用目标词汇句型创编新对话
课时 2	1. 出示 Pam 买的礼物，学生两两对话 2. 猜 Pam 最爱的礼品 3. 阅读 2d，回答 Where is tea produced in China? How is it grown? What happens next? 4. 模仿朗读，分角色扮演 5. Pam 向美国朋友介绍茶叶	1. 学生能够回答所设置的问题 2. 学生能够在对话原文基础上创编新对话，并进行表演 3. 学生能够表现出合作意识
课时 3	1. 看 Pam 拍的中国商场的商品，用目标语言进行对子问答活动 2. 看 Kang Jian 拍的美国商场，猜测他想买哪两种礼物？礼物是哪里生产的？ 3. 细读课文，完成 3c 活动任务 4. Kang Jian 和 Pam 相互介绍中美商场	1. 学生能够回答所提的问题 2. 学生能够用书面语来介绍中美商场
课时 4	1. Pam 出示她最爱的中国传统手工艺品，孔明灯、剪纸和泥塑；阅读它们的材料、产地、功能和意义 2. 创设 Pam 还原购物情景，与店老板对话买孔明灯 3. Pam 表演剪纸，并用目的语介绍 4. 创设 Pam 介绍泥塑生产情景 5. 讨论为何青年人不喜欢中国传统手工艺品？为何外国友人喜欢？如何保护中国传统手工艺品？	1. 学生能够回答所提的问题 2. 学生能够介绍孔明灯、剪纸和泥塑的产地、功能和意义 3. 学生能够与他人分享各种学习资源，表现出有合作学习的意识

续表

课时	学习活动	评价标准
课时 5	1. Pam 讲述在中国碰到的文化冲击的事情 2. Kang Jian 讲述在美国碰到的文化冲击的事情 3. 讨论：如何正确对待文化冲击 写作：介绍一个传统文化艺术品	1. 见评价标准 2 2. 见评价标准 3
课时 6	小组 PPT 介绍欧美国家文化	见评价标准 3

表 8-14　表演展示评价标准 2

评价维度	主要内容表述		
准备情况	没准备	没认真准备	认真准备
内容	离题	缺少一些内容	内容完整
用词	部分准确	语言准确	语言准确、流畅
语音	难以理解	有时难以理解	清晰发音，语调自然
创造力	无	一般	有很多
总分	0～1	2～3	4

表 8-15　写作评价标准 3

级别	分数	主要内容表述
1	0	只有个别词语可读，通篇不知所云
2	1	1. 所写的内容与提供的信息不符 2. 只有少数句子表达正确 3. 拼写错误较多
3	2	1. 所写的内容与提供的信息基本相符 2. 句子表达错误较多，但尚可读懂 3. 单词拼写错误一般

续表

级别	分数	主要内容表述
4	3	1. 所写的内容与提供的信息基本相符 2. 句子基本正确，表达错误较少，表达较通顺 3. 单词拼写错误较少
5	4	1. 所写的内容符合所提供的各种信息，有创意 2. 句子正确通顺 3. 单词拼写几乎没错误

四、合一式案例二："Life is a journey (Revision)"

(一) 教学目标

本案例选自初二年级课外阅读材料，主题为"生活是一场旅行"。单元内容主要由以下几部分构成：1A 将单词与图片匹配，1B 选择正确的单词并填空，2A 听并勾选正确的句子，2B 听并用正确的句子填空，3A 进行对话，3B 游戏时间，4A 阅读短文并选择正确的答案，4B 再次阅读并用给定的单词填空，4C 做一个调查，5 个"哇"的瞬间。详见表 8 - 16：

表 8 - 16 单元内容信息

Text style	Skills	Titles	Content descriptions
Pictures	Looking	1A	Match the words with the pictures
Graphic and text combination		1B	Choose the right word and fill in each blank
Sentences	Listening	2A	Listen and tick the right sentences
Discourse		2B	Listen and fill in the blanks with right sentences
Dialogue	Speaking	3A	Make a dialogue
Paragraph		3B	Game time
Discourse	Reading	4A	Read the passage and choose the right answers
		4B	Read again and fill in the blanks with the given words

续表

Text style	Skills	Titles	Content descriptions
Table	Listening Speaking	4C	Make a survey
Discourse	Comprehensive skills	5wow	Landmarks around the world

学生学习本单元时已有一定的英语基础，他们已经学会了有关地点、目的地、活动和交通设施的单词，他们也知道如何推荐景点。同时，他们可以使用一些应用程序，如 WeChat、UMU 等。然而，他们缺乏用英语表达自己的能力。基于这些，教师重新组织单元文本信息，添加了一些新材料并设计了一条主线——帮助何同学设计海外旅行指南。内容包括说出国家城市地标、交通、活动、推荐旅行路线、预订机票和酒店房间、讨论出国旅行的优势和劣势以及如何面对文化冲突等活动。根据这些，重新整理了文本。详见表 8 - 17：

表 8 - 17　单元内容重构

Skills	Steps	Descriptions	Corresponding textbook content
Looking Listening	1. Pre-task Prepare for travelling abroad	Talk about city landmarks, transportation and activities	1A, 1B, 5wow
Listening Speaking		Recommend the travel routes Choose the favorite and tell the reasons	2B, 3A
Listening Speaking	2. While-task Help make reservations	Watch the videos and discuss how to book the air ticket and a hotel room A competing game Discussion: Tips for books Role-play conversation Correct errors	

续表

Skills	Steps	Descriptions	Corresponding textbook content
Looking Speaking	3. Post-task Ready to go	Discussion: What things to take/ watch out? And what to do when facing the culture shock? Act and guess which is eastern culture	4A, 4B
Speaking		Debate: What do you think of travelling abroad, good or bad? And why?	
Looking listening		Enjoy a poem	

通过学习，学生将了解到旅行是生活体验的一部分，同时旅行可以培养学生的爱国主义精神，拓展学生的国际视野，并帮助学生建立文明旅行意识。由于本节课是单元复习课，因此，“Life is a journey”的教学目标如下：

By the end of the lesson, students are able to:

1. book air tickets and hotel rooms on the phone (Workplace language communication)
2. quickly browse text titles, pictures, charts and other information, while adopting the corresponding reading strategies(Self-learning)
3. avoid various inappropriate behaviors during the travel, establish a civilized tourism experience and cultural conflicts, and enhance the mutual understanding (Cross-cultural understanding)
4. trigger thinking and reflection on the problems caused by the development of the tourism industry through the analysis of the advantages and disadvantages of the tourism industry. (Perception of thinking difference)

（二）评价标准

从两学生讨论去外国旅行的对话导入，复习介绍国际旅行可去的目的地、可采用的交通设施，以及可参与的旅行活动后，新课教授如何用电话预订国际机票和酒店，帮助何同学预订机票、酒店，讨论何同学去国外旅行会碰到什么文化冲击，辩论去国外旅行的好与坏等。根据这些活动项目，在上完课后，让同学根据教学目标进行自我评价。具体见表 8－18：

表 8－18　自我评价表

	Contents	☆☆☆☆☆
I have learned in this class	Introduce the travel route(destination, location, transportation, activities)	
	Book the air ticket and a hotel room	
	Discuss: What to do when facing culture shock?	
	Debate: Is travelling abroad good or bad?	
	Make a video or newspaper about your own experience	

（三）教学案例介绍

"Life is a journey"的教学案例见表 8－19：

表 8－19　教学案例

Teaching Design of "Life is a journey"			
Title	Life is a journey		
Lesson type	Extension	Duration	1 period (40minutes)
Thematic context	Social interaction	Topic	Tourism
Class	Class 1, Grade 2(40 students)		
Teaching material analysis	1. This lesson is from Module 1, Volume 1 of Fun English. 2. This lesson has been reorganized and expanded the teaching content which is designed around the theme of helping Student He Siyi plan overseas travel guidelines. 3. By learning this lesson, students can understand travelling is part of life experience, and at the same time it can expand the students' international horizons and help establish a sense of civilized tourists.		

续表

Teaching Design of “Life is a journey”				
	Skills	Steps	Descriptions	Corresponding textbook content
	Looking Listening	1. Pre-task Prepare for travelling abroad	Talk about city landmarks, transportation and activities	1A, 1B, 5wow
	Listening Speaking		Recommend the travel routes Choose the favorite and tell the reasons	2B, 3A
	Listening Speaking	2. White-task Help make reservations	Watch the viedeos and discuss how to book the air ticket and a hotel room A competing game Discussion: Tips for books Role-play conversation Correct errors	
	Looking Speaking	3. Post-task Ready to go	Discussion: What things to take/watch out? And what to do when facing the culture shock? Act and guess which is eastern culture	
	Speaking		Debate: What do you think of travelling abroad, good or bad? And why?	4A, 4B
	Looking, listening		Enjoy a poem	

Students analysis	1. This class consists of 38 girl students and 2 boys. According to the result of the survey, about 83% students know the language knowledge about destination, location and transportation, about 94% students can recommend some scenic spots. 2. They can use QQ, WeChat. 3. Students' pronunciation and intonation is not beautiful, language expression is not fluent, self-reflection, creative thinking and active learning ability need to be improved. Typically, they lack confidence in expressing themselves.

续表

<table>
<tr><th colspan="5">Teaching Design of “Life is a journey”</th></tr>
<tr><td>Teaching objectives</td><td colspan="4">By the end of this lesson, students can:
1. use the following words and chunks: destination, transportation, business/economy class, credit card.
2. book air tickets and rooms on the phone (Workplace language communication)
3. quickly browse text titles, pictures, charts and other information, while adopting the corresponding reading strategies(Self-learning)
4. avoid various inappropriate behaviors during the travel, establish a civilized tourism experience, and enhance mutual understanding(Cross-cultural understanding)
5. trigger thinking and reflection on the problems caused by the development of the tourism industry through the analysis of the advantages and disadvantages of the tourism industry (Perception of thinking difference)</td></tr>
<tr><td>Key points</td><td colspan="4">Use appropriate expressions to simulate phone bookings, hotel and other life scene communication.</td></tr>
<tr><td>Difficult points</td><td colspan="4">Have difficulty in expressing themselves in English, analyzing and making inference due to some new words.</td></tr>
<tr><td rowspan="8">Performance evaluation criteria</td><td>Evaluation dimension</td><td colspan="3">Descriptions</td></tr>
<tr><td>Preparation</td><td>no preparation</td><td>no serious preparation</td><td>serious preparation</td></tr>
<tr><td>Content</td><td>digress</td><td>missing content</td><td>complete content</td></tr>
<tr><td>Words</td><td>partially accurate</td><td>accurate</td><td>accurate and beautiful</td></tr>
<tr><td>Language usage</td><td>hard to understand</td><td>partially difficult to understand</td><td>understand</td></tr>
<tr><td>Creativity</td><td>none</td><td>partially</td><td>many</td></tr>
<tr><td>Behavior</td><td>expressionless</td><td>just so-so</td><td>natural</td></tr>
<tr><td>Total</td><td>0～1</td><td>2～3</td><td>4</td></tr>
</table>

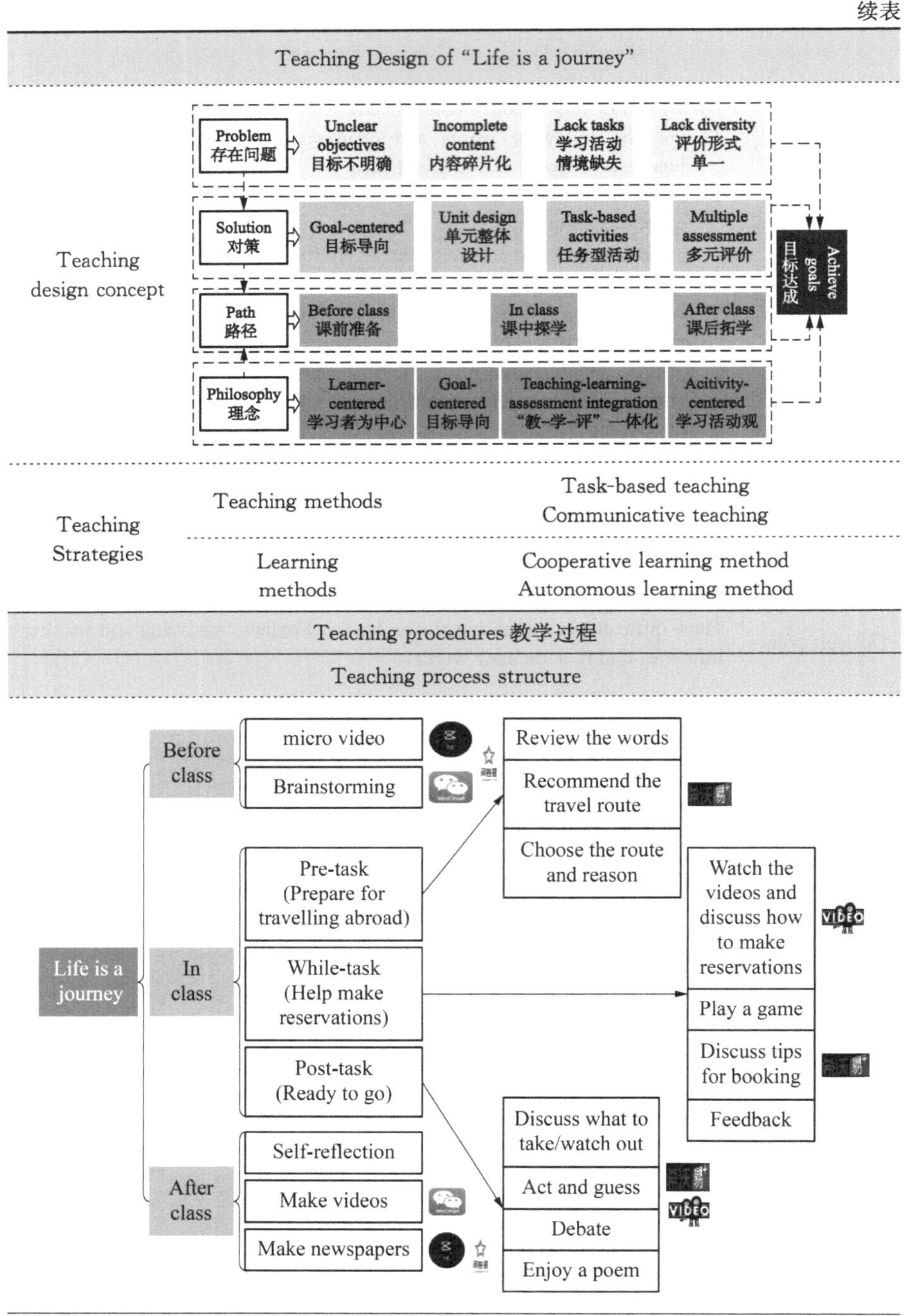

续表

Teaching Design of “Life is a journey”		
Teaching design concept	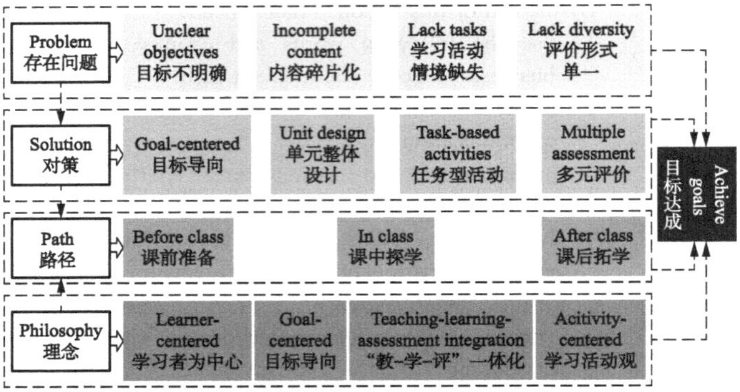	
Teaching Strategies	Teaching methods	Task-based teaching Communicative teaching
	Learning methods	Cooperative learning method Autonomous learning method
Teaching procedures 教学过程		
Teaching process structure		
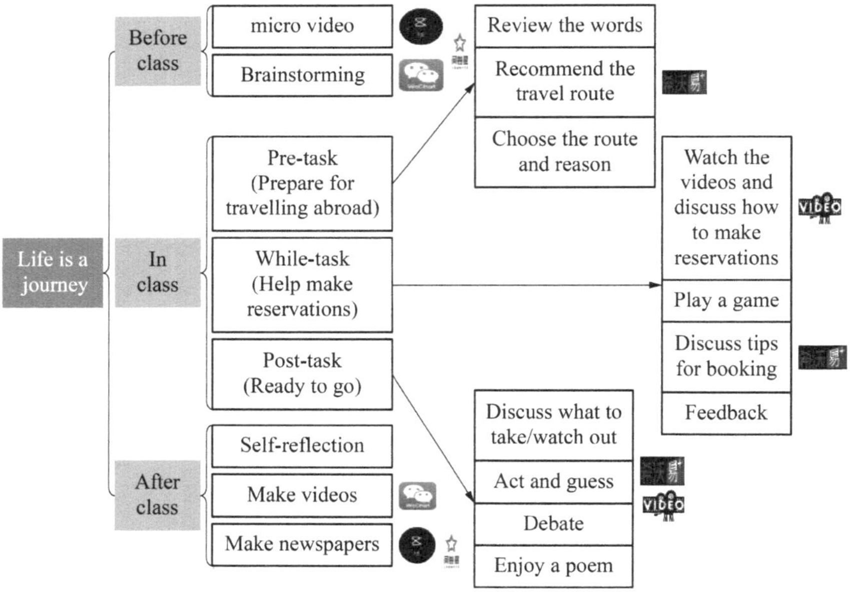		

续表

Before Class			
Teacher's activities (教师活动)	1. The teacher makes the survey of what students learn about the travel and the use of WeChat, PPT. 2. The teacher makes a micro-video of a conversation about Classmate He and his friend. It's about his plan. He would like to travel abroad, but he doesn't know what to do and needs help. 3. Put the video and the questions on the WeChat. 4. Ask the students to release their answers on the WeChat.		
Students' activities (学生活动)	1. Students complete the survey. The results are as follows. 2. Students enjoy the sitcom and answer questions.(看微视频,回答问题) 3. Students brainstorm: steps for the travel guidelines.		
Purpose (设计意图)	To engage students' interest in English and get ready for the next learning step. It is to serve as a warm-up for the activities which follow.(激趣,为下一环节铺垫)		
In class			
Teaching steps and time allocation (教学步骤及时间分配)	Contents	Class activities	
		Students' activities	Teacher's activities
Pre-task Prepare for travelling (旅行准备) (About 8 minutes)	1. Review the words related with the destination.	1. Students guess the names of the city based on the descriptions.	1. The teacher sets up a guessing game with the given descriptions and the pictures.
	2. Review the words with the location.	2. Two students match the names of cities and countries with the landmarks.	2. The teacher sets up a matching game.
	3. Review the words with the transportation.	3. Students recognize means of transportation based on the given pictures.	3. The teacher shows the pictures and then asks the students to recognize the means of transportation.
	4. Review the words with the activities.	4. Students identify activities with the given pictures.	4. The teacher shows the pictures and then asks the students to say out the names of the activities.

续表

In class			
	5. Review how to recommend the travel routes.	5. Students recommend the travel routes to He Siyi.	5. The teacher shows the map of the world and then asks the students to recommend the travel routes.
	6. Review how to accept the suggestion.	6. Classmate He Siyi chooses his favorite travel route and tells the reasons.	6. The teacher asks He Siyi to choose his favorite travel route and tell the reasons.
Purpose	1. To activate students' own knowledge about travelling.（激活已有旅行知识） 2. To encourage students to relate the topic to the authentic world of their own experiences. Also help the students master the discourse competence.（要与现实生活相关联）		
While-task Help make reservations（帮助预订机票、酒店）(About 20 minutes)	1. Learn how to book the air ticket.	1. Students watch the videos and answer questions.	1. The teacher asks the students to watch the videos and then asks them to answer questions.
	2. Learn how to book the hotel room.	2. Students play a competing game about how to book the air ticket and a hotel room.	2. The teacher sets up a competing game and then asks the students to play it.
		3. Students discuss the tips for booking.	3. The teacher asks the students to discuss the tips for booking.
		4. Students role-play the conversation.	4. The teacher asks the students to role-play the conversation.
		5. Students come to the blackboard to correct the errors.	5. The teacher transfers the voice into the words and projects them on the screen, then asks the students to correct the errors.

续表

In class			
Purpose	1. To help students improve their speaking skills and also help them form a cooperative learning. (提升说话能力,培养合作学习能力) 2. To give students feedback and help students improve their language accuracy and fluency. (用 iPad 把语音转换为文字,投屏并纠错,课内即时评价,以提升学生语言准确性和流畅性)		
Post-task Ready to go (出行准备) (About 12 minutes)	1. The items which are necessary to take and watch out during the overseas travel.	1. Students discuss what things to take/watch out during the overseas travel.	1. The teacher asks the class to help He Siyi to think about what to take/watch out during the overseas travel.
	2. Ideas about the eastern culture and western culture.	2. Two students act and other students guess which culture is eastern (or western).	2. The teacher asks two students to act and then asks the other students to guess which culture is eastern (or western).
	3. Opinions about the overseas travelling.	3. Two groups of the students debate: What do you think of travelling abroad, good or bad? And why?	3. The teacher asks the students to debate about the opinions of the overseas travelling.
	4. A poem.	4. Students enjoy a poem——Life is a journey.	4. The teacher asks the students to enjoy a poem.
Purpose	1. To encourage the students to apply their linguistic knowledge, develop students' communicative skills and critical thinking, also assess the debate based on the criteria. (应用语言知识,发展学生批判性思维,同时要求学生根据评价标准对辩论进行评价,选出最佳辩论手) 2. To form the atmosphere of having fun in English. (欣赏诗歌,快乐学英语)		

Homework(家庭作业)
1. Complete the self-assessment. (the whole class) 2. Make a dialogue on booking the air ticket or a hotel room. (below the level) 3. Share ideas on the culture shock. (above the level) 4. Make a video/newspaper based on the students' own travelling experiences. (on the level)

续表

Homework(家庭作业)	
Purpose	1. The purpose of self-assessment log is to help students reflect on their learning.(填写自我评估表) 2. Students can choose their homework based on their level.(学生根据自己实际水平选择家庭作业) 3. To consolidate what the students have learned.

Blackboard design(板书设计)	

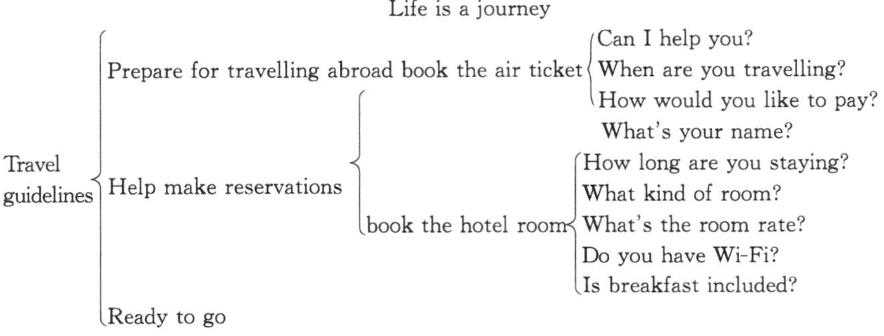

Purpose	1. Deepen students' understanding. 2. Clearly reveal the teaching content. 3. Deepen students' memory.

After class	
Teacher's activities	Students' activities
1. Post the homework on WeChat. 2. Ask the students to choose his favorite video and newspaper. 3. Make a survey of this lesson.	1. Make the video or the newspaper. 2. Students choose his favorite video and newspaper. 3. Students do the survey.
Purpose	Let the students assess themselves about what and how they've learned.

Teaching reflection
1. In this lesson, I use teaching-learning-assessment integration which attaches importance to the role of assessment in the whole teaching process. 2. Bloom's taxonomy is adopted. The purpose is to develop the students' thinking from remembering to creating.

续表

Teaching reflection
3. Some apps like WeChat, UMU, games, pictures and other visuals are welcomed. 4. After using them, the students are getting more and more interested in learning English and their achievements are better.

(四) 导学案

导学案见表 8 - 20：

表 8 - 20 导学案

Learning objectives(学习目标)
By the end of the class, I will be able to: 1. use the following words and chunks: destination, transportation, business /economy class, credit card 2. book air tickets and rooms on the phone(Workplace language communication) 3. quickly browse text titles, pictures, charts and other information, while adopting the corresponding reading strategies(Self-learning) 4. avoid various inappropriate behaviors during the travel, establish a civilized tourism experience and enhance mutual understanding(Cross-cultural understanding) 5. trigger thinking and reflection on the problems caused by the development of the tourism industry through the analysis of the advantages and disadvantages of the tourism industry(Perception of thinking difference)

Performance evaluation criteria(表现性评价标准)			
Evaluation dimension	Descriptions		
Preparation	no preparation	no serious preparation	serious preparation
Content	digress	missing content	complete content
Words	partially accurate	accurate	accurate and beautiful
Language usage	hard to understand	partially difficult to understand	understand
Creativity	none	partially	many
Behavior	expressionless	just so-so	natural
Total	0～1	2～3	4

续表

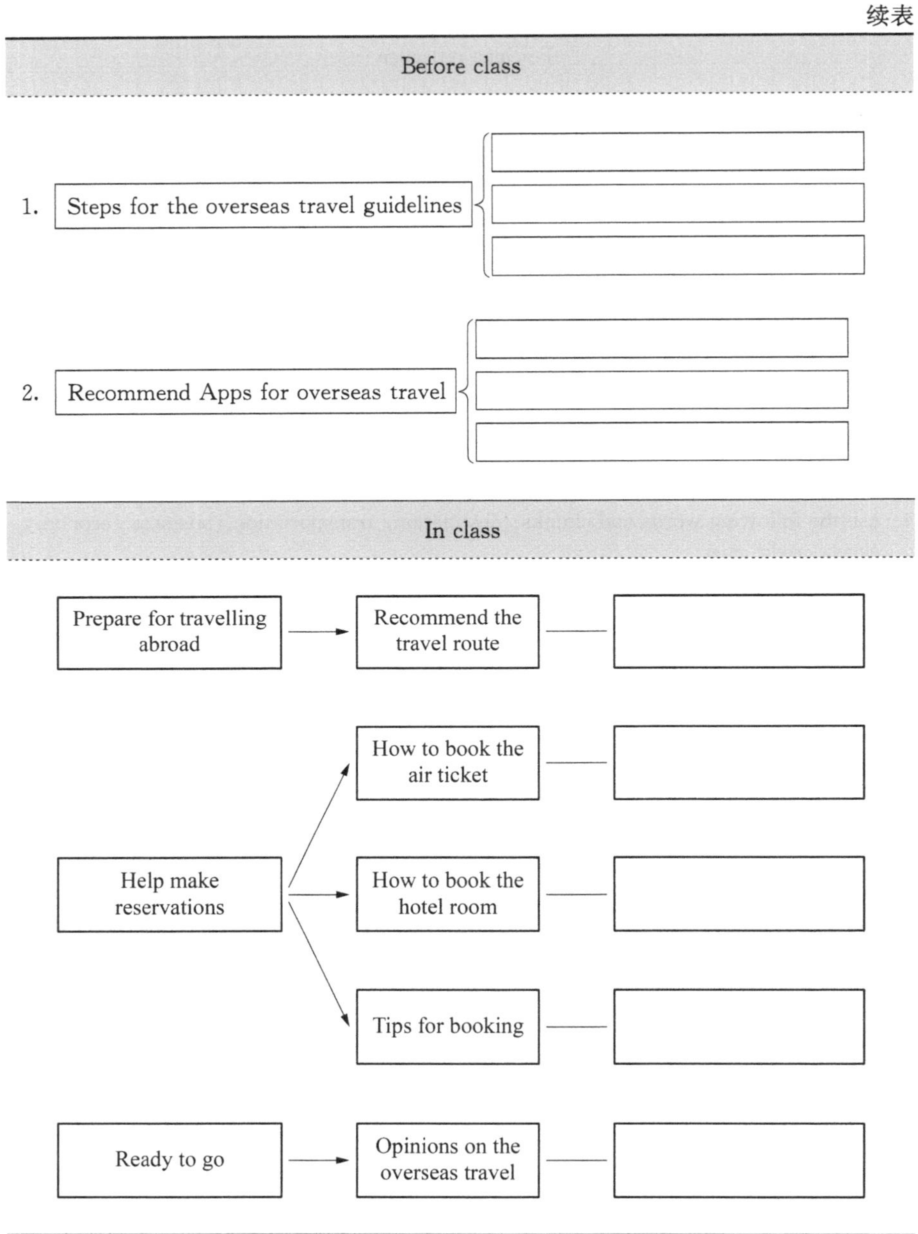
Before class
1. Steps for the overseas travel guidelines
2. Recommend Apps for overseas travel
In class
Prepare for travelling abroad
Recommend the travel route
Help make reservations
How to book the air ticket
How to book the hotel room
Tips for booking
Ready to go
Opinions on the overseas travel

续表

After class

Self-assessment

I have learned in this class	Contents	☆☆☆☆☆
	Introduce the travel route(destination, location, transportation, activities)	
	Book the air ticket and a hotel room	
	Discuss: What to do when facing culture shock?	
	Debate: Is travelling abroad good or bad?	
	Make a video or newspaper about your own experience	

Need to be improved

（五）教学案例评析

《义务教育英语课程标准(2022 年版)》要求教学、学习和评价相结合，重视评估在整个教学过程中的作用。基于信息技术，本节课采用布卢姆的认知目标分类和“教-学-评”一体化的多模态教学模式，目的是提高学生学习英语的积极性和课堂参与度，实现有效课堂英语教学，培养具有语言沟通、思维差异感知、跨文化理解和自主学习等核心素养的学习者。经过一番努力，学生学习英语的兴趣、态度行为都的确有了显著提高。

第二节　L 市乡村初中英语“教-学-评”一体化教学模式的实施案例

一、实施目的

该实施案例主要检测嵌入式和合一式英语“教-学-评”一体化教学模式对乡村初中学生英语学习成绩、兴趣以及满意度的影响情况。观察教学、学习、评价在英语课堂教学过程中是否存在内在统一性，是否共享教学目标；看学习活动是否激发了学习者学习兴趣；看教师是否获取了学生学习进展的证据，是否提供即时反馈来促进学生学习。

二、实施对象

实验学校为S中学，创办于1978年，是一所公办乡村初级中学，靠近城南乡镇，学校教学质量一直位于L市中等偏下水平。选择此校是因为笔者是此校英语教师，方便研究，但更主要的原因是来自学校和笔者指导教师的支持。巴顿(M. Q. Patton)认为以质性为主的研究主要采用“立意抽样”或“目标抽样”的方法。立意抽样在于选择信息丰富的个案作深入研究，这样的个案含有大量对研究目的至关重要的信息。① 由于笔者脱产学习，无法实施课堂教学，根据巴顿的标准，在选择合作对象时考虑她能否给本研究提供丰富的信息，因此最终选择S中学英语教师Z，她是学校年轻骨干教师，与笔者私交甚好，同时她是一位有思想、愿意尝试创新的教师。2018年寒假多次与她交谈英语“教-学-评”一体化教学模式，她对此很感兴趣，愿意在她任教的两个班级初二(1)班和初二(2)班进行尝试。这两个班是普通平行班，学生英语成绩和男女生比例上基本持平。实验班初二(1)班人数为37人，对照班也是37人。实验时间为2018年3月至2018年6月。实施前期，教学设计由笔者提供，课前一周发给Z老师。如有疑问、不明之处，面谈或电话联系再做教学决定；实施中期，教学设计由Z老师完成，课前一周发给笔者，疑问之处电话、微信联系，讨论后再做教学决定；实施后期，教学设计由Z老师独自完成。

三、实施办法

本研究主要在实验班的教学准备环节、教学实施环节和教学反思环节实施英语“教-学-评”一体化教学模式。

---

① Patton M Q. Qualitative evaluation and research methods [M]. London: Sage, 1990:169.

（一）课前制定预习学案

根据初中英语课程标准的要求和教材内容，研究者制定了课时学习目标、评价目标、学习活动等活动学案。学案完成后发给Z教师，她若有疑问之处，一起讨论解决，后再由她提前将此学案发给学生。目的是给学生提供自主学习的依据，让学生明白学什么、学到哪、怎么学。学什么，即有的放矢。要求学生仔细阅读学习目标，明确要求，如猜测词义，找出含有转折关系、条件关系和列举顺序关系的句子，回答与叙述相关的故事情节和预测故事情节的发展。学到哪，即分清主次。要求学生观察行为动词的不同使用场景，了解知识达成的程度不同。怎么学，即路径选择。要求学生观察目标达成的路径选择，如是通过小组合作，还是通过阅读文章等。

总之，课前学习是为了让学生主动查阅资料、阅读课材料来探究问题，以培养学生自主学习的习惯。同时，由于每个学生的学习方式和学习能力存在差异，学生在学习过程中会存在模糊认知。因此，教师要鼓励学生及时记录自己的疑问之处，并在新课教学前两天上交。教师根据学生预习情况，与学生一起修改学案。下面以"I used to be afraid of the dark"为例设计单元教学，如表8-21所示：

表8-21　单元教学设计案例

主题语境	人与自我
语篇	记叙文
话题	How we have changed，涉及人的外貌、性格和兴趣爱好的变化
语法功能	used to.../didn't use to.../Did... use to...?
学习目标	学完此单元，学生能够： 1. 使用短语 used to.../didn't use to.../Did... use to...? take up, tons of, appears to, be prepared to, make it to the top, be absent from, it's hard to believe, in person 2. 描述人的外貌、性格和兴趣爱好的变化 3. 正确认识追星这一现象，树立健康的价值观

续表

主题语境	人与自我
活动设计	1. 游戏。要求学生使用有关外貌、性格和兴趣爱好变化的短语来描述本班某一同学，让其他同学猜是谁 2. 展示演艺人员 A、B、C 小时候的照片和成年照片，要求学生使用有关外貌、性格和兴趣爱好变化的短语来编对话和看图填空 3. 讨论：对不良社会影响演艺人员的建议 4. 复习课文 Li Wen 的变化。创设情景：有社会责任感的演艺人员 D 收养流浪儿童 Li Wen 5. 对话编制。创设情景：Li Wen 在校表现不佳，老师就此事与 D 通了一次电话。通完话，D 与 Li Wen 作了一次交流，要求学生使用课文的重点词汇和短语 6. 讨论：对变化的看法 7. 英文诗歌欣赏：威斯敏斯特教堂的墓志铭——改变自己 8. 作业：写一篇有关自己变化的文章

学生在预习之后，提出了以下三点建议：一要求把演艺人员换成他们熟悉的人。二要求在英文诗歌后面附上译文，因为生词太多妨碍理解。三要求家庭作业有选择性，给学困生的英语作业可以是对话编写或抄写课文中的好词好句。这样可杜绝作业抄袭现象。

毫无疑问，上述学生的建议很有价值。可见，课前预习学案可帮助教师尽可能深入了解学生的认知情况、兴趣爱好和个性特长等，也可帮助教师依据学生的“学”来确定教师的“教”，或者采用更适合学生的方法来施教。目的达成乡村初中英语“教-学-评”一体化教学。

（二）课中实施学案

在课堂使用学案，目的是把“教”转变成“学”的课堂，要求学生主动学习、小组合作、积极思考解决问题，促使真学习发生。这就需要教师指导学生在课堂中将学案作为学习支架来促进学生学习，因为学习目标、学习活动、学习评价在学案中都已清晰呈现。在课堂教学中把学案作为学习支架来辅助学生学习，不是对学生学习内容和方式的禁锢，而是用此来增加课堂的学习效能。在教学实施中，教师通过师生问答、小组对话、讨论等一系列活动来评判学生的学习状况，从而进行评价反馈与指导，促进英语教学与学习按照有效的目标导引前行。

（三）课后反思

学案是一种学习认知地图，可重复使用的学习档案，也是学业质量监测的依据。课后撰写反思，建立反思错题集，将学案中的代表性评价习题汇集成册，便于学生根据错题反思相应的知识缺陷，引导学生自我评价和自我反省，方便学生在再学习过程中发现存在的问题，目的是解决课堂教学中存在的虚假学习和游离学习等问题。

总之，课后师生都要及时反思，学生反思在本课中学到了什么，不明之处是什么。教师反思教学是否达到了预期的教学效果，各类学生是否达到了预定目标，以及教学设计怎样修改会更有效。

四、英语课堂观察

（一）课堂观察一："The Danger of Cashless Society"

1. 课堂记录

执教教师：Z老师

教学时间：2018年3月19日，星期一，上午7:25—8:05

教学地点：S中学初二(1)班

班级人数：37人

Step 1　Pre-reading

T: Good morning, everybody! Today we will learn a new lesson, and the objectives are... The whole class please read together.

Ss：① 学生能根据上下文和构词法猜测、理解生词的含义。

② 能查找出文章主题，理解故事情节，预测故事情发展和可能的结局。

③ 能根据不同的阅读目的使用简单的阅读策略获得信息。

④ 能在小组活动中积极与他人合作共同完成学习任务。

⑤ 注意了解和反思自己学习英语中的进步与不足。

⑥ 能初步使用图书馆或网络上的学习资源。

T: OK, report time, please. Yesterday's homework is about searching some information on credit card on the Internet, right? Whose turn?

T: Oh, Tom. Please come to the front, please.

Tom: If you are trying to improve your credit score, please use the credit card. That's because the credit card companies will report your payment activity. The debit card doesn't appear anywhere on your credit report, however, it can't help you build or improve your credit. That's all. Thanks. I have a question, what's the use of the credit card? Jack, please!

Jack: It can help people build or improve the credit.

T: Is the answer right?

Ss: Yes.

T: Thanks, you two. You two did wonderful jobs, give them applause.

T: Hello, class. Every day we go shopping to buy things, how many ways do we pay for the things?

S1: Cash.

S2: Alipay.

S3: WeChat pay.

S4: Use the credit card.

S5: Use the debit card.

S6: Transfer the money.

S7: Face recognition.

T: Smart boys and girls, you give me a lot of answers. What payment is your favorite, cash, Alipay or credit card? Let's do a survey. Choose cash, hands up?

T: 20. What about Alipay?

T: 18. Credit card, please?

T: No one. Why?

Ss: We don't have one.

Step 2　While-reading

T: Today we will learn a new lesson. It's about cashless society. Read through the text quickly, then answer the questions.

T: Look at Paragraph 1, What does "cashless society" mean? Who knows?

S8: No paper money society.

T: Is it right, the whole class?

Ss: Right.

T: What benefit does the cashless society give us? What else? Volunteers?

S9: It gives people more and more convenient.

T: What else?

S10: No thief at all.

S11: We can get some bonus.

T: S12, do you know the meaning of bonus?

S12: Sorry, I don't know.

S13:优惠.

T: Right. What else?

S14: Danger.

T: Why? Now let's come to Paragraph 2, What do cards have one important weakness?

S15: They can be lost.

T: You got it, how to solve the problem?

S16: People find a way to solve the problem, putting a store-valued microchip in people.

T: Thank. S17, what danger does the cashless society bring us?

S17: No freedom.

T: What does it mean?

S18:没自由了.

T: You are right. We are not free. Why? Do you know?

S19: Because the people in the shops and banks know what we spend on and where. They know everything.

T: Right. We have no privacy. Do you know the meaning?

Ss:没隐私.

T: What should we do?

Step 3 Post-reading

Discussion: How to protect our privacy? Get into groups, 5 minutes prepare, please!

T: Time is up, share the tips, please?

Group 1: Don't worry, we can save the user and password.

Group 2: Delete the cookies after we use the browsers.

Group 3: Use the technology to protect our privacy.

Group 4: Report to the government if someone steals our private information.

T: Wonderful, guys. Who can tell us what's the use of cashless society and what is the danger?

Monitor: Cashless society is coming, people don't bring cash anymore. People can pay the thing by the phone, credit card, debit card or Alipay. So it is very convenient. However, it brings people more and more danger at the same time. First, cards have one important weakness, they can be lost. People find a way to solve the problem, putting a store-valued microchip in people. But in this way, the people in the banks and the shops know what we spend on and where. To many people, we have no freedom.

T: Great, Monitor. S20, can you go on with it? Don't worry, we have some tips to protect our privacy.

S20: Don't worry, we have some tips to protect our privacy. First, we can save the user and password. Second, delete the cookies after we use the browsers. Third, use the technology to protect our privacy.

T：Thanks，S20.

Step 4　Homework

Now guys，let's finish today. Today's homework：Write a letter on how to protect people's privacy in the cashless society and submit it to the school website.

2. 课堂观察报告

英语“教-学-评”一体化教学模式是指教学目标、课堂教学和教学评价一致，课堂观察主要看教学环节是如何围绕教学目标展开，教学目标达成的依据是什么，教师如何检测教学目标已达成。据此，教师才能作出目标达成度的判断。具体见表 8－22：

表 8－22　英语课堂观察结果

教学目标	环节	学生行为表现	教师检测行为
学生能主动参加各种学习和运用语言的实践活动，表现出学习英语的兴趣	Pre-reading 1. Warming-up 2. Lead-in	1. Do a social science report 2. Do a survey	1. Student report performance 学生汇报质量 2. Answer quality 学生回答质量（达成目标）
学生能根据上下文和构词法较为准确地猜测 cashless, convenience, weakness, freedom 的意思； 通过小组合作，学生能够根据上下文合理预测故事情节的发展，并用于讨论与交流 学生阅读无钞社会一文后，能叙述相关故事情节并回答相关问题	While-reading： 1. Skimming 2. Careful reading	1. Listen to the teacher's story 2. Read the new words 3. Guess the meaning 4. Answer the questions 5. Retell the story	1. 只猜测了 2 个词的含义（基本达成目标） 2. 学生回答正确（达成目标） 3. 复述故事（达成目标）

续表

教学目标	环节	学生行为表现	教师检测行为
学生能与他人分享各种学习资源，表现出合作学习的意识	Post-reading Discussion Homework	Listen to others' opinions Work in groups Express the ideas Answer the questions	学生回答质量 （达成目标）
学生通过文章感知，反思中外购物支付的异与同	未达成目标		

这节课共有六个教学目标，完成五个，未完成学生通过文章感知，反思中外购物支付的异与同这一教学目标。在 Pre-reading 学生课前汇报环节，通过互联网搜索信息，学生自主探究撰写报告，以提升自主学习能力，也为进一步深入学习打下基础。接着，由汇报学生提问，叫在座一学生回答，检测学生听的水平。这些活动有利于培养学生的英语学习兴趣。此环节学生参与度高，兴趣浓厚，目标达成度高。在 While-reading 环节，Z 老师通过预测、猜、提问和回答、复述和讨论促进教学目标的达成。但在 Post-reading 环节，未完成这一目标，即学生通过文章感知、反思中外购物支付的异与同。笔者课后与 Z 老师交流，原因主要是课内时间没安排好，来不及完成通过看国外购物支付视频，比较中外异同这一项活动，将在下一节课重新安排这一环节教学。这节课从学生课堂行为表现和教师检测情况来看，目标达成度较高。

（二）课堂观察二：“What are the shirts made of”①

本单元共六课时，本研究以第四课时和第五课时为例。

1. 第四课时课堂记录

执教教师：Z 老师

教学时间：2018 年 6 月 25 日，星期一，上午 7:25—8:05

① 该单元原系人教版初三教学内容，基于学情和大单元教学理念，调至初二。

教学地点：S中学初二(1)班

班级人数：37人

Step1　Warming-up

T: Hello, class. What should we learn today? Who can tell us the objectives? Read together, please.

Ss: By the end of the lesson, students will be able to introduce the sky lanterns, paper cutting and the clay art by using the passive voice.

学生能够利用丰富的被动语态、合理的语言结构向美国朋友介绍中国传统艺术品(孔明灯、剪纸和泥塑)。

T: This is Pam. She spends holiday with her friends in China now. Please look at the video, where did she visit?

S1: Weifang.

T: Why did they visit Weifang, S2?

S2: Because Weifang is famous for kites.

T: Right. It is called the World's Capital of Kites. People around the world compete in kite flying. As we know, Pam is interested in kite flying, she would like her American friends to know it. Can you help her introduce it? S3, please.

S3: Dear friends, I hope you can come to Weifang next week. That's because the city is famous for kites. Every April there is an international kite festival there. That's why people like going there. At the festival people can compete in kite flying. During the festival, you can see beautiful kites. Today kites are used for fun. In the past, people sent them out to ask for help when in trouble. Welcome to Weifang. It's fun to see the kites fly high in the sky.

T: Hello, class. What do you think of S3? Wonderful, right. Give her applause, please.

Step 2　Lead-in

T: As we know, kite is a traditional art. Do you know any other traditional arts in China?

S4: Beijing Opera.

S5: Chinese painting.

S6: Chinese Gongfu.

S7: Paper cutting.

S8: Shadow figures.

S9: Clay figure Zhang.

S10: Sky lantern.

...

T: What is the use of traditional art? Discuss in groups, please.

Group1: For fun.

Group2: For beauty.

Group3: For the use.

Group4: We have the same idea with group1.

T: Show the important things in life, like love, beauty and family and so on. Right? What can be turned into objects of beauty?

Ss: Everything, like paper, silk, stone...

T: Right, The most common things, from paper to clay to bamboo. What other traditional art is Pam interested in? What are they made of? Look through the text, work in pairs and fill in the chart.

Step 3 While-reading

T: Read the passage, work in pairs and complete the chart.

Traditional art form	Material used

T: Let's check it. Who can tell us?

S11: Sky lanterns are made of bamboo and paper.

S12: Paper cutting is made of paper.

S13: Chinese clay art is made of a very special kind of clay.

T: You three did good jobs. Thanks. As we know, Pam is interested in sky lanterns, paper cutting and Chinese clay art. She would like to know about their history how they came from. Do you know? You don't know, don't worry, let's come to the text that will help us. Look at Paragraph 2 and answer these questions.

1. Why did Zhuge Kongming send the sky lanterns?

2. What is the sky lantern made of?

T: S14, S15. You two, please ask and answer.

S14: Why did Zhuge Kongming send the sky lanterns?

S15: He did so to ask for help when in trouble.

T: S16, S17. You two, please.

S16: What is the sky lantern made of?

S17: It is made of bamboo and paper.

T: Thanks, you two. Wonderful. Hello, class. Read this paragraph again, fill in the chart.

T: S18, tell us your answer, please.

inventor		
purpose		
place to use		
things to make		
how to use		
symbols		

S18: Zhuge Kongming is the inventor.

T: Next, please.

S19: He sent them out to ask for help when in need.

S20: People use them during the festivals and other celebrations.

S21: They are made of bamboo and paper.

S22: Lanterns are lit, rise into the air.

S23: They are seen as symbols of happiness and good wishes.

T: All of you are great. Read with the tape, then introduce the lanterns to Pam who is interested in Chinese traditional art forms.

S24: Hello, ... May I ask you some questions about Chinese lanterns?

S25: Sure.

...

T: Give you two high five.

T: Now Pam knows about lanterns well. Let's come to the next traditional art form.

Ss: Paper cutting.

T: We are familiar with paper cutting. Please read this paragraph, and then fill in the chart.

how long	
opinion	
how to do	
the most common pictures	
where to put	
symbols	

T: Let's check it, please.

S26: It has been around for over 1500 years.

S27: It sounds easy but difficult.

S28: It is folded before it is cut with scissors.

S29: Flowers, animals and things about the beauty.

S30: Windows, walls and doors.

S31: Wishes for good luck and happiness.

T: Good. I have a question. Why does paper cutting sound easy but difficult? Who knows it?

S32: It is easy to cut the paper, if you want to cut it well, it is difficult.

S33: When you cut the paper, you should take care.

T: Right, if you want to cut better, you should practice and practice. Practice makes perfect. Right? Now who can introduce it to Pam?

S34: Pam, I know you are interested in Chinese paper cutting. Let me introduce it. Paper cutting has been around for over 1500 years. The common pictures are animals, and the things about Chinese history. They are seen as symbols of wishes for good luck.

T: S34, you did wonderful job. S35, can you continue to introduce how to cut the paper, please?

S35: First, the red paper is folded before it is cut. And then, they are put on windows, doors and walls.

T: OK. Let's come to the last traditional art form. What's it, the whole class?

Ss: Chinese clay art.

T: right. Now read the last paragraph, then answer these questions.

1. What are clay pieces made of?

2. Why is Chinese clay art special?

T: S36. Would you please do the first one? One asks, the other one answers.

S36: What are clay pieces made of?

S37: They are made of a special kind of clay.

T: Next you two, please.

S38: Why is Chinese clay art special?

S39: Because these small pieces of clay art show the love.

T: But how it is made, why it is special, what it can do and who it is made by. According to these, can you introduce it to Pam? 3 minutes prepare, please.

T: Time is up. Look at these key words, let's say it together.

T: S40, would you please?

S40: First, the pieces are shaped by hand from a special kind of clay and allowed to air-dry. After that, they are fired at a high heat.

T: Good, S40. S41, continue please.

S41: Then they are polished and painted. They show the love and beauty.

T: Good, S41. Next please.

S42: They are cute children or lively characters. Chinese clay art is well-known because the pieces are small but real.

T: Well done, guys! Why do people use the cute children or lively characters from a fairy tale or historical story? Discuss, please.

Group 1: Our group thinks the cute children are lovely.

Group 2: We think they can bring us hope.

Group 3: We think the lively characters from a fairy tale or historical story are heroes. They save the people on the earth.

Group 4: They can give us best wishes.

T: I have no correct answers, I am sure all of you are right. Thanks for your good imagination. Last question: How does the writer write the passage?

S43: Sorry. I don't know.

T: How about you two, who knows?

T: None. I tell you. First paragraph is general introduction, and the next three paragraphs are examples. Right?

Ss: Yes.总-分.

T: Right.

Step 4　Homework

Retell the passage, and prepare the next questions on the paper.

2. 第四课时课堂观察报告

这节课Z老师按读前、读中、读后三个环节设计。评价任务依据学习目标设计，并贯穿整个课堂教学，以期达到教、学、评一致。这节课设计了Pam在中国游玩时对中国传统手工艺品孔明灯、剪纸和泥塑产生了兴趣，在语境中使用一般现在时和一般过去时的被动语态，将语言知识学习的活动融入语境和语篇学习的过程中，在语篇意义建构和主题探究活动中，增强学生的语用意识，避免脱离语境孤立地进行语音、词汇和语法知识的教学。之后设计了三个开放性问题，Why does Chinese traditional art lose the young people? What should we do to save Chinese traditional art? Why do the foreigners like Pam love Chinese traditional culture?目的是培养学生理性思维、批判质疑和勇于探究精神，培养学生问题意识，培养学生独立思考、从多角度辨证分析问题并做出选择和决定的高级思维能力。由于这节课时间没控制好，课前放了5分钟潍坊风筝节视频，后三个开放性问题(为何青年人不喜欢中国传统手工艺品？为何外国友人喜欢？如何保护中国传统手工艺品?)讨论不能顺利进行。因此这三个问题留作家庭作业，下节课讨论。总体来讲，这节课基本上完成了教学目标，学生能够利用丰富的被动语态语言介绍中国传统艺术品(孔明灯、剪纸和泥塑)。

3. 第五课时课堂记录

执教教师：Z老师

教学时间：2018年6月26日，星期二，上午7:25—8:05

教学地点：S中学初二(1)班

班级人数：37人

Step1 Revision

T: Hello, guys! Today we will continue to talk about Chinese traditional art forms. What is today's objective, class? Read together, please.

Ss: By the end of the class, we will learn to deal with the cultural shock and write one essay about traditional art forms using the passive voice.

学生能够利用丰富的被动语态、合理的语言结构和多样的句子阐明如何正确处理文化冲击，能够运用丰富恰当词汇、句式写一篇有关传统文化艺术品的文章。

T: Yesterday we talked about Chinese traditional art forms. What are they about? Do you still remember?

Ss: Sky lantern, paper cutting and Chinese clay art.

T: Pam spends holiday with her friends in China. She is interested in them. Now she is in the Lantern Store. Here is a conversation between her and the owner of the store. Could you please make up a dialogue? S1 and your friend. You can choose your friend.

S1: Welcome to my store. I am the owner of this store. What can I do for you?

S2: I am interested in these lanterns. They are so nice. Could you introduce it?

S1: Sure. Lanterns have been in the world for about 1 800 years. Today, they are used during the festivals and other celebrations. Pam, if you like it, I'll sell it at a low price.

S2: Thanks.

T: You two did a good example. The whole class, let's introduce the sky lantern together to Pam.

Ss: . . .

T: As we know, Pam is also interested in Chinese paper cutting. Who can introduce it to her? S3, please.

S3: Paper cutting has been in the world for over 1 500 years. The most common pictures are animals and flowers. They are seen as symbols of wishes and happiness. If you cut the paper, first, the red paper is folded before it is cut with the scissors. Then, they are put on the doors and walls.

T: Good, S3. S4, again please.

S4: Paper cutting has been in the world for more than 1 500 years. The most common pictures are flowers and animals. They are seen as symbols of wishes and happiness. If you cut the paper, first, the red paper is folded before it is cut with the scissors. Then, they are put on doors and walls.

T: Pam is very interested in how to make Chinese clay art, right? Please make a conversation between Pam and her friend. S5 and S6, please.

S5: I love your Chinese clay art piece. Do you know how to make it?

S6: ...

T: Right now, we know how to make the clay art. Let's say together, please.

Ss: First, the pieces are shaped by hand and then allowed to air-dry. After drying, they are fired at a high heat. After that, they are polished and painted. They show the love and the beauty. They are cute children or lively characters. Chinese clay art is well-known because the pieces are small but real.

Step2　Post-reading

T: Hello, class. Please look at the slide, what is it about?

T: S7, what is it about?

S7: Traditional Chinese is facing a crisis.

T: What crisis, S8?

S8: Few people is taking up the art.

T: Yes, you are right. Chinese traditional art loses youth. More and more young people are learning Western art. Now please look at the slide. The Western tradition of sculpture began in Ancient Greece, and Greece is widely seen as producing great masterpieces in the classical period. During the Middle Ages, Gothic sculpture represented the agonies and passions of the Christian faith. Modernist sculpture put the emphasis on the depiction of the human body.

T: Hello, guys. What does it tell us?

Ss: About the history of western sculpture.

T: So how to save Chinese traditional art? Discuss in groups. Five minutes prepare.

Group 1: What we can do is to try our best to protect those traditional art forms and keep them alive. The government should...

Group 2: The society should...

Group 3: Our students should...

T: I do agree with all of you. The Chinese government should create a national Cultural Heritage Day. The society should hold some activities to promote the traditional art. For us students, it's our duty to take actions in our daily life. More and more foreigners love Chinese art. Why? Discuss it again, work in pairs.

S9: They love Chinese art because it is beautiful.

S10: It's the symbol of Chinese culture.

S11: It looks nice and lovely.

S12: They have something in common with Western culture.

S13: It carries best wishes for people.

T: You did wonderful jobs. China has a long and rich history in traditional art which is not only the symbol of Chinese people's wishes for beauty and good luck, but also great treasure for China and the rest of the world. They would like to know more about China through Chinese traditional culture. Behind this lie Chinese values and beliefs.

T: I know some of us visited London this summer. It's your first time, right. So you felt happy. How else did you feel this summer when you visited London?

S14: I felt excited.

S15: I felt amazed.

S16: I felt relaxed.

S17: I felt unhappy.

T: S17 felt unhappy. Maybe you had a culture shock. Do you know the meaning of the culture shock?

Ss: 文化冲击.

T: What should we do when we have the culture shock? Discuss in groups. 3 minutes prepare.

Group1: Get to know the new culture.

Group2: Go out and experience the new life.

Group3: Make a new friends.

T: Yes, right. The best way is to get involved. We should respect the differences so that we can get a better understanding of each other and live peacefully.

T: We have 8 minutes left. Time is not enough for writing an essay. Let's talk about your life experience in London. I am sure you guys have prepared for it well. S18, how about your group? Come to the front and share your happiness.

S18 and his group: Britain is such an amazing country, it has so many old and modern buildings. This is our first time to London. It's full of exciting and happy. When we were in London, the red double-decker buses interested us. The red double-decker buses are common in the UK and have a long history, also they have become a symbol of Britain. As a common traffic tool, we had a lot of chances to try it. When the buses were taken by us, we found it's a very awesome way to view London.

T: You guys had a good experience in London. Hello, class. What do you think of their experience and PPT according to the score rubric?

S19: In my opinion, they did a great job. I will give them 4.

T: I agree. What about another group?

S20 and her group: We went to London, too. The most interesting thing is that we have learned how to make hamburgers. First, we should prepare some bread, beef, tomatoes or something we like that were bought from the supermarket. Then, beef is put on a piece of bread. And then put something I like. After that, the other piece of bread is covered with them. Finally, we can enjoy it.

T: Thanks, you guys. We know how to make hamburgers now. Hello, class. What do you think of their presentation?

Ss: Good. Four, four.

T: I agree. Time is up. We don't have enough time to do this presentation. According to their report, we enjoy the city, building and scenery. If we have chance, we should go travelling around the world to open our eyes.

T: Let's end this class with one Chinese saying. Read it out, class!

Ss: A road of a thousand miles begins with a single step.

T: Do you know the meaning?

Ss:千里之行始于足下。

Step3　Homework

Retell the text and prepare tomorrow's PPT presentation.

4. 第五课时课堂观察报告

进行中外文化比较、培养跨文化交际意识和提高学生对中外文化异同的理解是学生发展核心素养的要求。这节课的教学目标是培养学生的人文底蕴和素养,包括人文积淀、人文情怀和审美情趣,重在培养学生能理解、尊重文化艺术多样性，培养学生发现、感知、欣赏、评价美的意识和基本能力，培养学生艺术表达和创意表现的兴趣和意识。这节课学生是开心的，去游学的同学分享了他们假期游学故事，其他同学作为评价主体，依据评分标准评判游学同学的展示。这节课的教学目标基本达成，学生能够利用丰富的被动语态语言、合理结构和多样化句子阐明如何正确处理文化冲击。但由于时间安排不当，写作教学推迟到下节课进行。

第三节　L 市乡村初中英语"教-学-评"一体化教学模式的实施效果

一、学生英语学习成绩的变化

本节使用 SPSS24.0 软件进行独立样本 t 检验，通过分析实施前后实验班和对照班英语学习成绩情况，探讨"教-学-评"一体化教学模式对乡村初中生英语学习成绩是否产生影响。

（一）前测

在学期初，实施"教-学-评"一体化教学模式前，对实验班和对照班 3 月的月考英语成绩做了前测分析，如表 8－23 所示：

表 8－23　实验班、对照班英语学习成绩前测独立样本 t 检验

	组别	样本量	均值(±标准差)	t	df	显著性(双尾)
前测	实验班(初二 1)	37	62.11(±14.124)	0.394	36	0.695
	对照班(初二 2)	37	63.27(±11.100)			

* 代表在 0.05 水平上显著，** 代表在 0.01 水平上显著，下同。

从表 8－23 数据得知，实验班的前测平均分为 62.11，标准差为 14.124，对照班的平均分为 63.27，标准差为 11.100，独立样本 t 检验显著性值 0.695

（$P>0.05$），表明在“教-学-评”一体化教学模式实施前，实验班和对照班的前测成绩没有显著性差异，对照班英语成绩略高于实验班。

（二）后测

在学期末，实施“教-学-评”一体化教学模式 4 个月后，再次对实验班和对照班的月考英语成绩做后测分析。具体情况见表 8－24：

表 8－24　实验班、对照班英语学习成绩后测独立样本 t 检验

组别	成绩	样本量	均值（±标准差）	t	df
实验组班级（初二 1）	后测	37	69.03（±11.803）	6.032**	36
	前测	37	62.11（±14.124）		
对照组班级（初二 2）	后测	37	64.68（±8.708）	1.449	36
	前测	37	63.27（±11.100）		

* 代表在 0.05 水平上显著，** 代表在 0.01 水平上显著，下同。

由表 8－24 的配对样本 t 检验数据得知，实验班的前后测成绩水平差异显著，实验班后测成绩水平显著高于其前测值（$P<0.01$）；而对照班的前后测值不存在显著性差异。上述表明英语“教-学-评”一体化教学模式对实验班学生成绩提升作用显著。

二、学生英语学习满意度的变化

在英语课堂上使用“教-学-评”一体化教学模式后，80％的实验班学生对课堂英语教学情况表示“满意”或“较为满意”；78.93％的学生认为对每节课英语学习目标达成情况更清楚了；81.38％的学生认为对每节课英语学习内容掌握情况更清楚了；63.76％的学生认为上课注意力更集中了；82.13％的学生认为课堂更活跃了，课堂讨论时间增多了；58.56％的学生认为教师课堂巡视增多了，帮助学生学习次数增多了；81.76％的学生认为教师围绕着“教-学-评”一体化教学，而不是按 PPT 教学了。70％的学生认为使用了“教-学-评”一体化教学模式后，学生自主学习、同伴交流及教师指导方面发生了积极变化。从实验班学生的问卷可看出以上的变化。

调查表明，学生对英语“教-学-评”一体化教学模式的使用是满意的，这种模式对促进学生学习是有效的。不妨来看一下同学们在使用了英语“教-学-评”一体化教学模式后的感受：

Z同学：现在我们在英语课上使用“教-学-评”一体化教学模式，我觉得挺好的。我发现我们上课思考时间多了，师生交流多了，课堂笑声也多了。

S同学：我们使用这一模式之后，发现我们有了更多思考空间和时间，甚至有了更多的课堂话语权。我们在参与活动过程中，与他人发生了争论，会产生要证实自己看法的欲望。这会激励我们在学习过程中不断去获得成功的体验，更激励我们要集中精力、耐心、毅力去积极探索。

的确，传统教学忽视了学生作为学习主体的能动性，忽视了教师无法取代学生自主选择、评价及逐渐发展的元认知能力。“教-学-评”一体化教学模式充分强调了学生在学习中的主体地位与作用。在活动中，学生畅所欲言，教师对学生会有更深入的了解，使教和学的节律合拍。在活动过程中，会产生生生、师生的多向交往。这种交往既能满足学生的求知欲，又能发挥学生的主观能动性，还能提高学生智力活动水平。这样，对学生的评价就会从学生的认知评价扩展到全面、多方面的评价体系，包括学习能力、态度、情感和学习方法等。这些评价可促进学生全面发展。

三、英语教师观念、行为的变化

长期以来，一线教师的传统观念为，教师“教了”等于学生“学了”，学生“学了”等于学生“学会了”。这种观念直接导致教师只关注教师“教”，不关注学生的“学”。经过了英语“教-学-评”一体化教学模式的课堂实践，Z老师对学习本质有了新认识，认同知识不是教会的，而是学生自己学会的；智慧不是赋予的，而是学生自己感悟的。教师的作用只是引起学习、维持学习和促进学习，因为在有效的教学过程中，学生必须完成信息的两次转换，即“人际转换”和“自我转换”。没有进行信息的自我加工，学生就难以学会知识。

21世纪要求教师做发展学生核心素养的专家，而不是传递碎片化知识技能的专家。这样，在课堂教学过程中如何组织学习过程、如何在时空中设计学习环境以及如何建构学习文化等一系列问题要求教师成为知识的探究者和学习者。这意味着视教师为“教的专家”的时代已结束，新时代需要的是“学的专家”。

观念的变化会引起行为的变化，也会引起教师的角色转变。使用英语课堂的“教-学-评”一体化教学模式，Z 老师的关注点发生了转变。从关注“英语教学内容”到关注“英语教学目标”，从关注“教”到关注“学”，从关注“教学统一”到关注“学生差异”。这种改变在于教师角色发生了变化，教师从“先生”变成了“导游”。导游和游客的关系不是支配与被支配关系，而是服务与被服务的关系。可见，教师的能力不是与生俱来的，而是基于自身的意愿，通过学习得来的。成为专家型教师可通过自我发展和相互学习的方式，但这两种方式都离不开反思两字。因此教师要进行回顾性反思，从经验中学习，深化洞察。除此，还要进行前瞻性反思，即面向未来、加深对实践的可能性思考。但无论哪种反思，都要修正计划、调整行动。

综上，在 S 中学实施初中英语“教-学-评”一体化教学模式，发现这种模式对学生英语学习成绩、学习兴趣、学习满意度等方面都产生了很大影响。学生课堂表现变化大，在课堂活动中，学生畅所欲言，产生生生、师生的多向交往。这种交往既能满足学生的求知欲，又能发挥学生的主观能动性，还能提高学生智力活动水平。使用“教-学-评”一体化教学模式，发现英语教师观念、行为发生了转变，教师的关注点也发生了改变：从关注“英语教学内容”到关注“英语教学目标”，从关注“教”到关注“学”，从关注“教学统一”到关注“学生差异”。

第九章

乡村初中英语“教-学-评”一体化教学模式有效实施的保障策略

虽然英语“教-学-评”一体化教学模式在S中学实施时，效果较好。但要使这种模式实施更有效，还需外部环境支持。任何教学模式的实施都离不开必要的保障条件，即能使教学模式发挥效力的各种条件及要素。本研究认为乡村初中英语“教-学-评”一体化教学模式有效实施的保障策略包括确保英语课程资源的合理配置、建立动力机制、营造文化氛围和完善制度保障。

第一节　确保乡村初中英语“教-学-评”一体化教学模式有效实施的资源合理配置

《义务教育英语课程标准(2022年版)》明确提出教师要学习和使用互联网提供的实时英语学习资源，给学生搭建自主英语学习平台，帮助学生扩大英语学习渠道，融合信息技术与英语课程，进一步提高学生学习英语效率。因此在乡村初中英语“教-学-评”一体化教学模式下，确保英语资源配置能有效提高课堂教学质量。这里的英语资源配置指英语课程资源的合理配置。

一、开发英语课程资源

(一) 乡村初中英语课程资源需求的多样性

由于学生存在需求差异，而且他们学习英语的能力和风格也各不相同，单一的英语课程资源已难以满足学生的多元化需求，因此要多渠道开发英语课程资源。L 市乡村初中英语课程资源需求情况见表 9-1：

表 9-1　L 市乡村初中英语课程资源需求程度均值表

名称	最小值	最大值	平均值	标准差	中位数
英语绘本、读本，英语寓言故事，英语精美短文等	1.000	5.000	4.300	0.763	4.000

由于本研究采用李克特五点计分量表进行正向赋值，因此可通过调研对象在各项上的均值来反映乡村初中英语课程资源需求情况。按照赋值规则，1.000 为非常差水平，2.000 为差水平，3.000 为一般水平，4.000 为较好水平，5.000 为非常好水平。从表 9-1 得知，开发乡村初中英语课程资源需求均值为 4.300，说明需求程度非常高。从需求内容看，需求呈多样性。

（二）因地制宜开发英语学习资源，思维与文化并行

《义务教育英语课程标准（2022 年版）》提出英语课程应体现工具性与人文性的统一。语言为学习者提供了认知工具，帮助他们思考并解决问题，语言还通过活动促使学习者之间进行文化交流或观念交换。英语学科培养学生思维品质，就是通过指导学生察看语言文化现象、分析文化异同以及其承担的价值观念。换句话说，东西方文化的理解、本族文化的认同以及文化意识的培养都离不开思维，没有正确的思维，就不会有深刻的文化理解和认同，文化意识也会受到影响。文化是人存在的根与魂。课程标准在文化知识学习与文化意识培育之间建立了联系，使立德树人得以有效转化，使文化品格内化于心、外化于行。

总之，思维品质和文化品格的养成除了要深挖英语教材内涵，还需开发各种英语课程资源。英语知识资源的载体非常丰富，有英语杂志、报纸、广播、电视、网络和广告等，它们都可视为英语学习内容。因此英语教师要重视内容资源的开发和利用，不要把教材当作唯一的英语学习资源，不要局限在英语教材上。还需开展各种课内、外文化实践体验活动，如开展英文经典电影赏析、英语演讲、读书会、戏剧节等校园活动和社会英语实践活动。这

些活动使校内、外两个世界相互沟通，一能给学生提供使用英语的机会和平台，二能有效帮助广大学生在英语文化体验中提升自己的综合语言运用能力、思维品质和文化品格。活动目的就是通过英语体验文化活动来落实立德树人，使英语学科的工具性和人文性统一。

二、建立线上、线下智能英语学习系统

（一）线上、线下智能英语学习的主要特征

学者何克抗认为线上、线下混合式教学模式结合了传统教学和网络化教学的优势。这种模式发挥了教师的主导作用和学生主动性，混合了以教为中心和以学为中心的教学模式。[①] 教师可根据实际情况灵活选择教学环境和教学方式，实现学生自主性学习以达到学习效果的最大化。调查 L 市乡村初中英语课堂使用“单纯线上”“单纯线下”“混合线上线下”等教学方式情况时，发现学生倾向线上教学方式。调查结果如表 9－2 所示：

表 9－2 教学方式调查表

教学方式	百分比
单纯线上	45.89%
单纯线下	8.93%
线上、线下	47.19%

从表 9－2 得知，学生更喜欢线上在场的教学方式。线上学习资源丰富，有英语歌曲、动漫、影视剧等大量视听材料，有填字、谜语等学生喜爱的游戏。课程栏有教师录制的微课、微视频等供学生在线观看。互动栏有作业的布置和批改，在线提问答疑等。总之，网络一可为学生提供当下时新真实的英语学习材料；二可通过云计算、大数据、智能化的语言识别，及时、准确地为学习者提供实时反馈；三可帮助学习者与全球范围内的虚拟学习群体成员进行互动。因此线上教学可改变传统课堂枯燥、低效的情况。通过线

① 刘改．开放大学混合式教学模式探析[J]．武汉冶金管理干部学院学报，2016，26(3)：42.

上、线下学习，可发展英语课堂学习交互性、合作性和探究性。

（二）线上、线下智能英语学习促进学生个性化养成

《新媒体联盟地平线报告（基础教育版）》认为个性化学习给未来五年的学校应用技术带来挑战。个性化学习更关注个体学生需求、兴趣和文化背景，并通过开展定制化教学给学生提供更多选择机会和差异化服务，最大化满足“异”学习，通过“异”学习来处理“差”问题。个性化教育更需要人工智能协助，人类需要它们采集数据，同时需要它们在此基础上进行智能分析，帮助人类监控英语教学质量，或帮助设计更有个性化的英语教学体系。

由于每个个体有不同经历以及经历所导致的“意义生产”，即价值观念、道德素养生成等都不相同，因此目前的班级授课制模式对个体个性化发展极为不利。因为它是根据工业社会批量化生产原理，把同一年龄段学生安排在同一教室，由同一位教师按照同样的教材和同样的进度开展教学活动，并用同一种评价工具来衡量学生英语掌握情况。显然，在当时具有进步意义的这种模式已不适合当今学生，因为这种模式漠视学生独特性成长的需求。应从学的角度出发，关注学生兴趣和爱好，开发多样化和个性化的英语资源，这样，才能确保乡村初中英语“教-学-评”一体化教学模式的有效实施。

第二节　建立乡村初中英语“教-学-评”一体化教学模式有效实施的动力机制

《义务教育英语课程标准（2022 年版）》提出教师应不断更新学科专业知识，提高自身语言和文化素养。因此在英语“教-学-评”一体化教学模式下，高素质、专业化的乡村初中英语教师是提高课堂教学质量的重要保障。

一、教师的理念更新是动力之源

（一）教师由自然人向职业人的异化

改革开放以来，随着我国经济飞速发展，经济主义文化蔓延全中国。在

这种背景下，人们认为发展经济是最高目标，因此认为知识与技能是第一位。在这一语境影响下，教师忽视了自身素养的提升，只追求知识与技能发展，忽视情意发展，一味给社会培养“经济人”。这使教师异化为单一的“职业人”，造成了“自然人”的失落。

“科学技术是第一生产力”的提出促使技术主义的盛行，也推动了技术主义文化语境的出现。强调术而轻道，导致看重技术的使用效果，忽视价值指向与意义追寻。[①] 受这种语境影响，教师热衷教学方法与技术的学习，而冷落这些背后的理论。换句话说，教师失去了对生命价值的关注与反思，说明教师在其专业发展过程中的技术主义倾向。教师追寻“职业人”而淡忘“完整人”的意义，割裂了其自身“职业人”与“自然人”的统一。调查L市乡村初中英语教师专业方面最想提升这一问题时，发现想提升口语的英语教师占70.59%，想提升教学技能的占54.67%，想提升科研能力的占55.36%，想提升教学管理能力的占62.63%，想提升跨文化交际能力的占59.13%，而想提升心理学和教育学理论的只占48.79%。可见，L市乡村初中英语教师的理念还是职业人取向，具体见表9-3：

表9-3　最想提升的方面

选项	百分比
口语	70.59%
教学技能	54.67%
科研能力	55.36%
教学管理能力	62.63%
跨文化交际能力	59.13%
心理学和教育学理论	48.79%
其他	6.23%

① 陈得军.课堂教学异化批判及破解的可能路径[J].教育理论与实践，2018，38(25)：51-55.

（二）英语教师理念更新的途径

在调查L市乡村初中英语教师压力时，发现最大压力来自学生考试成绩。可见考试制度既影响教师身心健康，也影响了教师专业发展。具体见表9－4：

表9－4 压力来源

名称	最小值	最大值	平均值	标准差	中位数
个人财务状况	0.000	1.000	0.340	0.479	0.000
学生考试成绩	0.000	1.000	0.700	0.463	1.000
教学压力太大	0.000	1.000	0.560	0.501	1.000
学校制度和管理	0.000	1.000	0.420	0.499	0.000
家庭责任和自家孩子教育	0.000	1.000	0.520	0.505	1.000
职称评比	0.000	1.000	0.540	0.503	1.000
知识焦虑	0.000	1.000	0.380	0.490	0.000

由表9－4得知，教师只要适当改善个人财务状况、负起家庭责任、教育好自己的子女，就能实现家庭幸福。教师只要坚持给自己充电，了解并把握知识和信息的发展脉络，及时更新知识和教育教学理念，适当看淡学生成绩，适度给自己减压，明确教是为了帮助学生学，变教学压力为助学动力时，就能实现师生在教育教学中的和谐关系。乡村初中英语教师只有自觉更新教学理念，化压力为动力，才能有效实施英语“教-学-评”一体化教学模式。

二、教师的专业技能提升是实践途径

（一）教师要提高专业技能的发展能力

教师要提高自身素养，除了有效利用外部驱动式专业发展的机会和资源之外，也要主动发展自身专业。只有这样，教师才能促进专业发展。调查L市乡村英语教师课外阅读英文报刊书籍、观赏英文经典影视剧情况，发现经常阅读、观赏的英语教师只有30.80%，总是阅读、观赏的只有3.81%。见表9-5：

表9-5　英文报刊书籍影视剧阅读、观赏情况

选项	百分比
不看	4.15%
偶尔	51.9%
不确定	9.34%
经常	30.80%
总是	3.81%

英语教师要想提高自身素养，思想决定行动。只有转变观念，教师才能发展自身的专业自主性。这样，英语教学才有方向，课堂才有效益，教学质量才能提高。在设计教学时，英语教师要充分考虑到课标、教学、学习、评价的一致性。即教师无论从英语学习目标的确定，到学习活动和评价活动的设计，还是到实现目标各种手段的设计和选择，都要牢记此理念，这样才能保障每一个学生在现有基础上有所发展。

（二）促使教师成为知识的生产者

当今社会，学生接受知识的途径较多，教师已不是唯一来源，这种局面动摇了教师地位。因此教师不仅要学习、掌握创造知识，而且要成为知识生产者。教育不仅传授知识，而且促进人与人之间的心灵交流。教师工作的复杂性、不确定性就在于此。因此许多专家学者提出了缄默知识，希望教师能使这些知识显性化，并能成为知识生产者。知识生产需要一个过程，分为普通知识生产和高级知识生产。普通知识生产主要指叙述事实，高级知识生产指创造思想和理论。因此根据教师工作的实践性特点，教师可通过写教学反馈、教学反思等方式来叙述事实，通过创生实践性的缄默知识来提高自身素养。但调查L市乡村英语教师课后反思情况，发现只有15.22%教师写教学日记，13.15%教师做教学行动研究。可见，促进教师成为知识生产

者任重道远。

三、学校的组织和引领是有效保障

英语“教-学-评”一体化教学模式的实施从本质上说是学校层面的行为，因此离不开学校的严密组织和有效引领，具体体现在以下几个方面。

（一）学校的严密组织

学校的有效组织首先体现在学校应以备课组为单位落实集体备课制度，并使之常态化、制度化。集体备课时间、地点、人员应固定，备课主题要明确，每次集体备课应突出重点，主持人、主讲人和记录人要明确分工、责任，突出实效，不走过场。在集体备课中，骨干教师要毫无保留地分享自己的教学经验，青年教师要谦逊积极学习，同时也要大胆提出自己的看法。学校教务和教研部门要定期检查并进行人性化考核，把集体备课当作青年教师成长和教学质量提升的重要途径。

（二）学校的有效引领

学校的有效引领主要体现在以下几个方面。一是走出去，即定期安排本校教师外出观摩、学习、进修。二是请进来，把外单位的专家请来，学习他们先进的经验和做法。他山之石，可以攻玉。三是校内树标杆，树典型，开展榜样在身边活动，宣传学习其先进事迹和思想理念。

第三节　营造乡村初中英语“教-学-评”一体化教学模式有效实施的文化氛围

《义务教育英语课程标准（2022 年版）》提出要建设教学团队，形成教研机制，开展教师间合作与研究。因此要提高乡村初中英语“教-学-评”一体化教学模式的教学质量，英语教学团队建设十分重要。

一、建立乡村初中英语教研共同体

调查 L 市乡村初中英语教师课后反思情况，发现教师喜欢课后与同事探讨教学得与失。具体见表9－6：

表9－6　有关课后反思情况

选项	百分比
不反思	0.35%
写教学日记	33.91%
教学行动研究	34.60%
与同事探讨	86.85%
其他	14.88%

从表中得知，86.85%教师选择与同事探讨课堂得失，但这种碎片化交流不利于教师系统成长。为了使乡村初中英语“教-学-评”一体化教学模式更有效，学校要建立英语教研共同体。在共同体中，教师一起学习、实践、观察和反思教学中的每一步，在合作中分享思想和解决问题，创造出一个学校范围内学习条件始终如一并且有效的工作环境。教师一起确定共同目标，收集、分析学习证据和解决问题。目的是帮助学生实现高水平的学习自主性。当共同体在学生学习和学业成绩数据上进行合作时，教师工作会更有效，同时更易产生工作满足感。这既能鼓舞教师，又能在学校环境中创造出更多的社会资本和人力资本。

总之，共同的表现量规、评估体系和教学语言会提升教师教学的热情，会提高学生的学习成绩，也会带来以下三个方面的转变。其一是基础的转变，共同体关注的是课标和学习目标，而不是以前的教学活动和教学资源。因为关注教学活动和教学资源很难准确判断学生应该学什么、做什么以及学生思维认知和实践能力应该达到什么水平。其二是从讲解模式向共享式教学规划的转变，因为从共享式教学规划中产生的学习成果能够体现固定的标准和义务。其三是从滞后数据到领先数据的转变。如果共同体专注于滞后学生数据，即教师直到学生离开课堂之后才收到年终评估数据，这对教师指导学生实践为时已晚。教师也不清楚分析这些数据后该采取什么行动，或是用这些滞后数据来确定下一年目标。可想而知，这样的数据不能给当下的教学实践带来明显帮助。如果共同体转向领先数据分析，教师会实时看到学生朝着课标前进，同时他们可以共同分享和反思数据，并立即调整教学来促进学生学习。

二、创新乡村初中英语教研活动

调查L市乡村中学学科之间交流沟通情况，发现64.01%英语教师比较支持英语学科与其他学科融合教学，具体见表9-7：

表9-7　英语学科与其他学科融合教学

选项	百分比
非常反对	1.04%
比较反对	2.77%
不确定	19.72%
比较赞同	64.01%
非常赞同	12.46%

至于校际交流、沟通，39.45%教师非常赞同，22.84%教师比较赞同。具体见表9-8：

表9-8　校际英语交流情况

选项	百分比
非常反对	0.35%
比较反对	0.35%
不确定	37.01%
比较赞同	22.84%
非常赞同	39.45%

调查L市乡村初中英语教研情况，发现教师培训级别大多是校级和市级，参加的类型大多是线上培训和普通类型培训，具体见表9-9、表9-10：

表9-9　培训级别

选项	百分比
校级	77.85%
市级	74.74%
省级	43.60%
国家级	11.76%
其他	11.76%

表9-10　培训类型

选项	百分比
普通培训	91.70%
座谈	41.52%
线上学习	80.28%
科研课题	32.87%
其他	11.76%

从表中得知，L市乡村初中英语教师愿意与不同学校和不同学科的老师进行合作、交流。因此学校教研时，教研组要打破学科框架、年级局限，要开拓教师视野。即基于课程整合，教研应走出学科、学校，与更多的职业人共同学习。因为教研活动有助于教师专业发展。要使教研活动有效，还要关注教师性格差异。这可帮助教师科学认识自己，提高自我内省能力。同时也可在以下几个方面进行创新：一要加强教师参加研修会式的教研活动，培养教师专业发展能力；二要创新教研活动实施中的活动技巧与方法，使教师产生一体感；三要保障教师的多样性。总之，在教研中要加强英语教师对话

机制，加强英语教师课题意识、信念、知识和技能的学习。这是英语教师磨砺、内化和实践化的过程。

第四节　完善乡村初中英语“教-学-评”一体化教学模式有效实施的制度保障

评价是乡村初中英语“教-学-评”一体化教学模式的重要组成部分，其功能是促进学生学习英语，改善英语教学，完善课程设计方案，提升育人质量，但现实中的功利性评价禁锢了师生成长。因此完善制度是实施乡村初中英语“教-学-评”一体化教学模式的保障。

一、改善考试制度的导向作用

2014年颁布的《国务院关于深化考试招生制度改革的实施意见》明确规定坚持育人为本，遵循教育规律，促进学生健康成长，改变片面应试教育偏向，培养德智体美全面发展的人。[①]《教育部关于全面深化课程改革　落实立德树人根本任务的意见》明确指出加强考试招生和评价育人导向，提出各级考试命题单位要严格依据国家课程标准和人才选拔要求组织中、高考命题并评估质量，保证考试科学性、导向性和规范性。[②]《义务教育英语课程标准(2022年版)》强调要依据英语学科核心素养内涵和课程目标，明确规定命题导向及原则，重点评估学生英语学科核心素养发展状况。

与乡村初中英语教师教学工作最相关的依据有两个：一是英语课程标准和与之相配套的教材，二是英语考试大纲和与之相配套的试卷。从逻辑上讲，考试大纲应与课程标准保持一致。但在实践中，课程标准更多的是针对教育教学过程，而考试大纲是用于检查教育教学结果。显而易见，后者对教师的影响更大。目前的考试评估仍然是考查学生知识掌

---

① 陈志国.直面新高考：“考”“教”如何无缝对接？[J].中小学管理，2017(9)：5-8.

② 赖长春.基于标准的命题质量评估研究[J].教育科学论坛，2018(16)：5-9.

握情况，因此考试评价内容就决定了教师教什么以及怎样教。[①] 英语教师要转变理念，要依据英语学科核心素养为本位的课程目标来进行英语课堂教学。

（一）指向英语学科核心素养的测评内容

现在大多数英语考试重视考查学生语言综合运用能力，但英语学科核心素养不只是英语知识能力，还有思维品质、文化意识和学习能力。《义务教育英语课程标准（2022 年版）》明确规定英语学业水平考试不仅要考查学生英语语言运用能力，而且还要考量文化意识、思维品质和学习能力。目前的阅读理解试题仍以考查学生低阶思维为主，如识别、提取事实性信息，涉及评价、阐释方面的试题很少。《义务教育英语课程标准（2022 年版）》规定学生不仅要能区分事实与观点，而且要能识别事实和观点之间的逻辑关系。至于书面表达，先前只需学生用英语来描述，但英语课标要求学生能在书面表达中有条理地描述自己或他人经历，阐述观点，表达情感态度；能描述事件发生、发展过程；能描述人或事物的特征，并在口头表达中有目的地选择词汇和语法结构。因此在教学过程中，英语教师要重点关注学生语言知识能力、学生思维品质、文化意识和学习能力。

（二）使用相对真实、完整的英语语言素材

《义务教育英语课程标准（2022 年版）》提出英语教学内容应融入主题语境、基于语篇开展教学，但当前中考英语试题所采用的语篇是节选内容，篇幅较短、内容不够真实、结构不完整，不利于考查学生分析、评价、阐释以及整体把握语篇的能力。因此在英语课堂教学中，要增加语篇的数量，因为语篇通过不同的语体和文体形式，以其特有的结构、内容组织形式和语言来传递文化知识，而文化包含价值取向和思维方式，这有利于发展学生语言技能和英语学科核心素养。因此在教学中增加实用生活类语篇可促使学生在实际外语环境中学以致用，增加议论文篇数可发展学生思辨能力，增加文学类语篇可引发学生情感共鸣。这些有利于培养学生的人文素养。

① 周彬. 教育考试与评价政策[M]. 上海：上海教育出版社，2011：74.

二、完善乡村初中英语教师教学评价素养的评价制度

2000年，《〈教师资格条例〉实施办法》指出申请认定教师资格者应具备承担教育教学工作所必需的基本素质和能力。① 就理论而言，教师基本素质和能力应包含教学评价素养。但实际上，即使在教师资格证考试中涉及教师教学评价素养的试题也很少，至于有关英语教师评价素养的研究就更是寥寥无几。要使英语课堂有效开展"教-学-评"一体化教学模式，这需要在教师职前培训课程中开设评价课程，以及在职后教师考评中增设考查教学评价素养的内容。

（一）英语教师职前培训应增设评价课程

一般来说，教师职前教育课程主要有基础教育课程、学科专业课程、教育专业课程和教育实践课程。教育专业课程是未来教师储备教育教学专业知识的必修课程，也是提高教师教育专业化水平和教师职业专门化程度的重要保证。② 教育专业课程主要有教育学、心理学、教育技术学和学科教法，但是没有教育评价课程。教育评价内容往往是教育学教材中的某一章，这与其在实践教学中的重要地位极不相符。因此我国教师职前教育除了要设置教育评价相关课程之外，还需匹配有关评价所需的基本技能和实践训练。

（二）在职英语教师考评中应重视教学评价素养的考查

《中学教师专业标准（试行）》对教师教育教学评价能力有具体要求：一是利用评价工具和评价方法，对学生发展进行多视角、全过程评价；二是引导学生进行自我评价；三是自我评价教学效果，及时调整和改进教学工作。③ 这三条标准主要对教师评价学生、学生自评和教师自评三个问题进行描述和规定，也成为学校对教师教育教学评价素养进行评估和考查的依据。

---

① 肖笑飞，李佳娟. 我国教师资格考试问题的研究[J]. 中国校外教育（理论），2008(12)：10.

② 闫建璋，王瑞敏. 公共走向专业：高师院校教育类课程的时代选择[J]. 宁波大学学报（教育科学版），2012，34(5)：7-11.

③ 中华人民共和国教育部. 中学教师专业标准（试行）[EB/OL]. [2011-12-12]. http://www.moe.gov.cn/srcsite/A10/s6991/201209/t20120913_145603.html.

因此评价改革能否成功要看教师能否把课程标准的评价理念和手段运用到日常课堂教学中，能否应用科学合理的评价方法帮助学生认识自己，以提高课堂教学效益，实现师生共同成长。

第十章

结论与反思

本章主要回顾了研究过程，概括主要研究结论和反思，揭示创新之处，并简明概述进一步研究方向。

第一节　研究结论

本研究通过对乡村初中英语教、学、评存在的一些问题进行反思，确定了研究主题，即乡村初中英语“教-学-评”一体化教学模式。同时，生态学理论、教育目标分类学理论、有效教学理论、整体主义理论和二语习得理论赋予了本研究科学分析框架，然后系统思考了乡村初中英语“教-学-评”一体化教学模式的构建以及它如何有效提高乡村初中英语课堂教学质量这一问题。最后，本研究综合上述各种研究结果，得出以下四点结论。

一、实施英语“教-学-评”一体化教学模式是当今课改的要求和趋势

自 2001 年新课程改革以来，虽说英语课程与教学实践也发生了变化，但唯知识取向的教学理念依旧没有改变。现实教育不过是一种灌输式的“存储行为”，灌输是传统教学低效的根本原因，它造成了以下问题：一是目标混沌，二是教学无序，三是评价缺失。而英语“教-学-评”一体化教学模式指向有效教学，指向学习结果。它倡导在英语课堂教学中整合教学、学习、评价三要素，发挥评价在英语教学过程中的功能，促使评价最大限度改进教学与

学习。即把评价运用到学习过程中，以评促学；把评价用作教学工具，在教学中开展评价，使评价不再游离于教学过程之外。换句话说，评价一直镶嵌在整个教学过程中，与教学、学习构成一个互动良好的有机整体，以评促教、以评促学，提升英语课堂教学质量。因而，“教-学-评”一体化教学模式更凸显评价在学习活动过程中的判断、反馈和促进功能，更强调“教”“学”“评”三要素是不可分割、相互融通的关系。

二、目前乡村初中英语课堂教学存在失衡现象

从“教-学-评”一体化视角看，乡村初中英语教学存在不同程度的生态失衡，英语教学目标、教学实施和教学评价整体匹配不协调。在课堂教学中，英语教师往往比较倾向于“怎么教”和“教什么”。“怎么教”指教师关注教学的呈现和示范方式，不太关注学生是否学会。这种教学更多的是站在教师立场上看问题。“教什么”指教师关注通过途径寻找教科书中没有的资源，不太关注目标，不太关注内容是否适当、学生是否有兴趣等。这种教学更多的是站在内容立场上看问题。这两种立场都不能有效帮助学生学习。影响乡村初中英语“教-学-评”一体化教学模式的因素既有个人因素也有环境因素。个人因素包括英语教师教学思维方式对立、英语教师专业能力薄弱、学生英语学习观缺失、学生英语学习兴趣和学习策略缺失、学生评价素养缺失、学生参与评价功能缺失等因素；环境因素包括学生不“在场”英语培训功能异化、英语教学资源不足、英语学习语境制约、社会评价标准的影响、教研活动中评价研究意识缺席以及课堂评价制度失衡等环境因素。因此实施乡村初中英语“教-学-评”一体化教学模式利于校正目前乡村初中英语存在的教学失衡现象。

三、嵌入式和合一式英语“教-学-评”一体化教学模式是有效的教学模式

英语“教-学-评”一体化教学模式强调教师要将教学与评价的作用延伸到课前与课后，教师可以从课前的教学与评价设计环节、课堂教学环节到课后师生教研环节将教学、学习与评价融为一体。因此乡村初中英语“教-学-

评”一体化教学模式包括英语教学准备环节、英语教学实施环节和英语教后反思环节。在“教-学-评”一体化视域下，乡村初中英语课堂教学存在两种具体教学模式，一种是嵌入式，另一种是合一式。嵌入式初中英语“教-学-评”一体化教学模式将英语评价活动视为英语课堂教学活动中组成部分或一个环节，教学目标中一部分目标与评价目标共享。根据评价目标，与之匹配的评价任务和评分标准构成评价活动被嵌入教学活动中，对学习活动和教学活动进行评价。这样，师生对要完成的任务和标准都是清楚的。师生从中也获取了任务完成情况的各种信息，同时将这些信息用到下一环节的教学任务中。合一式初中英语“教-学-评”一体化教学模式的教学过程实际就是评价实施过程，发挥评价即教学、评价即学习的作用。它适用于英语大单元、大主题教学，对促进英语教学方式的转变发挥作用。同时，也促进了学生开展合作学习、探究学习和自主学习等。

四、英语“教-学-评”一体化教学模式的实施有助于提高乡村初中学生学习成绩和满意度

通过案例研究发现，使用嵌入式和合一式英语“教-学-评”一体化教学模式，乡村初中学生的学习成绩、学习兴趣以及学习满意度都发生了变化。学生课堂参与度提高了，学生更愿意学习了，学生对学习目标、评价任务和学习任务更清楚了，学生学习也更有效了。同时，英语教师对学习本质有了新认识，认同知识不是教会的，而是学生自己学会的；智慧不是赋予的，而是学生自己感悟的。教师的作用只是引发学习、维持学习和促进学习。因为在有效教学过程中，学生学习必须完成信息的两次转换，即“人际转换”和“自我转换”，如果没有进行信息的自我加工，学生就难以学会知识。总之，在乡村初中英语课堂使用“教-学-评”一体化教学模式，教师的关注点发生了转变，从关注“英语教学内容”到关注“英语教学目标”，从关注“教”到关注“学”，从关注“教学统一”到关注“学生差异”。

第二节　研究反思

一、创新之处

本研究努力在乡村初中英语“教-学-评”一体化教学模式方面做出尝试，所获结论在以下方面具有一定新意：

（一）研究内容的创新

基于对“教-学-评”相关研究较全面综述与分析，本研究从多个角度考察乡村初中英语课堂教学，从而能够较全面了解英语“教-学-评”一体化教学模式的构成要素和结构特征。在英语“教-学-评”一体化视域下，本研究提出了两种初中英语教学模式，一种是嵌入式，另一种是合一式。并通过案例研究来验证初中英语“教-学-评”一体化教学模式的实施效果，为新时代乡村初中英语课堂教学改革提供了一定的借鉴。

（二）研究方法的创新

本研究通过混合式研究设计，确定了量化调查研究和个案研究相结合的研究策略，通过对 L 市乡村初中学校师生抽样调查，描述了乡村初中英语教、学、评现状、影响因素以及嵌入式和合一式初中英语“教-学-评”一体化教学模式的框架结构和活动程序。随后，以深入的个案研究来验证乡村初中英语“教-学-评”一体化教学模式的实施效果，并提出了乡村初中英语“教-学-评”一体化教学模式有效实施的保障策略，最后形成了研究结论，实现了量化研究与质性研究的结合。

二、研究展望

（一）培育学生成为自我教育者

智能化背景下，乡村初中英语“教-学-评”一体化教学模式是指向初中学生的培养和发展，而不是把学生变成储存信息的机器。当下人工智能研究方向是让机器像人一样拥有独立意识。这给教师指明了方向，英语课堂教学要提升学生的自主意识，把学生培育成自我教育者。而创造性意识体现为学生是否有原创的意识。要使学生有这种意识，需把学生培养成真正的学习者。因此英语课堂教学必须把教育对象变成自己能教育自己的主体。不仅让学生在英语课堂学习知识，而且要培养他们拥有关注人类命运共同体的人文情怀。在未来的英语“教-学-评”一体化教学模式里，乡村教师要思考教什么知识、如何组织学习才能够使学生成人？英语不再仅仅是一种交流工具，乡村英语教师还要考虑它的人文性。借助英语，乡村教师要帮助学生理解与自我、与他人、与世界有意义的联结，不断加深他们对“人”意义的理解。

（二）使师生适应教育信息化

21 世纪的英语“教-学-评”一体化不再仅仅与网络英语学习资源有关，而是成为与智能化有关的在线学习平台。这种平台具有很强的交互性，既可提供反馈信息，又能与学生进行互动。其通过应用信息技术，把传统英语教学中应该做的且已经做了的做得更好、更有效。例如，以实现扩大语言输入为目的，为学生提供更新颖的、更有针对性的真实英语学习材料。同时，信息技术可以帮助学生选择更适合的英语阅读材料、帮助学生记录阅读轨迹等。通过云计算、大数据、智能化的语言识别，及时、准确了解学生英语学习情况，为学习者提供实时反馈。还可帮助学习者克服时间和空间限制，与全球范围内的虚拟学习群体成员进行互动。

附　录

附录一　乡村初中英语教师教学现状调查问卷

亲爱的老师：

您好！感谢您在百忙之中抽出时间接受此次问卷调查。该问卷主要目的是了解乡村初中英语教学的现状，请您根据实际情况填写！本问卷仅作研究之用，无须署名。衷心感谢您的支持与合作！

第一部分　个人基本信息

1. 您的性别

A. 男　　B. 女

2. 您的学历

A. 大学专科　　B. 大学本科　　C. 硕士　　D. 博士　　E. 其他

3. 您的职称

A. 中学二级　　B. 中学一级

C. 中学高级　　D. 正高级　　E. 其他

4. 您的教龄

A. 不到 5 年　　B. 6～10 年

C. 11～15 年　　D. 16～20 年　　E. 20 年以下

5. 您的周课时

A. 10 节以下　　B. 10～15 节

C. 15—20 节　　D. 20 节以上　　E. 其他

6. 您感到有压力的是(可多选)

A. 个人财务状况　　B. 学生考试成绩

C. 教学压力太大　　D. 学校制度和管理

E. 家庭责任和自家孩子教育　　F. 职称评比

G. 知识焦虑　　H. 其他

7. 您的职业痛点

A. 学生安全问题　　B. 批评教育学生造成不良后果

C. 与家长争议和冲突　　D. 来自上级的检查工作

E. 学生成绩　　F. 各方的评价　　G. 其他

第二部分　初中英语教学设计

8. 英语学科核心素养和课程标准

(1) 您了解初中英语课程标准

A. 不了解　　B. 有点了解

C. 不确定　　D. 比较了解　　E. 很了解

(2) 您知道英语学科核心素养

A. 不了解　B. 有点了解

C. 不确定　D. 比较了解

E. 很了解

(3) 您能完整说出英语学科核心素养内容

A. 不能说出　　B. 能说出部分

C. 不确定　　D. 比较完整　　E. 很完整

(4) 您能完整说出英语课程标准

A. 不了解　　B. 有点了解

C. 不确定　　D. 比较了解　　E. 很了解

9. 您参照英语教辅用书制定教学目标

A. 非常反对　B. 比较反对　C. 不确定　D. 比较赞同　E. 非常赞同

10. 您根据学生实际英语水平和教材内容制定教学目标

A. 非常反对　B. 比较反对　C. 不确定　D. 比较赞同　E. 非常赞同

11. 您设计的教学目标

(1) 依然会把关注的重点放在基础知识和基本技能上

A. 非常反对　B. 比较反对　C. 不确定　D. 比较赞同　E. 非常赞同

(2) 不够清晰指向英语核心素养

A. 非常反对　B. 比较反对　C. 不确定　D. 比较赞同　E. 非常赞同

(3) 当前普遍采用的英语教学方式难以支持英语核心素养目标落地

A. 非常反对　B. 比较反对　C. 不确定　D. 比较赞同　E. 非常赞同

(4) 当前普遍采用的以纸笔测试为主的评价方式难以支持英语核心素养目标落地

A. 非常反对　B. 比较反对　C. 不确定　D. 比较赞同　E. 非常赞同

12. 您处理教学目标

(1) 您会在课前告知学生英语教学目标　A. 是　B. 不是

(2) 您认为教学目标的行为主体是　A. 教师　B. 学生

(3) 您会用教师用书的单元目标作为教学目标　A. 是　B. 不是

第三部分　初中英语课堂教学实施

13. 您认为一切英语教学活动以教师为中心

A. 非常反对　B. 比较反对　C. 不确定　D. 比较赞同　E. 非常赞同

14. 您使用下列英语教学法频率

(1) 朗读、重复和句型操练

A. 从不　B. 偶尔　C. 不确定　D. 经常　E. 几乎总是

(2) 对话、小组活动

A. 从不　B. 偶尔　C. 不确定　D. 经常　E. 几乎总是

(3) 表演、辩论和讨论

A. 从不　B. 偶尔　C. 不确定　D. 经常　E. 几乎总是

(4) 对话日记、自由写作和反思性写作

A. 从不　B. 偶尔　C. 不确定　D. 经常　E. 几乎总是

(5) 现场体验和项目合作

A. 从不　B. 偶尔　C. 不确定　D. 经常　E. 几乎总是

(6) 补充教材内容的文化背景

A. 从不　B. 偶尔　C. 不确定　D. 经常　E. 几乎总是

(7) 删减、调整教学内容

A. 从不　B. 偶尔　C. 不确定　D. 经常　E. 几乎总是

(8) 会针对不同层次学生选择不同教学内容

A. 从不　B. 偶尔　C. 不确定　D. 经常　E. 几乎总是

(9) 会针对不同层次学生选择不同教学方法

A. 从不　B. 偶尔　C. 不确定　D. 经常　E. 几乎总是

15. 您认为师生情感影响教学

A. 完全不赞同　B. 不赞同　C. 不确定　D. 赞同　E. 完全赞同

16. 课堂中运用多媒体设备辅助教学

A. 完全不赞同　B. 不赞同　C. 不确定　D. 赞同　E. 完全赞同

17. 课堂中经常提醒学生注意“升学考试重点”

A. 非常反对　B. 比较反对　C. 不确定　D. 比较赞同　E. 非常赞同

第四部分　初中英语教学评价

18. 您认为教学评价主体是教师

A. 非常反对　B. 比较反对　C. 不确定　D. 比较赞同　E. 非常赞同

19. 英语教学评价内容是测试和作业

A. 非常反对　B. 比较反对　C. 不确定　D. 比较赞同　E. 非常赞同

20. 您设计课文文本评价活动

A. 是非题或选择题　B. 关键词填空　C. 表演、采访等表现性任务活动　D. 背书　E. 不确定

21. 您使用的评价方法是教师评价、学生自评和同伴互评

A. 非常反对 B. 比较反对 C. 不确定 D. 比较赞同 E. 非常赞同

22. 在日常教学过程中，您习惯在英语课堂观察学生对教学的各种反应，根据学生评价结果来改变计划

A. 非常反对 B. 比较反对 C. 不确定 D. 比较赞同 E. 非常赞同

23. 您从学生作业来反思自己的教学是否应改进

A. 非常反对 B. 比较反对 C. 不确定 D. 比较赞同 E. 非常赞同

24. 在日常教学中，您会组织课前测试、课中适时评价、课后测试，并将评价结果反馈给学生，同时调整自己的教学

A. 非常反对 B. 比较反对 C. 不确定 D. 比较赞同 E. 非常赞同

25. 您认为

(1) 英语评价能有效提高课堂教学质量

A. 非常反对 B. 比较反对 C. 不确定 D. 比较赞同 E. 非常赞同

(2)你认为英语“教-学-评”一体化是一种先进的理念

A. 非常反对 B. 比较反对 C. 不确定 D. 比较赞同 E. 非常赞同

(3)在实际英语课堂上难以操作“教-学-评”一体化

A. 非常反对 B. 比较反对 C. 不确定 D. 比较赞同 E. 非常赞同

26. 您认为学生因素使“教-学-评”一体化难以落实

A. 非常反对 B. 比较反对 C. 不确定 D. 比较赞同 E. 非常赞同

第五部分 初中英语教师专业发展

27. 您参加的教师培训级别为(可多选)

A. 校级 B. 市级 C. 省级 D. 国家级 E. 其他

28. 您参加的教师继续教育类型为(可多选)

A. 培训 B. 座谈 C. 网上学习 D. 科研课题 E. 其他

29. 在专业方面最想提升

A. 不想提升 B. 口语 C. 教学理论 D. 科研能力 E. 教学管理能力 F. 心理学与教育学 G. 跨文化交际能力 H. 其他

30. 您想在哪些方面进行课后反思

A. 写教学体会　B. 写教学机制　C. 写教学反馈　D. 写再教设计　E. 其他

31. 您如何进行课后反思

A. 不反思　B. 写教学日记　C. 教学行动研究　D. 与同事探讨　E. 其他

32. 您平时是否看英文报刊杂志书籍或美剧

A. 不看　B. 偶尔　C. 不确定　D. 经常　E. 总是

33. 学校开展英语教研活动和公开课

A. 从不　B. 二周一次　C. 一个月一次　D. 二个月一次　E. 一学期一次

34. 英语学科与其他学科融合教学

A. 非常反对　B. 比较反对　C. 不确定　D. 比较赞同　E. 非常赞同

35. 学校开设多种英语课外活动，如英语课本剧表演、英语歌曲比赛、国外游学等

A. 非常反对　B. 比较反对　C. 不确定　D. 比较赞同　E. 非常赞同

36. 学校与其他学校建立英语交流机制

A. 有　B. 没有　C. 不确定

37. 您对英语教学改革态度

A. 完全不支持　B. 不支持　C. 不确定　D. 支持　E. 完全支持

问卷到此结束，感谢您的回答，祝您生活愉快！

附录二　乡村初中学生英语学习情况调查问卷

同学：

你好！非常感谢你参加本次问卷调查。本问卷目的是了解你的英语学习情况。本问卷不考虑对错、不涉及你的任何鉴定和评分，因此请不必有任何顾虑，根据你的真实想法作答。谢谢！

第一部分　个人基本资料

学校________

性别________

年级________

1. 家庭住址　A. 城市　B. 乡镇　C. 农村

2. 是否独生子女　A. 是　B. 否

3. 你父亲的受教育程度

A. 小学　B. 初中　C. 高中、中专、中职　D. 大专、高职　E. 本科及以上

4. 你母亲的受教育程度

A. 小学　B. 初中　C. 高中、中专、中职　D. 大专、高职　E. 本科及以上

5. 你父亲的职业

A. 工人　B. 农民　C. 机关事业单位干部　D. 企业管理人员　E. 私营、个体劳动者　F. 失业　G. 在外打工　H. 其他

6. 你母亲的职业

A. 工人　B. 农民　C. 机关事业单位干部　D. 企业管理人员　E. 私

营、个体劳动者　F. 失业　G. 家庭妇女　H. 在外打工　I. 其他

7. 你家里有(可多选)

A. 电视机　B. 录音机　C. 学习机　D. 手机　E. 游戏机　F. VCD/DVD　G. 100 本以上藏书　H. 其他

8. 你觉得你父母对你的监护属于

A. 严格管教型　B. 自由放纵型　C. 民主朋友型

9. 你父母对你英语学习支持情况

A. 愿意购买与英语学习有关的电子产品和学习资料　B. 支持周末去辅导机构学习英语　C. 非常关注英语学习成绩　D. 不闻不问　E. 其他

第二部分　英语学习兴趣

10. 感兴趣的英语学习内容

A. 英文歌曲　B. 英文电影　C. 英文报刊　D. 东、西方风俗习惯和风土人情　E. 其他

11. 对与学生真实生活情境有关的英语学习内容感兴趣　A. 是　B. 不是

12. 对与学生经历、体验有关的英语学习内容感兴趣　A. 是　B. 不是

13. 喜欢能引起学生感兴趣的英语学习内容　A. 是　B. 不是

14. 喜欢到国外游学　A. 是　B. 不是

15. 喜欢与国外同年龄学生交往　A. 是　B. 不是

16. 你英语课能听懂

A. 基本听不懂　B. 大部分听不懂　C. 不确定　D. 大部分能听懂　E. 全部能听懂

17. 你上课注意力集中

A. 10 分钟以下　B. 20 分钟左右　C. 30 分钟左右　D. 40 分钟左右　E. 40 分钟以上

18. 你上英语课心情

A. 紧张　B. 疲倦　C. 不确定　D. 愉悦　E. 期待

19. 你对学习英语的兴趣

A. 完全没有 B. 比较低 C. 不确定 D. 比较高 E. 很高

20. 你学习的动力

A. 完全没有 B. 比较低 C. 不确定 D. 比较高 E. 很高

第三部分 英语学习态度和学习方式

21. 你每天课余花在英语学习上的时间

A. 10 分钟左右 B. 20 分钟左右 C. 30 分钟左右 D. 40 分钟左右 E. 50 分钟左右

22. 英语课堂上有朗读、重复和句型操练

A. 从未遇到 B. 偶尔遇到 C. 不确定 D. 经常遇到 E. 总是遇到

23. 英语课堂上有对话活动和小组活动

A. 从未遇到 B. 偶尔遇到 C. 不确定 D. 经常遇到 E. 总是遇到

24. 英语课堂上有表演、辩论和讨论

A. 从未遇到 B. 偶尔遇到 C. 不确定 D. 经常遇到 E. 总是遇到

25. 英语课堂上会使用对话日记、自由写作和反思性写作

A. 从未遇到 B. 偶尔遇到 C. 不确定 D. 经常遇到 E. 总是遇到

26. 英语课堂上有现场体验和项目合作

A. 从未遇到 B. 偶尔遇到 C. 不确定 D. 经常遇到 E. 总是遇到

27. 课堂上,教师对教材内容有关文化背景进行补充

A. 从未遇到 B. 偶尔遇到 C. 不确定 D. 经常遇到 E. 总是遇到

28. 课堂上,教师根据学生接受情况等因素对该教材进行删减

A. 从未遇到 B. 偶尔遇到 C. 不确定 D. 经常遇到 E. 总是遇到

29. 你上课参与的活动

A. 没有参与 B. 记笔记 C. 不太参与课内一切英语活动 D. 积极参与课内一切英语活动 E. 其他

30. 你参与设计英语课堂活动和编写英语课堂学习内容

A. 是 B. 不是

31. 你愿意参与设计英语课堂活动和编写英语课堂学习内容

A. 是 B. 不是

32. 你认为目前学英语的主要困难是

A. 上课的内容很难 B. 单词记不住 C. 读音困难 D. 阅读理解 E. 写作 F. 语法及短语用法 G. 害怕提问,不敢发言

33. 你认为英语学习最大的障碍

A. 教材太难 B. 教师教法不合适 C. 班级氛围不好 D. 学校活动频繁影响学习 E. 教师批评 F. 没有找到有效英语学习方法

34. 关于有效学习英语

(1) 你认为哪种形式可以有效帮助你学习英语

A. 老师鼓励谈心 B. 同伴合作学习 C. 教师辅导 D. 自我改进学习方式 E. 其他

(2) 你觉得哪种形式可以有效帮助你学习英语

A. 利用谐音联想背诵记单词 B. 通过记笔记来学习英语 C. 反思英语学习效果 D. 与人交流英语学习方法 E. 利用网络资源学习英语

35. 你在学校英语学习过程中遇到困难的频率

(1) 学习资料不充足

A. 从未遇到 B. 偶尔遇到 C. 不确定 D. 经常遇到 E. 总是遇到

(2) 学校缺少相应的教学设备

A. 不赞同 B. 基本不赞同 C. 不确定 D. 基本赞同 E. 完全赞同

(3) 原有学习基础差

A. 不赞同 B. 基本不赞同 C. 不确定 D. 基本赞同 E. 完全赞同

(4) 学习任务重

A. 不赞同 B. 基本不赞同 C. 不确定 D. 基本赞同 E. 完全赞同

(5) 主动学习动力不足

A. 不赞同 B. 基本不赞同 C. 不确定 D. 基本赞同 E. 完全赞同

(6) 与同学沟通合作困难

A. 不赞同 B. 基本不赞同 C. 不确定 D. 基本赞同 E. 完全赞同

(7) 与教师沟通交流困难

A. 不赞同 B. 基本不赞同 C. 不确定 D. 基本赞同 E. 完全赞同

第四部分 学校的英语学习环境

36. 对学校多媒体设备

A. 不满意 B. 基本不满意 C. 不确定 D. 满意 E. 非常满意

37. 你希望学校英语课程有

A. 拓展课 B. 选修课 C. 其他

38. 你喜欢的学校课外英语活动有

A. 英语角 B. 英语文化节 C. 游学 D. 其他

第五部分 英语教学满意度

39. 你对英语教师教学

A. 不满意 B. 基本不满意 C. 不确定 D. 满意 E. 非常满意

40. 若不满意,建议____.

41. 你对学校的英语学习环境

A. 不满意 B. 基本不满意 C. 不确定 D. 满意 E. 非常满意

42. 若不满意,建议____.

43. 你认为教师具有丰富的英语专业知识技能

A. 完全不赞同 B. 不赞同 C. 不知道 D. 赞同 E. 完全赞同

44. 你认为教师能较好组织课堂教学

A. 完全不赞同 B. 不赞同 C. 不知道 D. 赞同 E. 完全赞同

45. 你认为教师在教学中能考虑学生的兴趣

A. 完全不赞同 B. 不赞同 C. 不知道 D. 赞同 E. 完全赞同

46. 你认为课堂活动设计多样化,能充分调动学生积极性

A. 不赞同 B. 基本不赞同 C. 不知道 D. 基本赞同 E. 完全赞同

47. 你认为教师关心每一个学生的成长

A. 不赞同 B. 基本不赞同 C. 不知道 D. 基本赞同 E. 完全赞同

48,你认为英语教师对其他学科比较了解

A. 不赞同 B. 基本不赞同 C. 不知道 D. 基本赞同 E. 完全赞同

49. 你对这节课的英语教学目标和学习内容明了

A. 不赞同　B. 基本不赞同　C. 不知道　D. 基本赞同　E. 完全赞同

50. 英语教师会根据学生的实际水平，有针对性地给学生辅导

A. 不赞同　B. 基本不赞同　C. 不知道　D. 基本赞同　E. 完全赞同

51. 上课过程中，教师会经常提醒某内容为“升学考试重点”

A. 不赞同　B. 基本不赞同　C. 不知道　D. 基本赞同　E. 完全赞同

52. 英语教师对学生学习效果的评价主要是纸笔测试

A. 不赞同　B. 基本不赞同　C. 不知道　D. 基本赞同　E. 完全赞同

53. 教师根据学生实际情况设计教学目标

A. 不赞同　B. 基本不赞同　C. 不知道　D. 基本赞同　E. 完全赞同

54. 教师根据英语课本内容设计教学目标

A. 不赞同　B. 基本不赞同　C. 不知道　D. 基本赞同　E. 完全赞同

55. 面对不同学生，教师会选择不同教学目标

A. 不赞同　B. 基本不赞同　C. 不知道　D. 基本赞同　E. 完全赞同

问卷到此结束，感谢您的回答，祝您生活愉快！

附录三　乡村初中学生英语学习兴趣、满意度情况调查问卷

同学：

你好！非常感谢你参加本次问卷调查。本问卷目的是了解你对学习英语的兴趣、满意度情况。本问卷不考虑对错、不涉及你的任何鉴定和评分，因此请不必有任何顾虑，根据你的真实想法作答。谢谢！

描述	不赞同	基本不赞同	不知道	基本赞同	完全赞同
你对每节课的英语学习目标达成情况清楚					
你对每节课英语学习内容掌握情况清楚					
英语课堂学生发言积极					
英语课堂学习气氛活跃					
学生参与课堂讨论增多					
课堂内英语教师帮助学生的次数增多了					
课堂内教师对学生反馈增多了					
上英语课心情愉悦					
学习英语兴趣浓厚					
满意英语课堂教学					

续表

描述	不赞同	基本不赞同	不知道	基本赞同	完全赞同
你参与改善英语课堂教学					
你喜欢单纯线上英语教学方式					
你喜欢单纯线下英语教学方式					
你喜欢混合线上、线下英语教学方式					

问卷到此结束，感谢您的回答，祝您生活愉快！

附录四　乡村初中英语教师访谈提纲

访谈教师：

访谈时间：

访谈地点：

1. 您是如何设计英语教学目标的？您是如何知道教学目标是否适切学生的？您是如何知道教学目标达成及实现程度的？

2. 您是如何设计英语教学活动的？您会增加或删减英语教学内容吗？增加了哪些？删减了哪些？

3. 您是如何组织英语课堂教学的？

4. 您是如何评判学生达成了英语教学目标的？

5. 您在课堂教学中会对学生学习活动进行评价吗？如是，您是如何设计评价标准的？

6. 您是如何设计学生英语作业的？

7. 您的学生会不会参与到英语教学设计中来？如是，怎么做的？

8. 您了解英语“教-学-评”一体化教学模式吗？您对这个教学模式有何看法？

9. 您喜欢英语教师这个职业吗？为什么？

附录五　乡村初中学生访谈提纲

访谈学生：

访谈时间：

访谈地点：

1. 你对我们学校英语教学总体印象如何？为什么？

2. 你喜欢什么样子的英语课堂教学？为什么？你喜欢计算机、多媒体等结合的英语课堂教学模式吗？如不，为何？

3. 英语老师上课前会告诉你这堂课的学习目标吗？

4. 你怎么知道你已掌握了这堂课的英语学习目标？

5. 你课余会主动学习英语吗？以何种方式？

6. 你对英语学习有期望吗？为何学英语？

附录六　乡村初中英语课堂观察量表

教师姓名		所在学校		
班级/人数		授课时间		
授课内容				
使用资源				
教学过程				
学习目标（预设）	教师是怎样呈现评价任务的	学生是怎样执行评价任务的	教师是怎样组织评价任务完成后的交流与反馈的	分析与建议

参考文献

1. 专著

[1] 安桂清. 课例研究[M]. 上海:华东师范大学出版社,2018.

[2] 陈向明. 质的研究方法与社会科学研究[M]. 北京:教育科学出版社,2000.

[3] 陈旭远. 教学技能[M]. 北京:北京师范大学出版社,2015.

[4] 陈佑清. 有效教学[M]. 北京:高等教育出版社,2016.

[5] 陈琦,刘儒德. 教育心理学(第2版)[M]. 北京:高等教育出版社,2014.

[6] 崔允漷. 学校课程实施过程质量评估[M]. 上海:华东师范大学出版社,2017.

[7] 崔允漷,王少非,夏雪梅. 基于标准的学生学业成就评价[M]. 上海:华东师范大学出版社,2008.

[8] 崔允漷,沈毅,吴江林,等. 课堂观察Ⅱ走向专业的听评课[M]. 上海:华东师范大学出版社,2013.

[9] 崔允漷. 有效教学[M]. 上海:华东师范大学出版社,2009.

[10] 黄甫全. 课程与教学论[M]. 北京:高等教育出版社,2002.

[11] 胡德海. 教育学原理[M]. 北京:人民教育出版社,2013.

[12] 梅德明,王蔷. 普通高中英语课程标准(2017年版)解读[M]. 北京:高等教育出版社,2018.

[13] 靳玉乐. 现代课程论[M]. 重庆:西南师范大学出版社,1995.

[14] 联合国教科文组织总部. 教育——财富蕴藏其中[M]. 联合国教科文组织总部中文科,译. 北京:教育科学出版社,1996.

[15] 李锋. 基于标准的教学设计:理论、实践与案例[M]. 上海:华东师范大学出版社,2013.

[16] 李森,伍叶琴. 有效对话教学[M]. 福州:福建教育出版社,2012.

[17] 卢明,崔允漷. 教案的革命:基于课程标准的学历案[M]. 上海:华东师范大学出版社,2016.

[18] 卢臻. 教-学-评一体化教学策略与实践[M]. 郑州:河南科学技术出版社,2017.

[19] 李峰. 基于标准的教学设计[M]. 上海:华东师范大学出版社,2013.

[20] 李朝东,王金元. 教育启蒙与公民人格建构[M]. 北京:中国社会科学出版社,2009.

[21] 李朝东. 西方哲学思想[M]. 兰州:甘肃人民出版社,2000.

[22] 李臣之,郭晓明,和学新,等. 西方课程思潮研究[M]. 北京:人民教育出版社,2012.

[23] 李政涛. 重建教师的精神宇宙[M]. 上海:华东师范大学出版社,2014.

[24] 李政涛. 教育常识[M]. 上海:华东师范大学出版社,2013.

[25] 李秉德. 教学论[M]. 北京:人民教育出版社,2012.

[26] 马兰，盛群力. 教师教学设计能力发展[M]. 杭州：浙江大学出版社，2016.
[27] 皮连生. 学与教的心理学[M]. 上海：华东师范大学出版社，1997.
[28] 裴娣娜. 现代教学论(第一卷)[M]. 北京：人民教育出版社，2005.
[29] 盛群力，李志强. 现代教学设计论[M]. 杭州：浙江教育出版社，1998.
[30] 盛群力，等. 教学设计[M]. 北京：高等教育出版社，2005.
[31] 宋辉. 大学英语的人文教育向度[M]. 北京：中国社会科学出版社，2014.
[32] 孙朝平，等. 基于标准的循环——差异教学指南[M]. 上海：华东师范大学出版社，2014.
[33] 孙芙蓉. 课堂生态研究[M]. 杭州：浙江大学出版社，2013.
[34] 施良方. 课程理论——课程的基础、原理与问题[M]. 北京：教育科学出版社，2013.
[35] 王嘉毅. 课程与教学设计[M]. 北京：高等教育出版社，2007.
[36] 王鉴. 教师与教学研究[M]. 兰州：甘肃教育出版社，2013.
[37] 王鉴. 课堂研究概论[M]. 北京：人民教育出版社，2007.
[38] 王鉴. 课堂观察与分析技术[M]. 兰州：甘肃教育出版社，2014.
[39] 王湘云. 英语教学与研究[M]. 济南：山东大学出版社，2016：87.
[40] 王翠英，孟坤，段桂湘. 大学英语生态课堂与生态教学模式构建研究[M]. 西安：西安交通大学出版社，2017.
[41] 徐淑娟. 大学英语生态教学模式建构研究[M]. 北京：科学出版社，2016.
[42] 肖思汉. 听说：探索课堂互动的研究谱系[M]. 上海：华东师范大学出版社，2017.
[43] 夏雪梅. 以学习为中心的课堂观察[M]. 北京：教育科学出版社，2017.
[44] 叶澜. 教育研究方法论初探[M]. 上海：上海教育出版社，2014.
[45] 杨向东，崔允漷. 课堂评价：促进学生的学习和发展[M]. 上海：华东师范大学出版社，2018.
[46] 尤小平. 学历案与深度学习[M]. 上海：华东师范大学出版社，2017.
[47] 元玉慧. 课堂教学“边缘人”现象研究[M]. 福州：福建教育出版社，2017.
[48] 钟启泉. 课程论[M]. 北京：教育科学出版社，2015.
[49] 钟启泉. 现代课程论(新版)[M]. 2 版. 上海：上海教育出版社，2003.
[50] 钟启泉. 课程的逻辑[M]. 上海：华东师范大学出版社，2007.
[51] 钟启泉，崔允漷. 核心素养与教学改革[M]. 上海：华东师范大学出版社，2018.
[52] 钟启泉. 读懂课堂[M]. 上海：华东师范大学出版社，2016.
[53] 钟启泉. 课堂研究[M]. 上海：华东师范大学出版社，2017.
[54] 钟启泉. 课堂转型[M]. 上海：华东师范大学出版社，2018.
[55] 钟启泉. 课堂革命[M]. 南京：江苏人民出版社，2017.
[56] 张华. 课程与教学论[M]. 上海：上海教育出版社，2000.
[57] 张允. 外语教与学的理念和方法[M]. 天津：南开大学出版社，2015.
[58] 张世英. 哲学导论(第三版)[M]. 北京：北京大学出版社，2017.
[59] 柯林斯，哈尔弗森. 技术时代重新思考教育：数字革命与美国的学校教育[M]. 陈家刚，程佳铭，译. 上海：华东师范大学出版社，2013.
[60] 艾斯纳. 教育想象——学校课程设计与评价[M]. 李雁冰，主译. 北京：教育科学出版社，2008.
[61] 温格. 实践共同体：学习、意义和身份[M]. 李茂荣，欧阳忠明，任鑫，等译. 南昌：江西人民出版社，2018.
[62] A. 卡尔-切尔曼. 教师教学设计：改进课堂教学实践[M]. 方向，李忆凡，译. 福州：福建教育出版社，2018.

[63] 奥恩斯坦,亨金斯.课程:基础、原理和问题(第7版)[M].王爱松,译.上海:华东师范大学出版社,2020.
[64] 艾斯纳.教育想象:学校课程设计与评价[M].李燕冰,主译.北京:教育科学出版社,2008.
[65] 奥恩斯坦,贝阿尔-霍伦斯坦,帕荣克.当代课程问题[M].余强,主译.杭州:浙江教育出版社,2004.
[66] 奥恩斯坦.当代美国的课堂教学[M].严文蕃,译.南京:江苏教育出版社,2009.
[67] 鲍里奇.有效教学方法[M].朱浩,译.南京:江苏凤凰教育出版社,2015.
[68] 布鲁纳.教育过程[M].邵瑞珍,译.北京:人民教育出版社,1989.
[69] 布兰思福特,等.人是如何学习的:大脑、心理、经验及学校(扩展版)[M].程可拉,等译.上海:华东师范大学出版社,2013.
[70] 乔伊斯,韦尔,卡尔霍恩.教学模式(第八版)[M].兰英,等译.北京:中国人民大学出版社,2014.
[71] 菲德尔,比亚利克,特里林.四个维度的教育:学习者迈向成功的必备素养[M].罗德红,译.上海:华东师范大学出版社,2018.
[72] 杜威.民主主义与教育[M].王承绪,译.北京:人民教育出版社,1990.
[73] 杜威.学校与社会.明日之学校[M].赵祥麟,任钟印,吴志宏,译.北京:人民教育出版社,2005.
[74] 杜威.我们如何思维[M].伍中友,译.北京:新华出版社,2016.
[75] 乔纳森,兰德.学习环境的理论基础(第二版)[M].徐世猛,李洁,周小勇,译.上海:华东师范大学出版社,2015.
[76] 乔纳森.学会解决问题[M].刘名卓,金慧,陈维超,译.上海:华东师范大学出版社,2015.
[77] 多尔.后现代课程观[M].王红宇,译.北京:教育科学出版社,2001.
[78] 森,卢瑟福,马扎诺.确定关键内容:把握重点的方法[M].金玉宏,译.郑州:中原出版传媒集团,2018.
[79] 帕克,斯坦福.如何成为优秀的教师(第8版)[M].朱旭东,译.北京:中国人民大学出版社,2014.
[80] 威金斯,麦克泰.理解为先模式单元教学设计指南(一)[M].盛群力,沈祖芸,柳丰,等译.福州:福建教育出版社,2018.
[81] 威金斯,麦克泰.追求理解的教学设计(第二版)[M].闫寒冰,宋雪莲,赖平,译.上海:华东师范大学出版社,2017.
[82] Morrison G R, Ross S M, Kemp J E.设计有效教学(第四版)[M].严玉萍,译.北京:中国轻工业出版社,2007.
[83] 威金斯,麦克泰.理解力培养与课程设计:一种教学和评价的新实践[M].么加利,译.北京:中国轻工业出版社,2003.
[84] 黄绍裘,黄露丝玛莉.如何成为高效能教师[M].北京:中国青年出版社,2014.
[85] 马扎诺,皮克林,赫夫尔鲍尔.学习目标、形成性评估与高效课堂[M].邵钦瑜,冯蕾,译.北京:中国书籍出版社,2012.
[86] 施密特,马扎诺.梳理知识:检查深度理解的方法[M].刘作芬,译.郑州:中原出版传媒集团,2018.
[87] 泰勒.课程与教学的基本原理[M].罗康,张阅,译.北京:中国轻工业出版社,2014.
[88] 莱夫,温格.情景学习:合法的边缘性参与[M].王文静,译.上海:华东师范大学出版社,2004.

[89] 奈特. 高效教学:框架、策略与实践[M]. 方彤,罗曼丁,译. 上海:华东师范大学出版社,2017.
[90] 弗利纳. 课程动态学再造心灵[M]. 吕联芳,邵华,译. 北京:教育科学出版社,2015.
[91] 加涅,布里格斯,韦杰. 教学设计原理[M]. 皮连生,庞维国,等译. 上海:华东师范大学出版社,1999.
[92] 摩尔,加斯特,马扎诺. 编制与使用学习目标和表现量规:教师如何作出最佳教学决策[M]. 管颐,译. 郑州:大象出版社,2018.
[93] Graves K. 语言课程设计:教师指南[M]. 北京师范大学"认知神经科学与学习"国家重点实验室脑与第二语言学习研究中心,译. 北京:北京师范大学出版社,2008.
[94] 普赖斯,纳尔逊. 有效教学设计帮助每个学生都获得成功(第四版)[M]. 李文岩,刘佳琪,梁陶英,等译. 北京:中国人民大学出版社,2016.
[95] 埃里克森,兰宁. 以概念为本的课程与教学:培养核心素养的绝佳实践[M]. 鲁效孔,译. 上海:华东师范大学出版社,2018.
[96] 马扎诺. 新教学艺术与科学[M]. 盛群力,蒋慧,陆琦,等译. 福州:福建教育出版社,2018.
[97] 马尔库塞. 单向度的人:发达工业社会意识形态研究[M]. 刘继,译. 上海:上海译文出版社,2008.
[98] 麦克尼尔. 课程导论:第六版[M]. 谢登斌,陈振中,译. 北京:中国轻工出版社,2007.
[99] Gronlund N E, Brookhart S M. 设计与编写教学目标(第八版)[M]. 盛群力,郑淑贞,冯丽婷,译. 北京:中国轻工业出版社,2017.
[100] 帕克,安科蒂尔,哈斯. 当代课程规划(第八版)[M]. 孙德芳,译. 北京:中国人民大学出版 2010.
[101] 波斯纳. 课程分析(第三版)[M]. 仇光鹏,韩苗苗,张现荣,译. 上海:华东师范大学出版社,2007.
[102] 加涅,韦杰,戈勒斯,等. 教学设计原理(第五版)[M]. 王小明,庞维国,陈保华,等译. 上海:华东师范大学出版社,2007.
[103] 特纳,马扎诺. 加工新知:参与学习的方法[M]. 于冬梅,译. 郑州:中原出版传媒集团,2018.
[104] 泰勒. 课程与教学的基本原理[M]. 罗康,张阅,译. 北京:中国轻工业出版社,2008.
[105] 奥卡西奥,马扎诺. 言之有理:提出与辩护主张的方法[M]. 杭秀,译. 郑州:中原出版传媒集团,2018.
[106] Good T L, Brophy J E. 透视课堂(第 10 版)[M]. 陶志琼,译. 北京:中国轻工业出版社,2015.
[107] Hall T E, Meyer A, Rose D H. 学习的通用设计:课堂应用[M]. 裴新宁,陈舒,主译. 上海:华东师范大学出版社,2019.
[108] 迪克,凯瑞 L,凯瑞 J. 系统化教学设计[M]. 庞维国,等译. 上海:华东师范大学出版社,2018.
[109] 库铂. 如何成为反思型教师:课堂教学必备技能(第九版)[M]. 赵萍,郑丹丹,译. 北京:中国人民大学出版社,2018.
[110] 布兰思福特. 人是如何学习的:大脑、心理、经验及学校(扩展版)[M]. 程可拉,孙亚玲,王旭卿,译. 上海:华东师范大学出版社,2013.

[111] 焦尔当. 学习的本质[M]. 杭零,译. 上海:华东师范大学出版社,2015.
[112] 洛克伦. 专家型教师做什么[M]. 李琼,张弘治,译. 上海:华东师范大学出版社,2018.
[113] 施莱歇尔. 超越 PISA:如何建构 21 世纪学校体系[M]. 徐勤劼,译. 上海:上海教育出版社,2018.
[114] 范梅南. 教学机智——教育智慧的意蕴[M]. 李树英,译. 北京:教育科学出版,2014.
[115] 富兰. 变革的挑战[M]. 叶颖,高耀明,周小晓,译. 北京:北京大学出版社,2013.
[116] 佐藤学. 教育方法学[M]. 于莉莉,译. 北京:教育科学出版社,2016.
[117] 佐藤学. 静悄悄的革命——课堂改变,学校就会改变[M]. 李季湄,译. 北京:教育科学出版社,2014.
[118] 佐藤学. 教师的挑战——宁静课堂革命[M]. 钟启泉,陈静静,译. 上海:华东师范大学出版社,2012.
[119] 佐藤学. 学校的挑战——创建学习共同体[M]. 钟启泉,译. 上海:华东师范大学出版社,2010.
[120] 佐藤学. 教师花传书:专家型教师的成长[M]. 陈静静,译. 上海:华东师范大学出版社,2016.
[121] 佐藤学. 学习的快乐——走向对话[M]. 钟启泉,译. 上海:华东师范大学出版社,2018.
[122] 程从兵. 中欧外语课程标准设计理念与框架结构的比较研究[D]. 上海:华东师范大学,2019.
[123] 陈彩虹. 英语学科表现性评价研究[D]. 上海:华东师范大学,2018.
[124] 丁俊华. 小学英语课程实施状况及影响因素研究[D]. 长春:东北师范大学,2015.
[125] 李锋. 基于课程标准的教学设计研究——以上海市初中信息科技课程为例[D]. 上海:华东师范大学,2010.
[126] 雷浩. 为学而教:学习中心教学的研究[D]. 上海:华东师范大学,2017.
[127] 刘学梅. 地理教学目标达成路径研究[D]. 武汉:华中师范大学,2016.
[128] 陶涛. 大学英语教学有效性问题研究[D]. 武汉:华中师范大学,2015.
[129] 王小平. 基于一致性的小学数学教案研究[D]. 上海:华东师范大学,2014.
[130] 佟柠. 表现性评价在高中地理教学中的应用研究[D]. 上海:华东师范大学,2019.
[131] 徐瑰瑰. 论教-学-评一致性——以小学语文习作课为例[D]. 上海:华东师范大学,2015.
[132] 俞佳君. 以学习为中心的高校教学评价研究[D]. 武汉:华中师范大学,2015.
[133] 张勇. 初中课堂教学失衡问题研究[D]. 西安:陕西师范大学,2017.
[134] Rubin F. Olshtaiin E. Course design: developing programs and materials for language learning [M]. Cambridge: Cambridge University Press, 1986.
[135] Richards J C. Curriculum development in language teaching [M]. Cambridge: Cambridge University Press, 2001.
[136] Yalden J. Principles of course design for language teaching [M]. Cambridge: Cambridge University Press, 2000.
[137] Johnson D, Johnson F. Joining together: group theory and group skills(10th ed.) [M]. Upper Saddle River, NJ: Pearson, 2009.
[138] Marzano R J, Kendall J S. Designing and assessing educational objectives: applying the new taxonomy [M]. Thousand Oaks, CA: Corwin Press, 2008.

[139] Schmuck R, Schmuck P. Group processes in the classroom (8th ed.)[M]. New York: McGraw-Hill, 2001.

2. 期刊、报纸等连续出版物中的析出文献

[1] 曹东云,邱婷.设计型学习:内涵、价值及应用模式[J].课程·教材·教法,2017,37(12):31-36.
[2] 陈艳君,刘德军.基于英语学科核心素养的本土英语教学理论建构研究[J].课程·教材·教法,2016,36(3):50-57.
[3] 崔允漷.基于课程标准:让教学"回家"[J].内蒙古教育,2017(9):20-24.
[4] 崔允漷,夏雪梅."教-学-评一致性":意义与含义[J].中小学管理,2013(1):4-6.
[5] 崔允漷.促进学习:学业评价的新范式[J].教育科学研究,2010(3):11-15,20.
[6] 崔允漷,雷浩.教-学-评一致性三因素理论模型的建构[J].华东师范大学学报(教育科学版),2015,33(4):15-22.
[7] 崔允漷,周文叶,董泽华.教师实施课程标准测量工具的研制[J].华东师范大学学报(教育科学版),2018,36(2):1-13,153.
[8] 崔允漷,王少非.教师专业发展即专业实践的改善[J].教育研究,2014,35(9):77-82.
[9] 崔允漷,尤小平.教学变革:从方案的专业化做起[J].当代教育科学,2017(9):3-6.
[10] 崔允漷.课程实施的新取向:基于课程标准的教学[J].教育研究,2009(1):74-79,110.
[11] 崔允漷,周文叶.课堂观察:为何与何为[J].上海教育科研,2008(06):51-53.
[12] 崔允漷,夏雪梅.论互动视野下的教师课程实施:基于40年文献的建构[J].全球教育展望,2013,42(10):3-12.
[13] 崔允漷.学校课程发展"中国模式"的建构与实践[J].全球教育展望,2019,48(10):73-84.
[14] 陈则航,王蔷,钱小芳.论英语学科核心素养中的思维品质及其发展途径[J].课程·教材·教法,2019,39(1):91-98.
[15] 程晓堂.高中英语学业质量标准研究[J].课程·教材·教法,2018,38(4):64-70.
[16] 程晓堂.关于当前英语教育政策调整的思考[J].课程·教材·教法,2015,34(5):58-64.
[17] 程晓堂.关于英语课程目标设置依据的思考[J].外国语,2016,39(3):5-7.
[18] 程晓堂.关于英语语法教学问题的思考[J].课程·教材·教法,2013,33(4):62-70.
[19] 程晓堂.基础教育阶段英语课程的核心理念解读[J].课程·教材·教法,2012,32(3):57-63.
[20] 程晓堂.课程改革背景下英语课程资源的开发和使用:问题与建议[J].课程·教材·教法,2019,39(3):98-103.
[21] 程晓堂,赵思奇.英语学科核心素养的实质内涵[J].课程·教材·教法,2016,36(5):79-86.
[22] 柳叶青.从实体思维到实践思维:当前教材评价研究的新趋势[J].课程·教材·教法,2017,37(12):24-30.
[23] 孔企平.关于评价与教学过程有机结合的探索[J].全球教育展望,2014,43(12):18-24.
[24] 郭冬梅."互联网+"时代影响英语课堂教学因素的研究[J].中国教育学刊,2019

(S1):31－33.
[25] 卜玉华,齐珊.学生思维发展与英语教学对话结构的改进:话语互动的视角[J].教育科学研究,2019(11):64－69.
[26] 文秋芳.新中国外语教育 70 年:成就与挑战[J].外语教学与研究,2019,51(5):735－745,801.
[27] 王蔷,李亮.推动核心素养背景下英语课堂教-学-评一体化:意义、理论与方法[J].课程·教材·教法,2019,39(5):114－120.
[28] 夏雪梅,崔允漷.学校实施过程互动理论模型的建构[J].教育发展研究,2013(24):1－5.
[29] 杨向东.把评价贯穿于整个教学过程[J].人民教育,2015(20):50－53.
[30] 张虹.思辨英语教学:英语专业教师认知视角[J].外语研究,2019,36(4):57－62.
[31] 周文叶.促进深度学习的表现性评价研究与实践[J].全球教育展望,2019,48(10):85－95.
[32] 钟启泉.单元设计:撬动课堂转型的一个支点[J].教育发展研究,2015,35(24):1－5.
[33] Sztejnberg A, Finch E F. Adaptive use patterns of secondary school classroom environments [J]. Facilities, 2006:24(13/14):490－509.
[34] Madhumita A, Kumar K L. Twenty-one guidelines for effective instructional design [J]. Educational Technology, 1995:58.
[35] Marzano R J. Classroom assessment and grading that works. [J] Alexandria, VA: Association for Supervision and Curriculum Development, 2009:38.
[36] Marzano R J. The art and science of teaching: a comprehensive framework for effective instruction [J]. Alexandria, VA: Association for Supervision and Curriculum Development, 2006:49.

索　引